E S S A I

SUR

LE DESPOTISME.

TROISIÈME ÉDITION,

Le Catalogue des Ouvrages de M. de Mirabeau ſe trouve à la fin de ce volume.

ESSAI

SUR

LE DESPOTISME.

TROISIÈME ÉDITION,

*Corrigée de la main de l'Auteur fur l'exemplaire
de la feconde édition acheté à fa vente.*

PRÉCÉDÉ

De la Lettre de M. DE S. M. aux Auteurs
de la Gazette Littéraire, & fuivi de L'AVIS
AUX HESSOIS, & de la RÉPONSE
AUX CONSEILS DE LA RAISON.

PAR GABRIEL-HONORÉ RIQUETTI-MIRABEAU.

A PARIS,

Chez LE JAY, Libraire, rue Neuve-des-Petits-
Champs, N°. 146, près celle de Richelieu.

1792.

PRÉFACE.

Les diverses pièces contenues dans le recueil que nous préfentons au public étoient devenues très-rares. La feconde édition de l'*Effai fur le Def- potifme*, & les pièces qui le fuivent ne fe trouvoient plus. *Mirabeau* en avoit un exemplaire fur lequel il avoit fait beaucoup de corrections & d'adi- tions manufcrites ; c'eft d'après cet exemplaire, qui s'eft vendu très-cher à la vente de fa bibliothèque, que l'éditeur a fait réimprimer cet ouvrage.

Nous avons cru devoir placer, comme une *introduction* néceffaire à l'*Effai fur le Defpotifme*, la lettre cu- rieufe & hiftorique qui le précède. Elle renferme des détails précieux fur la jeuneffe de Mirabeau, fur la ja- loufie de fon père, & fur les perfé-

cutions que lui a valu cette première
production de son génie.

On remarquera dans ces productions précoces une vérité qui n'est pas
assez connue, c'est que Mirabeau n'étoit
pas seulement, comme on l'a cru généralement, un courageux déclamateur,
un orateur éloquent & facile, mais
un homme érudit & profond dans la
science du gouvernement & du cœur
humain. On s'étonnera sans doute, &
la lecture de ses *lettres*, publiées par
M. *Manuel*, a déjà produit cet étonnement, de ce qu'un homme, livré
à des passions impérieuses, aux agita-
tions d'une jeunesse bouillante & dis-
sipée, emporté à des jouissances, à
des écarts, à des malheurs, par un
tempérament fougueux, & dont les
plus belles années paroissent avoir été
entièrement partagées entre le plaisir
& le désespoir, puisse offrir, dans
ses écrits, les fruits d'une observation

attentative, d'une vaste connoissance de tout ce que les anciens & les modernes ont écrit sur la morale, la politique & l'histoire; d'une méditation profonde sur la nature de l'homme social, sur ses droits & sur les sources de son bonheur.

Avec un ame de feu, avec des principes si solidement établis, *Mirabeau* devoit détester souverainement la tyrannie & les despotes, quand bien même il n'en eût pas été la victime, quand même il n'eût pas gémi dans des bastilles sous les coups des ordres arbitraires; il devoit idolâtrer la liberté, il devoit la prêcher hautement & en pressentir les approches, c'est ce qu'il a fait dans cet ouvrage.

Les lecteurs qui pourroient être choqué de trouver dans ce recueil des tournures, des expressions, des qualifications qui ne font plus en usage depuis la révolution, voudront bien

ſe rappeler que l'édition, d'après laquelle celle-ci eſt imprimée, a paru
en 1776 ; que les circonſtances com-
mandoient alors des formes, des ménagemens que nous rejetons aujour-
d'hui ; ils voudront bien auſſi obſerver
qu'il ne nous étoir pas permis de faire,
à cet égard, aucune altération, & que
nous devions laiſſer à ces productions
le cachet du temps auquel elles ont
été compoſées.

ERRATA.

Pag. 6, *lign.* 17, éclairer, *liſ.* décéler.
Pag. 257, *lign.* 19, quelle parallèle, *liſ.* quel
parallèle. — *Idem. lign.* 23, Sardanale, *liſ.* Sarda-
napale.
Pag. 290, *lign.* 5 *de la note,* maximi, *liſ.* maximè.
Pag. 305, *lign.* 12 *de la note,* Théodore, *liſ.* Théodoſe.

ANECDOTE

ANECDOTE

A AJOUTER

AU NOMBREUX RECUEIL

DES

HYPOCRISIES PHILOSOPHIQUES,

SERVANT D'INTRODUCTION.

Veritas filia temporis non Auctoritatis.

AVIS.

CETTE lettre a été écrite au sujet du passage
suivant de la Gazette Littéraire du mois de Novembre 1776, lettre XXXI, pag. 29, 30 & 31.

« L'Essai sur le Despotisme est l'ouvrage le
» plus fier qui ait encore été écrit sur cette ma-
» tière ; on désireroit un plan mieux déterminé,
» plus d'ordre & d'enchaînement dans les idées,
» plus de correction dans le style. Il paroît qu'il
» avoit été composé durant les dernières années
» d'oppression du règne de Louis XV, & que l'au-
» teur se disposoit à le publier, pour ranimer, s'il
» étoit possible, les restes d'une liberté mourante,
» pour opérer une révolution contre le ministère,
» dont il peint les injustices, les vexations, les
» atrocités, avec une plume de fer. Tacite est
» l'écrivain qu'il cite & qu'il cherche à imiter le
» plus ; mais un historien emporte avec lui un in-
» térêt bien plus pressant qu'un moraliste, par
» les faits dont découlent, où sont appuyées les
» vérités hardies & utiles qu'il y entremêle. Le
» grand mérite de celui-ci consiste donc moins
» dans les choses qu'il dit, que dans le courage
» de les publier ; courage tout entier à l'éditeur,

» *ſi ce philoſophe eſt mo t, ſuivant l'avertiſſe-*
» *ment* (1) ; *mais nous avons obſervé plus haut*
» *qu'il ne faut pas prendre à la lettre ces diſcours*
» *préliminaires ; ces ſuppoſitions prudentes en*
» *outre ſervent d'excuſe à l'écrivain qu'elles diſ-*
» *penſent de limer & perfectionner ſon livre,*
» *autant que le mérite tout ce qu'on offre au*
» *public ».*

    Celui qui a écrit la lettre ſuivante, croit devoir à ſon malheureux ami, auteur de l'Eſſai ſur le Deſpotiſme, de lui reſtituer les louanges contenues dans cette notice, en le faiſant connoître, & en traçant une eſquiſſe de ſes malheurs, qui rendent ſes talens plus intéreſſans encore.

———————————

(1) *Note de la Gazette Littéraire.*)
    « Au moyen de quelques notes, & de certains in-
» dices, on ſeroit tenté de croire que l'auteur eſt ou
» a été du corps d'épée de la marine ».

LETTRE

DE M. DE S. M.

Aux Auteurs de la Gazette Littéraire.

J'AI lu, messieurs, dans votre gazette du mois de novembre, une récapitulation bien faite des nouvelles productions des littérateurs françois. Cette notice judicieuse est d'autant plus intéressante, qu'elle embrasse plusieurs ouvrages, dont il n'est pas permis de s'occuper dans un pays où les brigands publics font trop bien leurs affaires dans les ténèbres, pour souffrir qu'on apporte impunément la lumière.

J'ai trouvé dans la lettre que je vous rappelle, messieurs, un article qui m'intéresse beaucoup, parce qu'il est relatif à l'ouvrage, ou plutôt à l'essai d'un jeune homme mon parent & mon ami, dont on s'efforce depuis long-temps d'étouffer les talens & l'existence.

Je crois, messieurs, pouvoir vous entretenir pendant quelques momens du nom &

b 3

du sort de l'auteur de l'*Essai sur le Despotisme*; il mérite quelque intérêt, puisqu'un bon critique a hasardé à son sujet des conjectures, & dit de son livre : *C'est le plus fier ouvrage qui ait encore été écrit sur cette matière;* & ailleurs : *Les injustices, les vexations, les atrocités du ministère de Louis XV y sont peintes avec une plume de fer.*

Certainement le despotisme est le plus grand malheur qui puisse affliger les hommes. Certainement le règne de Louis XV tient sa place dans les fastes de la tyrannie. L'écrivain qui ose s'occuper de pareils objets, mérite bien des hommes sans doute, sur-tout s'il parvient, par l'énergie de ses pinceaux, à augmenter la haine due aux despotes, & la masse de l'instruction, qui seule peut servir de digue contre le despotisme. Sans doute un historien *porte avec lui un intérêt bien plus puissant qu'un moraliste, par les faits dont découlent, où sont appuyées les vérités hardies & utiles qu'il y entremêle.* Mais n'est-ce pas précisément parce que le travail du moraliste n'est point aidé d'un tel intérêt, qu'il y a plus de mérite à réussir dans son genre ? Ce genre est d'ailleurs infiniment plus utile ; car le développement des vérités philosophiques, qu'on ne peut placer dans une hiſtoire, puiſqu'il ſeroit une digreſſion choquante, eſt l'unique objet du moraliſte, qui ameute au moins les opinions contre le deſpotiſme & les deſpotes, harcèle leurs infames partiſans, & les réduit au ſilence, ou à l'abſurde; tandis que l'hiſtoire ne profite qu'à ceux qui ont des principes avant de la lire, & n'eſt pour tous les autres qu'une ſtérile compilation; tandis que Tacite, c'eſt-à-dire, le plus grand des hiſtoriens, offre autant de moyens & de reſſources aux deſpotes, que de raiſons aux honnêtes gens pour abhorrer le deſpotiſme. Je ne ſais ſi les ſuccès dont on voit, dans l'hiſtoire, le crime, les attentats publics, trop ſouvent couronnés ne ſont pas d'un exemple pernicieux. Les victoires de Céſar ont plus excité d'uſurpateurs, que la mémoire des Caſſius & des Brutus n'a produit de défenſeurs de la liberté . . . Eh ! que craindront les cupides ambitieux, qui voudront ſe gorger du ſang d'une nation, lorſqu'ils verront les Terray, les Maupeou, long-temps abſolus, & toujours impunis?

Je reviens, meſſieurs, à l'objet de cette lettre.

Les éloges donnés dans votre gazette à l'au

b 4

teur de l'*Essai sur le Despotisme*, sont d'autant plus flatteurs, que cet ouvrage est d'un jeune homme qui n'avoit pas plus de vingt-trois ans lorsqu'il l'écrivit en trois mois, dans l'enthousiasme de la haine du despotisme & de la persécution sous laquelle on l'opprimoit alors.

Ce jeune auteur est le comte de Mirabeau.

A ce nom, vous vous rappelez sans doute, messieurs, l'*Ami des Hommes*, la *Théorie de l'Impôt*, & quelques autres écrits patriotiques, qui ont fait pardonner au marquis de Mirabeau d'immenses volumes de rapsodies, que M. *de Lauraguais* a appelés avec beaucoup de finesse & de vérité, L'APOCALIPSE DE L'ECO-NOMIE POLITIQUE.

Vous vous rappelez encore, messieurs, à propos du *Philosophe économiste*, le passage de votre gazette, relatif au procès que cet auteur, autrefois célèbre, soutient aujourd'hui contre sa femme (1).

_____

(1) « Là, spectacle plus odieux encore, un grave
» philosophe, un sage, un chef de secte, prêchant sans
» cesse la vertu, l'honneur, l'humanité, la bienfaisance,
» un dévot ayant toujours l'écriture-sainte à la bouche,

Il est de notoriété publique, graces à ce procès, que l'*Ami des Hommes* ne fut celui ni de sa femme ni de ses enfans; qu'il prêcha la vertu, la bienfaisance, l'ORDRE & les mœurs; tandis qu'il étoit à sa fois le plus mauvais des maris, le plus dur & le plus dissipareur des pères.

Il est tout aussi vrai, messieurs, que ce défenseur zélé de la liberté des hommes, du respect dû aux propriétés, a invoqué le despotisme trente fois dans sa vie, & ne s'est servi de son crédit que pour écraser tout ce qui lui déplaisoit ou le gênoit.

C'est ainsi que, non content d'avoir écarté de sa maison une épouse qui lui avoit donné deux millions & dix enfans, de la retenir, sinon dans la misère, au moins dans l'état le plus disproportionné à sa fortune & à son nom;

» ne parlant que d'enfer & de paradis, forçant sa compagne, après 33 ans de mariage, à faire retentir les tribunaux de ses gémissemens, & à dévoiler sa conduite dissipatrice, scandaleuse, tyrannique & barbare (page 75.).

Et en note : « Il est question ici de Monsieur le Marquis de Mirabeau. Sa femme a déjà gagné au châtelet. L'affaire est actuellement au Parlement ».

il attentoit encore à sa liberté, & lui imposoit silence par des lettres de cachet réitérées, obtenues sur de faux exposés, ou plutôt par un crédit puissant, dont le marquis de Mirabeau ne s'est jamais servi que pour de pareils usages.

Cette discussion n'est ni de votre ressort, ni du mien, messieurs : les tribunaux en retentissent ; je ne prétends que vous donner quelques anecdotes sur l'auteur de l'*Essai sur le Despotisme*, fils du *despotique Ami des Hommes*, & sur son ouvrage.

Le comte de Mirabeau, né avec un feu héréditaire dans sa famille, & un amour opiniâtre & profond pour toute espèce de travail littéraire, avoit éprouvé tout ce qu'il falloit pour arrêter & détruire sa curiosité.

Elevé par un éducateur, homme de mérite, mais absolument gêné dans son plan d'éducation, le jeune comte sortit, à quinze ans, des mains de son gouverneur, sachant mal le latin, n'ayant lu que des livres classiques, & n'ayant pas la permission de produire une idée, ni de donner l'éveil à son imagination par des lectures à son choix. Ecrasé sous le faix de la morosité paternelle, privé de toute ressource pécuniaire, qui pût lui procurer des instructions, déjà loin de ſes foyers domeſtiques, où il eût trouvé une bibliothèque conſidérable, quoique compoſée ſans connoiſſances bibliographiques & ſans ordre, il empruntoit toutes ſortes de livres, les liſoit ſans méthode & ſans autre objet que celui d'aſſouvir ſon inſatiable ſoif de ſavoir. C'étoit aſſurément le chemin le plus long qu'il étoit obligé de tenir. Jeté dans une penſion à l'âge auquel on en fait ſortir les jeunes gens, il y apprit les Mathématiques, & y réuſſit ; étudia ſuperficiellement quelques langues ; & enfin ſut mettre à profit l'inconcevable bizarrerie de ſon père, en acquerrant quelques connoiſſances éparſes & iſolées.

Dépourvu de conſeil & de guide, il écrivoit ; c'étoit un arbre jeune & vigoureux, qui tourmenté de ſa ſève, produiſoit mille branches gourmandes, qu'un habile jardinier eût élaguées, en veillant avec ſoin & dirigeant la végétation.

Alors on imprima quelques bagatelles du comte de Mirabeau (1). Les journaux applaudi-

_____

(1) Un éloge du grand Condé, compoſé pour une fête publique ; quelques pièces de vers, &c.

rent: fans doute ils vouloient encourager un
jeune homme ; ils feroient excufables d'avoir
cette indulgence, s'ils n'avoient jamais que
celle-là.

Enfin, à plus de dix-fept ans, on tire le
comte de Mirabeau de la pouffière des claffes,
& on le place au fervice. Vous favez, meffieurs, quelle eft la vie des garnifons. Un
jeune officier, affez tourmenté de fon talent,
ou de l'envie d'en acquérir, pour échapper à
la vie oifive & futile que l'on y mène, & fe
vouer au travail, eft l'objet des plaifanteries
de fes camarades. Je fais que ce préjugé, refte
d'une barbarie dont nous avons été long-
temps entachés, fe diffipe; mais il n'eft pas
diffipé. Cependant le comte de Mirabeau lutta
contre lui; il brifa fes entraves, & travailla,
mais toujours fans méthode ni objet déterminé.

Un irréfiftible féducteur (l'amour) vint lui
donner de puiffantes diftractions, & bientôt
abforba fon efprit & fon cœur. Le marquis
de Mirabeau, qui s'embarraffoit affez peu que
fon fils fût ftudieux, ne trouva pas bon qu'il
fût fenfible, & l'envoya prifonnier à l'île de
Rhé.

C'eſt là la première injuſtice, qui fit penſer au comte de Mirabeau qu'il étoit un féroce deſpotiſme, fléau de l'eſpèce humaine, & bourreau des individus. *Le bienfaiſant & ſenſible ami des hommes* projetoit alors d'envoyer ſon fils aux colonies hollandoiſes, réceptacle de ſcélérats, d'où l'on revient rarement. Quelques amis appaiſèrent cette ſainte colère, & lui repréſentèrent qu'égorger ſon fils ſeroit un acte moins barbare; que de tels excès, pour punir un jeune homme amoureux, pourroient paroître à ceux qui ne regardent pas l'amour comme un crime, une atroce ſévérité. Le marquis de Mirabeau ſe laiſſa convaincre, & envoya ſon fils en Corſe.

Ce jeune officier, occupé d'objets purement militaires, perdit de vue des idées trop ſombres pour la jeuneſſe, cet âge heureux des illuſions, qui ſe conſole de tout par la mobilité & l'extrême variété de ſes ſentimens & de ſes ſenſations.

La campagne finie, le comte de Mirabeau aperçoit par-tout les traces des dévaſtations génoiſes, les veſtiges de leurs crimes; & à ce ſignalement du *deſpotiſme*, il reconnoît ſon ennemi. Son cœur, palpitant d'indignation, ne peut fe contenir ; fon imagination, preffée d'idées, déborde. Il écrit ; il trace un tableau rapide des malheurs des corfes & des forfaits génois. Ce travail a été fouftrait par fon père ; il étoit très-incorrect fans doute, mais rempli de chaleur, de vérité, de vues & de faits bien obfervés dans un pays dont on n'a pas donné une notion exacte, parce que de mercenaires écrivains (1), ou de fanatiques enthoufiaftes (2) ont feuls entrepris d'en parler.

Le jeune comte revient en France : un oncle refpectable, qui n'a de défaut que celui d'être foumis au defpotifme fraternel, négocie le raccommodement du père & du fils. Le marquis de Mirabeau fubjugué, paffe d'un excès à l'autre, accorde toute confiance à fon fils, lui donne une procuration générale, & l'enchaîne à la pourfuite d'affaires litigieufes. Il n'eut pas lieu de s'en repentir. Novice dans un tel exercice, fon fils s'applique avec zèle & fuccès à de fi faftidieufes occupations. En 1771, il revint à Paris.

Loin de trouver des encouragemens chez

---

(1). Les Germanès.
(2) Les Boswel.

fon père, il y fut très-gêné, même pour le travail. C'eft alors qu'oppreffé de la vérité, il difoit au marquis de Mirabeau : « Mais, mon » père, quand vous n'auriez que de l'amour- » propre, mes fuccès feroient encore les vô- » tres ».

Son féjour dans cette ville immenfe fut de peu de durée ; il y fut trop infpecté, & d'ail- leurs diftrait par trop de devoirs & d'occupa- tions de toute efpèce, pour rechercher & cul- tiver aucun homme de lettres en état de le former. *Soyez laboureur*, lui difoit fon père. Affurément le comte de Mirabeau eftime cette claffe d'hommes, & regarde le foc de la charrue comme la bafe du trône ; mais il ne croyoit pas que fon père, qui s'eft érigé en légifla- teur des rois & des agricoles, & ne fait pas diftinguer un grain de feigle d'un grain de froment, eût bonne grace de prêcher de tels principes à fon fils. Celui-ci penfoit que les compilateurs agronomes (1) n'étoient guère bons qu'à faire gagner de l'argent aux pape- tiers ; que les Buffon, les Morveau, les Mac-

---

(1) Les Bucquet, le Beguillet, & autres compi- lateurs *économiftes*, ou plutôt charlatans qui enfeignent à faire du pain pour gagner leur pain.

quer, en un mot, les physiciens & les chi-
mistes, étoient seuls en état de reculer les
bornes de la théorie de l'agriculture; qu'il étoit
plus nécessaire d'encourager les agriculteurs,
que de les enseigner par des rêveries de beaux
diseurs, & qu'on peut très - bien semer & recueillir d'utiles moissons, sans connoître comment la sève se filtre & se distribue dans les
plantes, pourvu qu'on puisse *recueillir & semer
en paix*. Le contrôleur général est le premier,
ou plutôt le seul agronome. Le comte de Mirabeau croyoit enfin qu'il falloit suivre l'impulsion de son talent; que tout homme qui n'étoit
pas forcé de gagner sa vie, n'étoit pas obligé
de circonscrire ses études, & que le génie même ne prend point un grand essor dans aucun
genre, sans avoir fait des excursions dans tous
les autres.

Les travaux des économistes étoient les seuls
auxquels il lui fût permis de coopérer; mais
ce despotisme même, qui lui prescrivoit exclusivement cet objet d'étude, l'en dégoûtoit;
d'ailleurs cette terminaison ISTE lui déplut
toujours. Il n'étoit pas dans ses principes de
porter la livrée d'une secte quelconque. Le
Pathos pédantesque sous lequel on travestissoit
un petit nombre de vérités utiles, le rebutoit
encore.

encore. L'esprit enthousiaste, & cependant hérissé de rudesse de quelques-uns des sectaires, ne contribuoit pas peu à l'en éloigner; il n'entendoit pas pourquoi l'on appeloit les immenses commentaires de quelques principes, aussi simples que vrais, la SCIENCE (1). Pourquoi celui qui peut-être avoit fait des calculs utiles, mais qui ne seroit point connu, s'il n'eût jamais produit que le tableau économique, étoit appelé LE CONFUCIUS DE L'EUROPE (1) ? Le comte de Mirabeau ne comprenoit pas ce qu'il y avoit de commun entre un philosophe législateur, qui, depuis plus de vingt siècles, est l'objet de la vénération & du culte d'un peuple immense, comme il en est le bienfaiteur par sa morale, & un habile chirurgien françois, grand physicien, grand métaphysicien, si l'on veut même, grand politique; mais qui, pour avoir montré une dialectique profonde, une étonnante sagacité dans plusieurs sciences, n'aura point d'autels élevés à sa mémoire, ni de sacrifices offerts sur son tombeau. Le comte de Mirabeau s'indignoit sur-tout de ce que les nouveaux philo-

_____

(1) Mot sacré des économistes, par lequel ils désignent leur doctrine.

(1) Epithéte constamment donnée par les économistes au docteur Quesnay; qu'ils appellent encore *le maître*.

fophes, pour fe fingularifer, créoient des expreſſions, ou employoient des moyens très-
équivoques. L'un d'eux, par exemple (1),
avoit deſtiné un livre bien épais, bien lourd,
bien obſcur, bien difficilement fait ſous la
dictée du maître, à conſacrer *LE DESPOTISME*
LÉGAL. L'on ne ſauroit trop ſe méfier, ſur-
tout en politique, des expreſſions douteuſes.
Elles doivent être ſévèrement proſcrites. Tout
ce qui intéreſſe les hommes ne peut être trop
clairement énoncé. Il eſt d'ailleurs de devoir
étroit de s'expliquer ſans ambiguité. Les mots
vagues & indéterminés ont fait bien du mal
aux peuples. Quelles manœuvres n'ont pas
été voilées, par exemple, ſous le nom de
ſecrets d'état ! Les jours où l'on croyoit à
la néceſſité d'une politique myſtérieuſe, d'un
jargon hiérogliphique, qui ne cachoit le plus
ſouvent qu'une vaniteuſe ignorance, ou de
mauvaiſes intentions ; ces jours ſont paſſés
ſans retour ; les hommes ne reconnoiſſent plus
qu'un art politique (qui malheureuſement
n'eſt trop ſouvent qu'un ſecret), celui de

_____

(1) M. de la Rivière, auteur de *l'ordre naturel &*
eſſentiel des ſociétés politiques ; dont chaque chapitre
étoit un thême fourni par M. Queſnay. M. de la Rivière n'a pas eu de grands ſuccès en Ruſſie ; la doctrine du *deſpotiſme légal* paroîtroit cependant devoir
réuſſir dans ce pays là.

les rendre heureux; Les françois ne doivent pas oublier fur-tout que le mot *raifon d'état* a toujours été le ralliement, & le voile du defpotifme fous lequel ils ont gémi. Au nombre de mots obfcurs & dangereux, dont l'autorité fait faire fon profit, il faut fans doute ranger ceux-ci DESPOTISME LÉGAL ; il eft certain que ces mots *heurlent d'effroi de fe voir accouplés ;* qu'on peut tirer de cette union difforme les conféquences les plus bifarres ; qu'en vain objecteroit-on que *defpotifme* ne vouloit dire dans l'antiquité que *fouveraineté ;* les mots n'ont de valeur que celle de leur acception moderne. L'épithète de *fophifte* fut très-honorable autrefois : le nom de *fophifte* eft devenu fi méprifable, que ceux-là même qui le mériteroient le mieux s'en défendent.

Les intrigues de certains économiftes paroiffoient encore au comté de Mirabeau une manœuvre fort répréhenfible. Il croyoit que le fanatifme en tout genre eft mauvais & dangereux ; que l'exagération nuit à la vérité, & que c'eft faire un grand mal aux hommes que de les dégoûter de la vérité, Il ne prévoyoit pas, parce que cela n'étoit pas poffible fous le règne de Louis XV, *que la doctrine économique* approcheroit jamais du trône ; mais il a bien prévu depuis, lorfqu'il vit le

grand, le fage, le courageux Turgot, qui
chercha toujours la vérité où il efpéra la trouver; qui ne fut jamais d'aucune fecte; lorfqu'il
le vit, dis-je, entouré d'économiftes, il pré-
vit que la précipitation, les imprudences &
les indifcrétions de ceux - ci ôteroient à la
France le feul miniftre dont elle pût efpérer
fa régénération.

Tel étoit le point de vue fous lequel le
comte de Mirabeau envifageoit les nouveaux
philofophes. Il refufa donc toute efpèce de
contribution aux économiftes, qui auroient
fort voulu le faire paffer pour leur élève.

C'étoit dans ce temps que les maux publics
avoient atteint le dernier période. Les vengeances de M. de Maupeou, les déprédations
de l'abbé Terrai frappoient tous les citoyens;
l'état étoit dans un péril qui croiffoit à chaque inftant. Quand l'abbé Terrai avoit pris le
timon des finances, la dépenfe excédoit la
recette de cinquante-fix millions, & les dettes
étoient immenfes, comme elles le feront toujours en France, où il y a tant de miniftres,
de fous-miniftres, & d'avides demandeurs à
affouvir. Le chef des finances ne penfoit pas
férieufement à rétablir la balance; il favoit
très-bien que les moyens violens qu'il mettoit
en œuvre détruifoient toutes les reffources

e

& ne réparoient rien, puisque les fantaisies du jour absorboient le pillage de la veille. Uniquement occupé à augmenter son crédit, il versoit avec profusion l'or autour de la favorite & de ses créatures. Il sacrifioit tout à ses vues : la nomenclature siscale s'enrichissoit sous le règne de cet infatigable exacteur. Son impéritie égaloit son avidité & sa mauvaise foi ; toutes ses opérations étoient si gauches, qu'elles échouoient d'elles - mêmes, mais après avoir causé des maux incalculables. Cet administrateur sans principes, comme sans délicatesse & sans honneur, sembloit un chevalier d'industrie qui s'évertue pour tromper tous ceux qui sont autour de lui. L'abbé Terrai n'avoit que l'effronterie d'un scélérat qui brave la honte : il n'en avoit point les talens ; tous les siens consistoient à prodiguer les adulations, les extorsions & les parjures ; il faisoit le mal avec un sang-froid que n'eurent jamais ni les Séjan, ni les Olivarès ; souple & intrigant à la cour, impassible, opiniâtre à la ville, dans les occasions épineuses il redoubloit de bassesse & de dureté ; il luttoit de méchanceté avec M. de Maupeou (car la méchanceté peut aussi avoir des rivaux : ce couple nous l'a montré) , & le surpassoit dans sa propre science. Cependant toute sa férocité

ne multiplioit que pour un inftant, les reffources & les befoins renaiffoient fans ceffe.

Un fripon fubalterne, dont les ancêtres
étoient notaires il y a deux cents ans, qui
n'a ni grandes vues, ni audace, ni caractère,
ni confidération, regardé comme un coquin
par le roi (1), comme un mauvais fujet plus
méprifable que dangereux par les magiftrats,
faifoit ce que n'imaginèrent, ni le chancelier
Duprat, ni le chancelier Poyet, ni le chancelier Euftache, ni Buffy le Clerc, ni le duc
de Mayenne, ni Ifabelle de Bavière, ni Ca-
therine de Médicis. *Son opération*, dit l'auteur
des Mémoires de l'abbé Terrai, *grevoit le
fifc public de plus de 80 millions de capitaux
& de plus de 6 millions d'arrérages;* on ne
peut calculer ce que l'entretien de fes délateurs, de fes efpions, de fes apologiftes ajou-
toit à cette maffe.

C'eft par de tels moyens que le règne de
Louis XV devint, dans la main des Terrai
& des Maupeou, l'époque la plus défaftreufe
de la monarchie. Le défefpoir étoit au com-
ble. Le fuicide s'introduifoit dans la patrie
de la gaîeté, des plaifirs. Quelques particuliers
élevoient leur foible voix, & plaidoient la

---

(1) On fait que le roi a écrit cette épithete de
fa main.

cauſe de la nation avec plus d'eſprit que de force : on perſiſloit, on plaiſantoit, & la France étoit à deux doigts de ſa perte.

Quel ſpectacle pour un homme, qui, dans le premier feu de la jeuneſſe, croit qu'il eſt impoſſible d'être le complice des méchans, lorſqu'ils ſont dévoilés ! eſpère que des raiſons repouſſeront des coups d'autorité ! étrange mécompte ſans (doute ; dont il s'aperçut bientôt.

Cependant il affichoit hautement les principes les plus fiers, le patriotiſme le plus zélé. Son courage eût été une témérité bien dangereuſe, ſi ſa jeuneſſe n'eût été ſa ſauve-garde. Il ne craignoit rien : il s'indignoit de voir tous les ordres trembler : la magiſtrature foiblir : le militaire ſe vanter d'être le mercenaire, l'aveugle ſatellite du deſpote : les princes du ſang perdre le temps en de vaines paroles, lorſque la choſe publique crouloit de toute part : la puſillanimité lui ſembloit dans de telles circonſtances la plus vile des foibleſſes, peut-être même un crime de *lèze-patrie*. Le marquis de Mirabeau lui crioit en vain : *vos pères furent toujours royaliſtes;* le jeune patriote ſentoit qu'un honnête homme ne pouvoit être royaliſte, lorſque toute la nation étoit du parti de l'oppoſition.

Sur ces entrefaites le comte de Mirabeau part pour la Provence, & porte dans ce pays, qui n'eſt pas aſſurément celui de la liberté, puiſque l'homme en place eſt toujours l'idole du jour, les mêmes principes, la même audace. Il exhala ſans ménagement ſon mépris pour ces vils *ſingeurs* de la magiſt. ature, qui, après avoir dépouillé leurs concitoyens, oſoient les juger ſans ſavoir les lois. On ne peut dans un état, ou tout rampe ſous le deſpotiſme, penſer librement & mépriſer la ſervitude, ſans s'attirer des nuées d'ennemis ; car tous les eſclaves ſont intéreſſés à repouſſer, ou tout au moins à haïr leur détracteur. Les plus modérés, ou ceux qui ſont de meilleure foi, regardent comme un fol celui qui oſe élever la voix pour défendre ou réclamer les droits de l'homme ; car, ſelon eux, il n'y a rien à gagner à ſe vouer à cette périlleuſe fonction. Le comte de Mirabeau eut donc bientôt un grand nombre d'ennemis.

L'ami des hommes étoit auſſi *l'intime ami* des nouveaux juges. A Paris, ſilencieux & réſervé, parce que d'un côté il ne vouloit pas ſe faire honnir, & que de l'autre il craignoit qu'on ne lui interdît les *aſſemblées d'économiſtes* (1), qu'il reçoit religieuſement

_____

(1) Ces aſſemblées ſont fort *économiques* quant

tous les mardis, & auxquelles il promet mo-
destement plus de célébrité que n'en obtint
jamais le lycée d'Athènes ; en Provence, bas
flatteur de tout le tripot, parce qu'il avoit
besoin de ces dignes *inamovibles*, il voyoit
avec plaisir se former l'orage qui ne tarda pas
à fondre sur son fils.

Il ne faut qu'avoir lu le livre du comte de
Mirabeau pour juger si ses passions sont actives
& brûlantes. Il fit des dettes : quel jeune
homme n'en a pas fait? Le marquis de Mirabeau
qui a mangé dans sa vie plusieurs millions,
n'en regarde pas moins comme le plus énorme
des forfaits toute autre dette que les siennes.
Le comte de Mirabeau qui connoissoit le dérangement de son père, & savoit que ce *père*
philosophe n'avoit pas cent pistoles de biens
libres, qui voyoit toutes les substitutions de
sa maison & les plus grandes espérances réunies sur sa tête, ne croyoit pas que des dettes
fussent un crime impardonnable à vingt-deux
ans, tandis qu'on peut à soixante être très-
obéré, & cependant estimé & considéré.

Cependant une lettre de cachet l'exile dans

---

aux dépenses pécuniaires ; (car le Marquis de Mirabeau
a le talent de se déranger essentiellement avec toute
la mesquinerie possible,) mais en revanche on y prodigue la science jusqu'à l'affadissement.

ſes terres. Alors il eut le temps de réfléchir
ſur cette conſtitution, où l'on peut opprimer
les citoyens, ſans qu'ils aient le moindre
moyen de réclamation; où celui qui a du
crédit eſt à la fois le juge & la partie de celui
qui n'en a pas; où le nom du chef public
inſtitué pour défendre les propriétés & veiller
à la ſûreté des individus, ſuffit pour retran-
cher un homme de la ſociété, & impoſer ſilence
aux lois.

Le comte de Mirabeau, dépouillé par ſon
père (puiſqu'une ſubſtitution n'eſt qu'un dé-
pôt que celui-ci avoit violé), pourſuivi depuis ſon enfance par l'auteur de ſes jours avec
une haîne implacable (1), ſe voyoit deſſervi
en tout & pour tout; déchiré de calomnies,

------

(1) Le comte de Mirabeau avoit plus de dix-ſept ans
lorſque ſon pere le plaça au ſervice. Comment le
plaça-t-il dans un temps où ſon fils ne pouvoit avoir
démérité? En le faiſant entrer volontaire dans un régiment de cavalerie... à la fin de la campagne de
Corſe, le comte de Mirabeau obtint par ſa conduite un
brevet de capitaine de dragons. Son pere refuſoit depuis un an de lui acheter une compagnie. Il a refuſé
depuis trois fois de lui acheter un régiment. Les *Bayard*
& les Dugueſclin n'ont jamais acheté, diſoit-il.
Il n'y a rien à répondre à un argument ſi judicieux,
ſi ce n'eſt que les Bayard & les Dugueſclin, qui ne
faiſoient pas des livres, n'invoquoient pas non plus
des lettres de cachet, & n'en auroient ſouffert ni l'invention, ni la pratique; d'où l'on voit que les temps
& les modes changent.

enlacé dans toute forte de pièges, fon ame
fut aigrie de tant de malheurs.

Il faut en convenir : jamais les maux poli
tiques ne nous affectent plus vivement que
lorfque nous en reffentons les influences. Le
comte de Mirabeau n'avoit pas attendu, pour
s'indigner contre le defpotifme, qu'il en fût
opprimé ; mais le loifir néceffité de fa retraite
lui donna le projet & peut-être le befoin de
dépofer fur le papier les idées & les fentimens dont il étoit furchargé. Alors, avec une
rapidité qui n'a point d'exemple, il écrivit
en moins de trois mois cette diatribe, intitulée par un autre que lui, *Effai fur le defpotifme*. Je fais que la célérité n'eft point un
titre à l'indulgence, & qu'il feroit à défirer
que tous les écrivains fuiviffent l'exemple de
l'éloquent Rouffeau, qui a laiffé fi long-temps
mûrir fes talens, avant que de leur donner
l'effor ; mais j'obferverai que le comte de
Mirabeau ne deftinoit point à l'impreffion un
manufcrit informe qu'il ne regardoit que
comme un recueil d'idées, & auquel il n'a
jamais mis la moindre prétention. Ses malheurs s'aggravoient ; abforbé par l'étude, il
patientoit dans fon exil par délicateffe, pour
ne pas plaider contre fon père.

Un événement impoffible à prévoir le jeta

au milieu d'une nouvelle tempête ; je ne me
suis point proposé d'entrer dans le détail de
ses affaires particulières, & je n'en rapporte
que ce qui'est nécessaire pour montrer qu'une
occasion trop juste lui mit la plume à la main
pour écrire sur *le despotisme*. Il suffit donc
de dire ici qu'un *honnête & pacifique gentilhomme* provençal (1) trouva JURIDIQUE-
MENT mauvais que le comte de Mirabeau l'eût
MILITAIREMENT puni de ses insolences envers la marquise de ** sœur du comte. Un
procureur invoqué pour champion par M. de
Villeneuve, dressa une requête, qu'il chargea
tant qu'il put, parce que celui-là l'avoit pré-
venu qu'il ne se battroit qu'avec cette arme ;
mais qu'il vouloit se battre vigoureusement.
Une procédure s'ensuivit donc de l'humeur
de M. de Villeneuve (2). Il fut prouvé que

---

(1) Le sieur de Villeneuve, baron de Moans.

(2) Le digne, preux & féal Villeneuve n'a pas toujours été si pusillanime ; il a par devers lui quelques
hauts faits. Par exemple, il cassa, il y a peu d'années, avec
beaucoup d'intrépidité le bras à une paysanne âgée de
60 ans. Il a insulté avec assez d'audace Madame la
Marquise de ** ; mais son feu étoit épuisé par tant
d'exploits, & voilà pourquoi le comte de Mirabeau le
trouva si paisible.

Au reste le comte de Mirabeau a été jugé à un tribunal inférieur, qui a donné dans cette affaire la se-
conde représentation des plaideurs ; car la Marquise
de ** a été décrétée & condamnée *à des réparations*
pour avoir RI. Il est exact que la procédure ne renferme

le comte de Mirabeau avoit quitté son exil pendant trois jours. Quelle plus belle occasion pour *l'ami des hommes* de vexer son fils ! une lettre de cachet assaille aussi-tôt le criminel réfractaire, auquel on interdit tout moyen de défense, toute correspondance. Relégué dans des forts, transféré des uns dans les autres, selon qu'on trouvoit sa captivité trop supportable, il éprouva ce qu'il a dit avec bien de l'énergie, « que les lettres de cachet, ce » chef-d'œuvre moderne d'une ingénieuse ty- » rannie, font plus dargereuses pour les » hommes que l'infernale invention de *Pha-* » *laris*, en ce qu'elles réunissent à l'illégalité » la plus odieuse, un imposant appareil de » justice; tandis que ce supplice n'étoit du

---

pas une autre charge contre elle. Le comte de Mirabeau a été condamné par *contumace* à des réparations *au palais*, & à 6000 livres de dommages & intérêts. C'est déshonorer M. de Moans à bon marché; car cette besogne n'étoit pas difficile. On sait que l'ordonnance condamne *le battant* à dommages & intérêts. On sait aussi qu'il est *dur* d'être *battu* quand on porte un nom, ou même quand on est simplement un être *sentant* si non *sensible*. On sait encore qu'il est *très-dur* d'être battu, & ensuite appelé *à recevoir des réparations au palais* après avoir intenté contre le *battant* une accusation d'assassinat & de guet à pens; car on entend alors ce que veut dire cette accusation dans la langue des procédés; & tout le monde sait qu'en France *être battu* ou *ne vouloir pas se batire* sont des synonymes.

» moins que l'acte de frénéſie d'un monſtre
» infenſé, tel que la nature n'en vomit pas
» deux en pluſieurs ſiècles ».

Cependant le comte de Mirabeau s'obſtinoit
à demander les motifs de l'acharnement de
ſon père. Il fut fort étonné d'apprendre, après
des déclamations bien longues, bien vagues,
que l'on comptoit au nombre de ſes torts
vrais ou faux ſon OISIVETÉ. Le perſiflage lui
parut amer, & il y répondit par une plaiſan-
terie aſſez vive. Il fit imprimer ſon ouvrage
ſur le deſpotiſme. On voit que cette ſaillie
étoit deſtinée à ſon père. Il paroiſſoit, après
tout, au jeune écrivain, qu'il n'augmentoit
pas d'un gros volume la maſſe des livres mauvais ou médiocres. Le marquis de Mirabeau
trouva la leçon fort dure, & écrivit à ſon
fils avec emportement : *Qu'il falloit être*
bien fol pour écrire contre le deſpotiſme,
quand on étoit détenu dans un fort. « Peut-
» être, lui répondit le comte, devrois-je me
» repentir d'avoir fait un aſſez mauvais livre ;
» mais je m'applaudirai toujours de l'idée
» vraiment noble & courageuſe d'avoir tonné
» contre *le deſpotiſme*, dans le temps même
» où je gémis ſous les liens d'un ordre arbi-
» traire ».

Voilà, meſſieurs, l'origine de cet ouvrage.

& de fa publication. Le comte de Mirabeau a dit lui-même dans la préface de l'éditeur : *Peut-être défireroit-on ici plus d'ordre & un plan mieux déterminé.* Il favoit que fon ouvrage étoit trop hâté pour que le ftyle en fût foigné ; & en effet il eft quelquefois incorrect, quoiqu'on ait trouvé fouvent de l'éloquence dans cet écrit véhément.

En un mot, bien que cet effai ait eu un fuccès affez marqué, je fais que le comte de Mirabeau fe repent d'avoir donné au public une telle ébauche, d'avoir travaillé avec fi peu de foin un fujet auffi intéreffant, auffi vafte. Il s'efforce de réparer ce tort, aujourd'hui qu'il a échappé à fon père, qu'il a fui la terre fouillée du defpotifme, & qu'il habite un pays où l'on fe croit libre, & où les étrangers du moins le font encore. En un mot, il travaille à l'ouvrage annoncé page 61 de fon Effai. « Je ne prétends pas, difoit-il alors, » reprendre en détail aucune des légiflations » connues ; ce feroit tracer l'hiftoire du def- » potifme, ouvrage immenfe, & peut-être » le plus beau qui foit à faire aujourd'hui ».

C'eft-là la tâche qu'il s'eft impofée : vous voyez, meffieurs, qu'il n'a pas cru, fous le prétexte qu'il n'étoit que l'éditeur d'un écrit pofthume, *pouvoir fe difpenfer de limer &*

*perfectionner son livre, autant que le mérite
tout ce qu'on offre au public.*

Je vous prie, messieurs, d'insérer cette lettre
dans votre journal ; elle contient une anecdote
frappante à ajouter au volumineux recueil des
hypocrisies philosophiques ; elle confirmera
aussi ce que des exemples sans nombre n'ont
que trop prouvé, qu'on déplace bien des
hommes en voulant les asservir.

J'ai l'honneur d'être avec des sentimens très-
distingués, messieurs, votre très - humble &
très-obéissant serviteur,

S. M.

A Londres, 15 *décembre* 1776.

ESSAI

ESSAI

SUR LE

DESPOTISME.

Toutes les senfations s'émouffent chez les hommes; toutes les opinions s'altèrent; les langues, truchement général de l'humanité, éprouvent les mêmes variations, & parcourent les mêmes périodes. Les acceptions diffèrent d'un fiècle, d'une révolution à l'autre, jufqu'à devenir méconnoiffable.

Perfonne n'ignore l'étymologie du mot DESPOTE (1), dénomination autrefois deftinée à l'autorité tutélaire, & devenue dans

---

(1) Ce mot vient du grec Δεσπότης, & fignifie *maître* ou *feigneur.*

Ufurpateur, defpote ou *tyran;* dans l'acception moderne donnée à ces mots, s'exprimoit en grec par le mot Τύρανσε.

Il y eut dans le bas-empire une dignité indiquée par le mot *defpote.* L'empereur *Alexis,* furnommé l'*Ange,* créa cette dignité, & lui donna le premier rang après l'empereur.

A

nos langues le fignal de la tyrannie & l'éveil de la terreur.

Je ne confidérerai dans cet effai les mots DESPOTE & DESPOTISME, que dans leur acception moderne.

Commençons par obferver dans le cœur humain la paffion qui produit le defpotifme. Nous le définirons enfuite ; & c'eft dans cette définition même qu'on apprendra à l'apprécier.

L'homme eft-il enclin au defpotifme ?

Cette queftion philofophique, peut-être plus curieufe qu'importante, & dans laquelle, comme dans toutes les autres, il faut fixer & circonfcrire la fignification des mots avec l'exactitude la plus rigoureufe, néceffite une diftinction préliminaire.

L'homme naturel & *l'homme focial* diffèrent par des nuances infinies, qu'il ne faut jamais confondre. Il n'y a guère plus de comparaifon entre l'individu naturel, & l'individu modifié par la fociété, qu'entre un citoyen ordinaire & un caftor très induftrieufement organifé ; & fans étaler ici une inutile érudition, on peut conclure en général du peu de lumieres recueillies à cet égard, que non-feulement l'homme fauvage n'eft prefque point

éloigné de l'état animal (quoiqu'il en foit
plus ou moins diſtant, ſelon les circonſtances
du climat ſous lequel il reſpire, ou de la conftitution phyſique que lui a départi la nature);
mais encore que l'homme ſocial, réduit à la
vie ſauvage, perdroit la plus grande partie
des notions, des connoiſſances & des paſſions
qui diſtinguent notre maniere d'être, de la
vie purement animale (1).

Mais eſt-il très-néceſſaire au perfectionne-
ment de l'organiſation des ſociétés de ſavoir
préciſément ce qu'étoit l'homme naturel.

Il ſeroit malheureux que cela fût ; car il eſt
à peu-près impoſſible de ſatisfaire à cet égard
notre curioſité.

Nous connoiſſons bien imparfaitement le
peu *d'hommes naturels* que nous avons trouvés
ſur le globe, & nous nous ſommes beaucoup
plus occupés à les maſſacrer qu'à les obſerver. Des milliers de brigands ont immolé
trente millions d'hommes dans ce vaſte hé-

---

(1) Voyez dans les excellentes recherches philoſo-
phiques ſur les Américains, l'hiſtoire de l'infortuné
Ecoſſois nommé Selkirk, & dans la défenſe de ces
mêmes recherches, l'exemple d'un mathématicien nommé Marcial.

mifphère, fi long-tems dérobé à notre entre-
prenante cupidité : il n'eft pas un feul philofophe qui nous ait tranfmis fes recherches
fur ces victimes infortunées ; l'Europe ne portoit, lors de cette découverte, que des hommes
de fer.

Si les *Orang-Outang*, cette efpece d'animaux fi rapprochée de notre configuration,
& peut-être de l'inftinct humain, que les na-
turaliftes font prefque incertains fur la claffe
dans laquelle ils doivent les ranger, fi les
Orang-Outang acquieroient jamais les connoiffances de l'homme, il feroit fort curieux
& fort utile aux premiers d'entre eux réunis
en fociété, d'obferver par quelle gradation
ils auroient fait tant de progrès : probablement ils ne s'en occuperoient point, car ils
n'en auroient pas le tems ; & d'ailleurs, ils
ne feroient pas plus capables encore d'obferver, que de fentir le prix des obfervations.
Mais fi cette fociété étoit parvenue à ce dégré
de perfection, je crois que ce feroit un temps
inutilement perdu pour elle, que celui qu'elle
confumeroit en vains efforts pour fe rappeler les détails de la vie animale de chacun
de fes individus.

Ne cherchez point dans cette comparaifon

ce qui peut prêter au ridicule; car une plai-
fanterie bonne ou mauvaife ne prouve rien,
& convenez :

Que l'homme naturel n'eft probablement
qu'un animal d'une organifation très-fupé-
rieure, mais fur-tout incomparable à tout autre efpèce, par fon inftinct pour la fociété,
beaucoup plus impérieux que dans tous les
autres animaux; inftinct qui développe & met
en œuvre toute fa perfectibilité.

Si donc, comme j'efpère le prouver à fa
place, la formation des fociétés eft le réfultat néceffaire de l'inftinct focial que l'homme
a reçu de la nature, il nous importe peu
de favoir quels font les fentimens de l'homme
naturel, pourvu que nous connoiffions fes
penchans fociaux.

C'eft ainfi qu'on doit mettre à l'écart tous
ces problêmes dont la difcuffion n'intéreffe
guère que l'amour-propre de celui qui s'efforce
de les réfoudre.

C'eft ainfi qu'il faudroit fimplifier cette queftion fi long-temps & fi diverfement agitée,
& qui tient inféparablement à mon fujet.
*L'homme eft-il naturellement bon ou mé-
chant ?*

A 3

Le Philosophe (1) de Malmesbury, Car-
neades, long-temps avant lui, & bien d'autres
prétendus sages après, nous offrent d'un côté
des déclamations & des subtilités, & ne font
honneur ni à leur esprit ni à leur cœur, en
nous assurant que l'homme est mauvais par
essence.

S'il pouvoit être utile de croire à une vérité aussi triste, les fanatiques, les intolérans,
l'histoire des croisades, & sur-tout celle de
l'indéfinissable fureur des Européens dans le
nouveau Monde, nous persuaderoient plutôt
que la plus sombre éloquence, dont le coloris & les efforts seront toujours fort au-dessous des forfaits humains.

Mais, j'ai dit qu'une pareille opinion
semble éclairer également un esprit faux & un
cœur pervers.

Un auteur fait tort à son cœur, en soutenant un tel principe, parce qu'il donne lieu
de penser qu'il juge des autres par lui-même.
La véritable vertu est toujours douce & indulgente.

Il ne fait pas plus d'honneur à son esprit,
parce qu'il soutient une erreur évidente, (car

_____

(1) *Hobbes.*

le monde n'exifteroit pas , fi l'homme étoit
effentiellement méchant ; & il n'eft pas un
être humain affez malheureux pour n'avoir
pas éprouvé quelquefois en fa vie , qu'il étoit
compâtiffant & bienfaifant par inftinct ;) parce
qu'il conclut un principe général des faits particuliers, preuve prefque certaine d'un efprit
faux & borné ; parce qu'il déshonore & ra-
vale la nature humaine en pure perte ; car
quelle utilité pouvons-nous retirer de ce prin.
cipe, *que l'homme eft méchant ?*... Vous fe-
rez en garde contre lui, me dira-t-on : eh,
ne voyez-vous pas que la méchanceté de tant
d'hommes l'emportera fur ma méfiance !

Des philofophes plus amis de l'humanité,
plus fenfibles, plus éclairés, nous difent :
l'homme naturel eft jufte & bienfaifant.

Quand ces refpectables *philantropes* auroient
tort, ils s'égareroient par enthoufiafme du
bien ; & j'ofe vous affurer que leur erreur
feroit encore utile & confolante.

Mais fubftituez le mot *focial* au mot *naturel*, & ils auront rigoureufement raifon ; car
fi l'on peut leur objecter, que l'homme naturel excité par fes befoins, emporté par
fa fougue , peut ignorer ou méconnoître
cette vertu qu'on appelle *bienfaifance*; qu'il

A 4

ne fait ce que c'eſt que *juſtice* , parce qu'elle n'eſt produite que par les relations de la ſociété , ils répondront :

L'homme naturel ne ſauroit être conçu ſans aucune relation. Cette abſtraction eſt purement idéale & incompréhenſible. Moins ces relations ſont intimes, moins elles ſont étendues, & plus il eſt ſauvage, c'eſt-à-dire effarouché par l'idée du beſoin qui le menace ſans ceſſe ; car il a d'autant moins de reſſource pour le ſatisfaire , qu'il eſt plus iſolé ; il eſt emporté par l'impulſion des paſſions d'autant plus déſordonnées, qu'elles ſont moins éclairées & plus ſolitaires.

Qu'avons-nous donc prétendu dire ? Que la ſociabilité, la première des vertus, parce qu'elle eſt le premier des beſoins , néceſſite la juſtice d'où dépend, ou plutôt, qui renferme toutes les vertus ; oui, toutes les vertus, la bienfaiſance elle-même.

Il eſt évident que l'injuſtice autoriſée ne pourroit qu'être la diſſolution de toute ſociété. Toute aſſociation ſuppoſe donc des *droits* , des *devoirs* & une juſtice exécutive. Si la *ville des ſcélérats* , dont parle Pline (1), & dans

_____

(1) *Hiſt. L. IV. C. II.*

laquelle Philippe confina, dit-on, tous les
méchans qu'il trouva dans fes états, a jamais
exilé, leurs loix furent juftes, leur police
active & févere... Si cela n'eft pas, elle n'a pas
fubfiflé. La fociété ne néceffite donc pas la
corruption de l'efpèce, comme n'ont pas
rougi de l'avancer quelques déclamateurs. Si
la fociété néceffite au contraire une harmonie
de conduite, que l'on appelle *juftice*, l'homme,
qu'un inflinct irréfiflible invite à la fociété,
n'eft pas un être méchant.

Je ne crois pas qu'on puiffe rien objecter
férieufement à ces principes fimples & évidens; *rien de férieux*, dis-je, car je n'ignore
point qu'on peut contredire toutes les vérités,
& j'abandonne volontiers aux fophiftes l'a-
vantage de difputer fur tout.

Tranfcurramus folertiffimas nugas.

Je m'engage feulement à prouver dans tout
le cours de cet ouvrage, que l'homme focial
eft effentiellement & naturellement bon, qu'il
ne peut être heureux, qu'en rempliffant cette
condition néceffaire de fon être, & qu'il fera
toujours jufte & heureux quand on l'éclairera
fur fes véritables intérêts, qui font toujours
conformes à la juftice, & relatifs à fon
bonheur.

J'établirai, en me renfermant dans mon objet, qui est de peindre le despotisme, ses dangers & ses ravages, que les faits particuliers & sans nombre que l'on pourroit avancer contre le principe que je viens d'établir, viennent tous à son appui, lorsqu'on les considère sous leur véritable point de vue, en les rapprochant des causes qui les ont produits.

En général toutes les passions humaines peuvent être dirigées vers la justice, ou réprimées & presque détruites en considération de la justice. Il ne faut pour cela que savoir apprécier & calculer ses véritables intérêts; & le plus honnête-homme, dans quelque état qu'il soit placé, sera celui qui les calculera le mieux. Si la nature n'avoit pas voulu que toutes les passions pussent être dirigées vers le bien général, elle n'auroit pas voulu la société; car les passions ennemies les unes des autres, & dans un état perpétuel de guerre, nécessitent la destruction de la société.

Ces principes que je crois vrais, qui du moins ne sauroient être dangereux, & sur lesquels je reviendrai souvent dans le cours de cet ouvrage, une fois posés, je reviens au despotisme, & je ne crains pas d'avouer :

Que le *défir d'être defpote* eft auffi naturel à l'homme réuni en fociété, *que la haïne
des defpotes* l'eft à celui que la fervitude n'a
point dénaturé.

J'ai dit *réuni en fociété*; en effet on peut
croire que l'homme dans l'état de nature ne
veut ni commander ni dépendre, jufqu'au moment du befoin, qui n'eft qu'une fougue purement phyfique, nullement raifonnée, & auffi
paffagère que violente; mais dans l'état focial,
les idées s'étendent, les défirs s'aiguifent,
les paffions fe développent, & celle de dominer eft l'une des premières qui germent dans
le cœur humain, comme elle eft la plus rapide à s'accroître, c'eft la foif, inextinguible
de l'hydropique.

Voyez l'enfant au collége : obfervez-le
même au berceau (1) ; vous reconnoîtrez
déjà les traces de ce fentiment que nos inftitutions nourriffent avec foin ; car la première
éducation de l'homme femble également ar-

----

(1) L'enfant à fix mois n'eft pas auffi machine que
l'on penfe. Ses langes gênent fa liberté : vous choyez
fes pleurs. Il vous importunera fans doute pour être
obéi ; voilà la première leçon & le premier acte du
defpotifme.

rangée pour le difpofer à être efclave &
tyran.

Suivez le citoyen dans fa domefticité; le
colon du nouveau monde dans fon habitation; le guerrier dans les camps; l'homme de
lettres dans le filence du cabinet; le miniftre
de la religion au pied des autels; vous verrez chacun de ces êtres luttans pour s'arroger une autorité defpotique fur d'autres individus. C'eft le vœu conftant de l'humanité.

Confidérez tous les peuples; parcourez l'hiftoire: on n'y trouve guère que des noms de
conquérans & des defpotes.

Les républiques, forte de confédération
peut-être la plus defpotique de toutes, mais
dont l'amour de la liberté & les vexations d'un
pouvoir abufif donnèrent fans doute la première idée; les républiques maintiennent avec
foin leur indépendance, augmentent avec ardeur leur puiffance, leurs richeffes & leurs
forces, dans le feul objet d'afſervir.

Les Romains, exaltés par l'efprit patriotique le plus étonnant, dont ils ont feuls donné
l'exemple à ce dégré de fuccès & d'activité,
ravagèrent & conquirent tout ce qu'ils con-
noiffoient des trois parties du monde alors découvert. (Les malheurs de l'autre hémifphère

n'étoient que différés.) L'honneur de subjuguer & de conquérir fut le seul objet de la politique, de la liberté, de l'émulation de ces républicains trop fameux (1), que des barbares, plus philosophes en cela que les historiens, appeloient à si juste titre *les fléaux de l'Univers, brigands de toutes les terres, & pirates de toutes les mers.* (2)·

Les Anglois, idolâtres de leur liberté, qu'ils ont acquise & défendue par les armes du fanatisme même, étendent sur l'Asie un sceptre de fer, s'efforcent d'asservir l'Amérique septentrionale, & tyrannisent implacablement tout ce qui approche leurs possessions. Bientôt, pour échapper à la tyrannie, elles seront forcées de se séparer absolument de la métropole, & peut-être de lui donner la loi. (3)

---

(1) Les Bretons.

(2) *Raptores orbis, postquàm cuncta vastantibus defuere terræ, & mare scrutantur; si locuples hostis est, avari; si pauper, ambitiosi.* (Tacit. vit. Agricol.)

(3) **Dans** tous les temps la même conduite eut les même suites. Voyez Thucidides, Xénophon, Denis d'Halicarnasse, Strabon, &c.

Les députés de Corcyre sollicitant à Athènes le secours de la république en faveur d'Epidamne contre les Corinthiens, disoient au peuple assemblée : « Les Co-
» rinthiens objecteront qu'il n'est pas juste de prendre

Les Hollandois, qui ont acheté leur indépendance par tant d'industrie, de sagesse, de
patience, d'opiniâtreté, oppriment les peuples
que les mers les plus étendues sembloient protéger & mettre à l'abri de leur cupidité.

Qui ne connoît pas l'astuce, la cruauté, les
vexations des petites républiques Italiennes,
dont la politique est le chef-d'œuvre de la
tyrannie ?

Un seul pays enfin offre à l'Europe l'exemple
d'un gouvernement qui ne se propose d'autre
objet que *liberté & prospérité*. Les Suisses
n'ont usé de leurs forces que pour secouer le
joug, & pour recouvrer leurs droits naturels.
Leurs efforts n'ont nui qu'à des tyrans. Ce
peuple respectable, exempt d'ambition, assez
puissant pour se reposer sur lui-même du maintien de sa liberté, & pour substituer la fran-
chise & la probité aux ruses & aux tracasseries décorées du beau nom de *politique*, dans
un siecle où l'abus des mots, forme une grande

_____

» la défense d'une colonie contre sa métropole ; mais
» une colonie n'est obligée envers sa métropole, qu'au-
» tant qu'elle lui tient lieu de mère & non de marâtre ;
» elle n'en est point sortie pour être son esclave ;
» mais pour partager, comme sa compagne, tous ses
» droits & tous ses priviléges ». (*Thucidides.*)

partie de l'art de raifonner ; ce peuple, dis-
je, a travaillé pendant deux cens ans avec la
même conftance, la même modération & le
même bonheur à confolider & finir l'ouvrage
d'une révolution opérée en quelques inftans.
Il eft vraiment libre ; car il ne veut être que
cela. Ses projets fages, juftes & modérés ;
puifqu'ils ne s'étendent pas plus loin que l'intérêts de fon indépendance, ne fourniffent
ni occafions ni prétextes à fes voifins. On ne
réduit point à l'efclavage celui qui dédaigne
le defpotifme. Les Suiffes commercent de foldats comme les Hollandois d'épiceries ; mais
ils ont tous réellement une patrie, au fein de
laquelle ils font fûrs de trouver *protection,
tranquillité & liberté*. Leurs yeux *font fouillés*
(1) du fpectacle de la fervitude de l'Europe ;
mais ils en ont préfervé leur conftitution &
leurs mœurs. C'eft à la Suiffe qu'on peut appliquer ce qu'un grand hiftorien (2) a dit au-

---

(1) Expreffion de Tacite, qui, dans la belle haran-
gue de Galgaque à fes compatriotes bretons, dit en
vantant leur pofition :

« *Nobiliffimi totius Britanniæ*, eòque *in ipfis*
» *penetrabilibus*, fiti, nec *fervientium littora afpi-
» cientes*, oculos quoque à contactu dominationis in-
» violatos *habebamus* ».

(2) *Nulla unquam refpublica nec major, nec*

trefois de la république ; *qu'il n'y en a ja-*
mais eu une qui ait été plus riche en bons
exemples , qui ait confervé plus long-temps fa
grandeur & fon innocence , où la pudeur , la
frugalité , la modeftie , compagnes d'une gé-
néreufe & refpectable pauvreté , aient été plus
long-temps en honneur , & où la contagion du
luxe , de l'avarice & des autres paffions qui
accompagnent les richeffes , aient pénétré plus
tard.

Heureux, cent fois heureux, ces peuples
refpectables, s'ils n'échangent point cette folide
profpérité, cette ineftimable médiocrité, contre un bonheur illufoire, factice & deftructeur !
Heureux, fi le luxe ne vient point altérer
leurs principes & corrompre leurs mœurs (1) !
Si la jaloufie ne prend pas chez eux la place
de l'émulation ! heureux enfin , fi la difpro-
portion des forces , & la rivalité des différens
membres de cette belle affociation , agitée

---

fanctior , nec bonis exemplis ditior fuit , nec inquam
tam ferò avaritia luxuriaque immigraverint ; nec ubi
tantus actam diù paupertati ac parfimoniæ , honor
fuerit. (Tit. Liv. Hift. L. 1.)

(1) Ceci ne regarde déja plus que les petits cantons.

sans cesse par des intrigues républicaines,
ne renversent pas bientôt l'édifice de leur liberté, ou ne troublent pas du moins leur
sage & paisible constitution (1)! Que le sort

_____

(1) On sait combien la Suisse se méfie du canton
de Berne.

J'ajouterai encore ici quelques réflexions d'un suisse,
homme de beaucoup d'esprit & très-instruit.

Je crois comme vous, disoit-il, que tôt ou tard
nous serons les victimes de notre méfiance & de nos
jalousies. Ce qu'il y a de plus triste, c'est que nous
ne pourrons nous en prendre qu'à nous-mêmes. Il seroit
peut-être un moyen de prévenir ce malheur, & le
voici.

Je voudrois établir dans une ville quelconque, située
au centre de la Suisse, un conseil permanent, composé
de deux députés de chaque canton. Là se porteroient
toutes les affaires qui concernent le corps Helvétique.
Chaque canton auroit communiqué d'avance son opinion à ses députés, qui n'agiroient, comme de droit,
qu'en conséquence des ordres de leurs chefs. Ce conseil
feroit chargé de faire toutes les dépêches pour le corps
Helvétique, tant au dedans qu'au dehors. De cet établissement résulteroient deux avantages bien propres à
affermir la liberté & la prospérité de notre patrie.

1°. Une plus grande force contre un ennemi commun. J'ose encore me persuader que tant que les suisses
seront unis, ils seront en état de se défendre contre
quiconque osera les attaquer.

2°. Une paix plus profonde & plus constante entre

B

de la Grece, cette république fédérative si
florissante, inspire à la Suisse une salutaire méfiance. L'orgueil d'Athènes & la jalousie des
Grecs bannirent pour jamais la liberté de ces
contrées si long-temps fortunées.

Tel est & sut toujours notre monde, cou-

———————————

les cantons mêmes. Toujours occupés de l'intérêt général, ces députés perdroient de vue leur intérêt particulier, ou plutôt ils n'en auroient point qui ne se rap-
portât au bien public. On frémit encore quand on pense
qu'en 1712, des dissentions intestines mirent la Suisse
à deux doigts de sa perte. Dans les circonstances ac-
tuelles, qui ne sont rien moins que favorables aux
républiques, il ne faudroit qu'une pareille querelle
pour nous faire tomber de l'état le plus heureux dans
la condition la plus déplorable.

Je remarquerai de plus qu'il seroit nécessaire que les
alliés du corps Helvétique eussent, comme les cantons
mêmes, leurs députés à ce conseil permanent. On ne
verroit plus agiter ces questions inquiétantes : *La sou-
veraineté de Neuchâtel fait-elle partie du corps Helvétique, ou non? L'évêché de Bâle & l'abbaye de
Saint-Gal sont-ils des fiefs de l'Empire?* On crain-
droit par conséquent moins de voir les frontières de
la Suisse devenir le théâtre de la guerre en cas de rup-
ture entre l'Empire, la France & la Prusse, ce qui
seroit inévitable, si l'une de ces trois puissances envi-
sageoit ces pays comme indépendans de la Suisse.

vert tour-à-tour de conquérans & d'esclaves ;
car les conquérans, en forgeant les fers des
malheureux qu'ils enchaînent, aiguisent ceux
qui doivent les renverser un jour.

Tel est & sera toujours l'homme, tour-à-tour
despote & asservi; car l'homme dénaturé par
la servitude, devient aisément le plus féroce
des animaux, s'il échappe un instant à l'oppression. Il n'est qu'un pas du despote à l'esclave, de l'esclave au despote, & le fer le
franchit aisément.

Si tous les hommes aiment à dominer, ceux
à qui la société défère le premier rang, doivent ressentir bien plus vivement encore les
plaisirs de l'autorité, & s'efforcer d'en reculer les bornes, puisqu'ils ont en main tous
les moyens pour y parvenir.

Ce n'est donc pas l'abus du pouvoir qui me
paroît inconcevable ; il est dans la nature
comme l'excès de toute autre passion, & le
premier aspect en est si séduisant, qu'on s'y
livreroit avidement, si la réflexion & l'expérience n'en décéloient pas les dangers.

Ne concluez pas de tout ceci, que ce soit
une contradiction d'admettre tout-à-la-fois que
l'homme est *naturellement bon*, & cependant
enclin au despotisme. Car la justice ou la bonté,

(ce font les mêmes vertus, ou du moins elles font inféparablement unies) confiftent à donner un frein à fes paffions, à les fubordonner au bien général, dans lequel fe trouve toujours le bien réel & durable de l'individu ; mais elle ne confifte pas à ne point avoir de paffions : dépouillement abfurde, impoffible, & d'où s'enfuivroit l'anéantiffement de toute moralité.

Il n'eft aucune paffion dont on ne puiffe dire avec autant de raifon, que de notre penchant au defpotifme, que l'homme ne doit point l'avoir, s'il eft naturellement bon. Nouvelle carrière de fophifmes & de déclamations, que j'abandonne très-volontiers aux rhéteurs à prétention.

Ce penchant général à l'invafion, une fois admis & reconnu, l'on fent bientôt la néceffité de s'oppofer continuellement à la tyrannie qui nous menace fans ceffe, puifque chacun de nous en a le germe dans fon cœur ; *vetus ac jampridem infita mortalibus potentiæ cupido*, dit Tacite ; cet obfervateur fi fin & fi vrai du cœur humain. (1)

---

(1) *Natura mortalium avida imperii & præceps ad explendam animi cupidinem.* (Salluft. hift. Jugur.)

On doit appercevoir encore dans une paſſion auſſi générale, auſſi active, auſſi induſ-
trieuſe, la néceſſité d'être juſte; car quel droit
ai-je de repouſſer l'oppreſſion, ſi j'opprime?
Quel eſpoir ai-je d'être tranquille, ſi je donne
l'exemple du trouble?

Cependant quelques hommes ſont les fauteurs & les ſatellites du deſpotiſme. Il en eſt
peu qui apprécient ſes ravages, & luttent
contre ſes progrès. On ne s'occupe ni d'éclairer ni de contenir les chefs des ſociétés, &
l'on ne penſe pas que l'autorité tutélaire, la
ſeule légitime, la ſeule reſpectable, la ſeule
qui puiſſe & qui doivent ſubſiſter, parce
qu'elle eſt la ſeule néceſſaire aux hommes,
ſe corrompt le plus ſouvent par le propre
exercice de ſa puiſſance, & devient d'autant
plus aiſément dangereuſe, qu'elle inſpire plus
de confiance, & qu'on s'occupe moins de la
reſſerrer.

Car enfin, tel eſt l'homme; il empiete ſans
ceſſe. Les moraliſtes ont répété dans tous les
ſiècles, que chacun ſe fait juſtice au fond de
ſon cœur. Je voudrois le croîre; mais je découvre à tous les pas le combat inégal de
l'intérêt & de la conſcience; & cette conſcience, au tribunal de laquelle on prétend

B 3

que tous les hommes ressortissent, fascine le
plus souvent notre jugement & nos yeux, &
produit sur nous l'effet de l'anneau de Gygès :
elle est le courtisan le plus adulateur des passions humaines, très-équitable d'ailleurs, lorsqu'elle apprécie des actions qui n'intéressent
pas ces passions.

Voilà, pour le dire en passant, pourquoi
l'administrateur & l'instructeur influent si différemment sur les hommes & les sociétés.

L'instruction est toujours vague & générale,
& n'attaque personne dans son intérêt personnel ; or les hommes, qui sont fripons en
détail sont cependant honnêtes, pris en masse,
dit M. Montesquieu, & chaque homme se
réservant tacitement le droit de s'approprier
le plus de biens, d'aisances, de commodités
& d'avantages qu'il lui sera possible, approuve
celui qui recommande le bien de tous.

L'action est différente ; il faut compter avec
celui qui agit. Dès-lors il faudroit renoncer
à ses avantages usurpés ; c'est ce que personne
ne veut faire.

Ajoutez que l'instructeur répand beaucoup
d'idées qui fructifieront dans les temps à venir,
& que l'administrateur n'a le plus souvent
d'influence que pendant son action. C'est pré-

cifément dans cet inftant qu'il ne trouve prefque jamais qu'une foibleffe lâche & paref-
feufe dans ceux qui voudroient le bien, tandis
que ceux qui veulent le mal lui oppofent
une force prodigieufe, parce qu'il opère leur
avantage immédiat & particulier.

Revenons, & convenons que le défir de
la fupériorité eft la paffion la plus active du
cœur humain. Ajoutons qu'il eft impoffible à
l'homme, qu'un grand intérêt ne modérera
pas, de ne pas fe prévaloir de fa fupériorité.

Le défir d'abaiffer les autres tient donc inféparablement à celui de s'élever. Ces deux
paffions combinées produifent la *tyrannie* &
l'efclavage.

Beaucoup d'hommes ont écrit fur l'efclavage ; tous en parlent ; car tel dans notre Europe eft efclave, qui certainement ne s'en
doute pas. Tous l'ont appellé l'ALIÉNATION
DE LA LIBERTÉ (I), fans avoir fixé l'idée de
ce mot LIBERTÉ, autrement que par un gali-
matias confus & inintelligible.

Cette définition de l'efclavage me paroît
auffi dangereufe qu'elle eft fauffe ; car elle

---

(1) Ou du moins toutes leurs définitions reviennent
à celle-là.

B 4

suppofe qu'il eft permis à l'homme *d'aliéner
fa liberté.*

Je n'envifagerai point cette difcuffion fous
le point de vue moral, comme l'a fait M. Rouffeau de Genève. Ce feroit un temps perdu
que de l'entreprendre après un pareil écrivain, & je penfe d'ailleurs que cette peine
feroit inutilement employée.

C'eft affez pour trancher toute queftion à
cet égard, d'établir que *l'aliénation de fa liberté*, ou pour parler plus exactement, *le don
de fa propriété perfonnelle* eft impoffible ; &
cette propofition eft évidente.

Dites au defpote qui prétend être né maître
abfolu des efclaves qu'il opprime & foule à
fon gré, de s'approprier leurs plaifirs, leurs
peines, leurs fenfations, leurs forces, toutes
les facultés enfin qui compofent la *propriété
perfonnelle*; il vous répondra peut-être par
un bourreau ; c'eft l'unique raifon des tyrans.
Déplorons fon aveuglement; déteftons fes
principes; mais ne nous laiffons jamais perfuader par la violence. Il eft auffi honteux de
fe laiffer fubjuguer par elle, qu'il eft odieux
de l'exercer.

L'homme ne fauroit franchir les bornes
dans lefquelles la fage nature l'a circonfcrit.

Nul individu ne sauroit s'approprier un autre individu, que sous des *conditions physiques obligatoires.* J'ai mon exiftence au même titre que celui qui voudroit en ufer pour fon propre avantage. Je la tiens *comme lui* de la main bien-faifante de l'auteur de la nature, qui m'a donné le droit & le pouvoir d'ufer de fes dons, comme à tous mes femblables. Aucun d'eux n'a donc d'autres droits fur moi, fur mon travail, ou ce qui revient au même, fur mes *propriétés*, que ceux que j'ai fur lui ; & nous ne pouvons jamais qu'*échanger nos facultés;* nous ne faurions *engager notre exiftence*, par la raifon très-fimple & très-concluante qu'il nous eft impoffible d'en changer avec qui que ce foit.

On peut détruire la vie d'un homme par un crime affreux ; mais ce n'eft pas *s'appro-prier mon exiftence* que de me l'arracher. Re-marquez à ce fujet, combien eft abfurde l'o-pinion des prétendus philofophes qui ont érigé la violence en titre, qui ont établi un *droit de conquête*, & reconnu aux conqué-rans le pouvoir légitime d'accorder la vie ou de donner la mort. Il n'eft pas vrai *que le droit de vie & de mort*, exercé par un homme fur un autre homme, ait jamais été autre chofe

qu'un acte de frénéfie ; car votre ennemi,
réduit à l'efclavage, peut vous être encore
utile, pourvu que vous fuftantiez fa vie ; &
c'eft-là du moins le droit qu'il a fur vous &
la relation qui vous lie ; mais le maffacre d'un
homme n'eft bon à rien, qu'à déshonorer &
foulever l'humanité... (1) Le droit de vie
& de mort !.. Et quel autre que l'auteur de
notre être peut l'exercer ?

D'homme à homme *les droits* font donc
toujours *refpectifs. La propriété perfonnelle* ne
peut fe livrer.

.La liberté ne fauroit *s'aliéner.* Ce premier
don de la nature eft impreferiptible ; & les
hommes, même dans leur délire, ne fauroient y renoncer.

Les ordonnances des Rois de France (2)
qui preferivent les affranchiffemens, *fous des
conditions juftes & modèrées,* font la preuve
la plus authentique & la plus humiliante du
dégré de barbarie, de déraifon & d'ignorance,
auquel les hommes peuvent atteindre. Ces bienfaiteurs du XIVᵉ. fiecle croyoient faire grace

---

(1) *Vendere cum poffis captivum, occidere noli
ferviet utiliter.* (Horat. l. I. Epift. 16.)
(2) Louis IX & fon frere Philippe, 1318.

à la plus grande partie des hommes, (car
dans tous les pays les ESCLAVES OU VIL-
LAINS furent la claſſe la plus nombreuſe) en
leur accordant la faculté de vivre & de reſ-
pirer pour eux. Ils imaginoient que l'homme
pouvoit être rangé ſous un eſclavage légitime,
puiſqu'ils preſcrivoient les conditions *douces*
& modérées, ſous leſquelles leurs ſujets pourroient recouvrer leur liberté. Remarquez cependant qu'accorder les affranchiſſemens ſous
des conditions quelconques, c'étoit *modifier*
l'eſclavage, & non pas le détruire. Remarquez encore que cet acte de légiſlation, ſublime pour ces ſiècles ſauvages, mais plutôt dicté par la politique qu'inſpiré par
l'hmanité, n'étoit guere motivé que par un
jeu de mots. « Leur Royaume étant appelé
» le Royaume des Francs, ils vouloient qu'il
» le fût en réalité comme de nom. »

Si nous ne pouvons pas diſpoſer de notre
liberté, à plus forte raiſon ne ſaurions nous
engager celle de nos deſcendans, dont la propriété perſonnelle n'eſt pas & ne ſauroit jamais être à nous. C'eſt encore un axiome,
dont la démonſtration eſt inutile, & qu'il eſt
impoſſible de conteſter de bonne foi.

L'acte de ſoumiſſion, ou plutôt de *ſervage*,

connu fous le nom d'*obnoxiatio*, par lequel
beaucoup d'hommes en Europe fe rangeoient
volontairement à la fervitude eux & leurs enfans : celui par lequel beaucoup d'autres,
enivrés de fuperftition, fe vouoient eux &
leur face à la condition d'*efclaves* ou *ferfs
volontaires des églifes* (1), font le monument
prefque incroyable du délire le plus inique,
le plus révoltant & le plus abfurde que les
faftes de l'humanité nous aient transmis.

L'enchaînement des idées m'a conduit à
cette grande vérité, que je pourrois démontrer par l'hiftoire de tous les âges & de tous
les pays ; *les hommes forgèrent leurs chaînes
en établiffant leurs légiflations* : mais l'énonciation de ce principe exige, pour fauver
toute équivoque, une difcuffion fur l'origine
des fociétés.

Tout homme de bonne foi, qui aura lu
avec attention ce qui a précédé, ne me foup-
çonnera pas de déclamer contr'elles, & voudra bien m'accorder la jufte appréciation des
mots que j'emploie. Voici mes principes à
cet égard : je demande qu'on les médite. Je
ne fais être clair que pour les gens attentifs.

_____

(1) *Les oblats*, *oblati.*

Certains déclamateurs ont vanté la douce volupté d'habiter au fonds des bois, & d'y recueillir avec peine la ſubſiſtance précaire & ſpontanée de la chaſſe, de la pêche & du gland. Ils ont ſoutenu que *l'homme a ſubi le joug en ſe réduiſant en ſociété.* Cette idée de quelques modernes eſt renouvelée des anciens Germains (1). On n'auroit pas ſoupçonné que leurs opinions phſiloſophiques fiſſent des ſectaires dans le XVIIIᵉ. ſiècle.

D'autres auteurs ont été plus loin encore. L'un de nos contemporains (2) à qui je reconnois le plus de droiture de cœur & de force de génie, le plus élégant des écrivains françois, ſans nulle exception, & peut-être auſſi le plus éloquent (3), s'eſt, à mon avis,

---

(1) Tacite (*hiſt. l.* 4.) dit expreſſément que les Germains regardoient l'habitation des villes comme une marque de ſervitude, & qu'ils exigeoient de ceux de leurs compatriotes qui avoient ſecoué le joug, de démolir les villes romaines. *Les animaux même les plus féroces*, diſoient-ils, *perdent leur ardeur & leur courage lorſqu'ils ſont enfermés.*

(2) M. Rouſſeau de Genève.

(3) Je ſais que M. Rouſſeau lui-même donne la préférence au ſtyle de M. de Buffon. Ce n'eſt point à moi de décider entre de tels maîtres. Je peins naïvement ma ſenſation, & n'ai pas la préſomption de juger.

étrangement trompé quand il a dit, que l'homme *dans l'état de nature répugnoit à la société*, ou ce qui revient au même, *que la nature n'avoit pas destiné l'homme à la société*. (1)

La société est l'état naturel de l'homme, comme celui de la fourmi & de l'abeille; état fondé sur sa sensibilité, sur sa bienfaisance, sur son amour de la liberté, sur la haine des privations, sur l'expérience de l'utilité des secours réciproques, sur la crainte de l'oppression, ou, en d'autres mots, du DESPOTISME.

Quand on nieroit ces vérités de sentiment, je soutiendrois toujours que la durée de l'enfance humaine nécessite une société, indépendamment de l'instinct d'association, commun à presque tous les êtres organisés. L'homme qui, dans aucun temps de sa courte durée, ne peut presque rien seul, est le plus dépendant des animaux pendant les douze premières années de sa vie. Il périroit certainement dans cet intervalle d'impuissance & de foiblesse, sans les soins de sa mère & la com-

_____

(1) Disc. sur l'inég. des condit. parmi les hommes, sur-tout la I. partie.

misération de son père. Comment celui (1)
qui a prouvé si bien & si souvent que l'homme
naissoit bon, peut-il croire qu'un être humain
atteindra cet âge sans connoître ceux à qui il
doit & la vie & sa conservation , & qui probablement exigeront de lui des secours auxquels ils ont de si justes droits ? Car les hommes n'accordent rien pour rien. Comment cet
être doué d'organes sensibles oubliera-t-il to-
talement ses bienfaiteurs ? Comment aux approches de la vieillesse, qui , chez les premiers humains, fut peut-être plus tardive, mais
qui diminua cependant comme aujourd'hui
les facultés, affoiblit les sens, &c. ; comment,
aux approches de la vieillesse de ses parens,
le jeune sauvage ne sentira-t-il pas qu'il a une
dette à payer (2). Cette *apathie machinale*
qui ne seroit troublée que par les sensations
directes & personnelles de l'individu, semble
contrarier absolument le cœur humain, celui

---

(1) M. Rousseau.

(2) Je sais tout ce que les voyageurs ont raconté de
la manière dont certains Sauvages sauvent leurs peres
de la caducité ; mais je sais aussi quelle créance méritent
les voyageurs, sur-tout quand ils contredisent évidemment la nature.

même dont on suppose la senfibilité la moins
développée.

Si je m'abuse, en jugeant, sans m'en appercevoir, de l'état de nature, par les notions sociales dont je suis imbu, au moins
ce sentiment d'union, de senfibilité, de re-
connoiſſance que vous attribuez à la civili-
ſation, est-il préférable à l'indifférence, ou
plutôt au parfait oubli des bienfaits que vous
ſuppoſez dans la nature. Ne doit-on pas en
conclure que l'état de société vaut mieux pour
l'homme, qu'il eſt le plus digne emploi,
comme le plus heureux réſultat de ſa perfectibilité.

L'on aura beau ſubtiliſer. Il eſt impoſſible
de révoquer en doute l'exiſtence d'une ſociété néceſſaire, née d'abord au ſein des familles, formée enſuite par la réunion de ces
familles. Suivez la gradation des liens domeſtiques dans leurs différentes branches, & la
ſucceſſion rapide des beſoins de l'homme,
vous concevrez la formation d'une ſociété immenſe, & vous direz bientôt avec un auteur (1)
vraiment méthodique & lucide, » que le

---

(1) L'aut. des vrais princ. du droit nat. (M. Queſnay).

» problême

» probléme le plus difficile à résoudre seroit
» d'expliquer comment les hommes, vu la
» constitution physique & morale des deux
» sexes dans l'âge viril, dans l'enfance & dans
» la vieillesse, pourroient vivre long-temps
» dans l'état de simple multitude, sans ag-
» grégations sociales. »

J'ose croire que je renverserois facilement
ici, si c'en étoit la place, tous les exemples
& les objections dont M. Rousseau s'est servi
pour combattre avec tout l'art & l'esprit possible ce système, qui tient invinciblement à
la longue débilité de l'enfance de l'homme,
aux premiers & aux plus puissans sentimens
du cœur humain.

Mais ce seroit un retour si humiliant sur
soi-même que la conviction la plus évidente
d'avoir eu raison avec ses maîtres, que je
suis très-éloigné de porter aucune sorte de
présomption ou d'opiniâtreté dans cette discussion, qui, selon moi, est purement oiseuse
& tout-à-fait inutile.

En effet, que l'homme dans l'état de nature, répugne ou ne répugne point à la société, celle-ci n'en existe pas moins; & tous
les livres possibles ne parviendront pas à la
dissoudre. Il vaut donc mieux s'efforcer de

C

l'éclairer, que lui montrer qu'elle a tort d'exister.

M. Rousseau, vivement affecté de la corruption des villes, prétend que les institutions sociales ont dégénéré de l'état de nature, & rendent les hommes plus malheureux.

Si nous embrassons cette opinion, tâchons de découvrir des remèdes ou du moins des palliatifs à nos maux. Cette recherche est plus utile & plus agréable à faire que la satyre des hommes & de leurs sociétés. Séneque ne nous a pas appris une vérité bien intéressante, quand il a dit « que la nature a départi à chacun sa misère comme un art qu'il » doit étudier (1) ». C'est la science des consolations qui intéresse les hommes.

Si, comme le plus grand nombre croit l'éprouver & le sentir, notre condition est préférable à celle des Caraïbes, craignons de décliner, & sur-tout étayons de principes la conservation des droits de l'homme, qui n'habitera probablement plus les forêts, quand la nature produiroit un nouveau Timon aussi éloquent que M. Rousseau, pour le convertir à ce triste genre de vie.

_____

(1) Sua cuique calamitas tanquam ars assignatur.

Pour moi, je ne faurois me perfuader que
l'homme ait fait un mauvais marché quand il
s'eft rapproché de fes femblables, lui qui fe
trouve réduit à ne fatisfaire que fes befoins
les plus indifpenfables, & qui eft incapable
de fe procurer les moindres jouiffances, quand
il ne peut employer que fes propres facultés. L'homme eft le fupplément néceffaire
de la foibleffe de l'homme. L'on n'a pas trouvé
dans tout le monde connu une race d'humain,
fans une forte de fociété. Pourquoi d'un pole
à l'autre, auroient-ils embraffé un genre de
vie contraire à leur nature ? L'ufage de la parole eft feul, comme l'a obfervé M. Dagueffeau, une preuve fans replique que l'homme
eft né pour la fociété (1).

Non feulement l'homme femble fait pour
la fociété, mais on peut dire qu'il n'eft vraiment homme, c'eft-à-dire un être réfléchif-
fant & capable de vertu, que lorfqu'elle commence à s'organifer; car tant qu'il ne forme
avec fes femblables qu'une affociation momentanée, il eft encore féroce, dévaftateur, &
n'a guère que des idées de carnage, de bravoure, d'indépendance & de fpoliations. C'eft

---

(1) Inftitution au droit public.

une vérité démontrée par l'histoire de toutes
les incursions des hordes justement surnom-
mées *barbares*, qui n'étoient qu'un ramassis
d'hommes associés par leurs communs besoins, auxquels leur patrie inculte ne pouvoit
suffire; réunis par l'instinct, dépourvus de
principes & de loix; car elles ne se forment
& ne s'établissent qu'en réfléchissant sur cet
instinct, qui, d'abord exclusif pour telle ou
telle individu, parvient enfin à découvrir le
respect inviolable dû aux droits de tous.

Soutenir que chaque individu a fait des
pertes précieuses en se réunissant à d'autres
individus, c'est faire à peu-près le même raisonnement que celui qui diroit : « Celui qui
» peut faire des avances de culture pour ex-
» ploiter le sol où la nature l'a placé, est plus
» pauvre que celui qui ne le peut pas, par-
» ce qu'il fait cette dépense de plus ». L'a-
vance qui reproduit est-elle donc une dépense ?

Mais la comparaison n'est pas exacte, car
les hommes n'ont rien voulu ni dû sacrifier
en se réunissant en société; ils ont voulu &
dû étendre leurs jouissances & l'usage de la
liberté, par les secours & la garantie réciproques. Voilà le motif de la subordination qu'ils

rendent à l'autorité souveraine, à qui le peuple a confié sa défense & sa police. Les citoyens conservent dans la société bien ordon-
née toute l'étendue de leurs droits naturels,
& acquièrent une beaucoup plus grande faculté d'user de ces droits. Tout ce qui leur
étoit permis dans l'état primitif leur est encore
permis : tout ce qui leur étoit défendu leur
est encore défendu ; & ce *tout* se réduit à
garder & multiplier ses propriétés, & à respecter celles d'autrui. La seule différence entre l'état primitif & l'état social, c'est que
plus la société est complette, & plus chacun
a de propriétés.

Telle est l'idée que je me forme de cette
union appellée *société*, que le penchant général de l'humanité, autant que ses besoins,
a établie sur toute l'étendue de ce globe.

Tout autre système, j'ose le dire, est moins
conséquent, moins vraisemblable, moins avantageux à l'humanité.

En effet, l'on sent qu'il est facile d'asseoir
sur cette base les *droits* de tous les hommes,
& conséquemment les *devoirs* relatifs des *Souverains* & des *peuples*.

Mais si vous admettez que la société est un
état contre nature, *væ victis*, malheur à ceux

qui ont fubi la loi du plus fort. Les tyrans font tyrans, parce qu'ils le font devenus : pourquoi l'homme fortoit-il de fes forêts ?

« Qu'importe ? m'allez-vous répondre : » vous crierez de même au defpote, le jour » où il fera renverfé, *væ victis* ».

J'entends ; mais c'eft un code bien trifte & bien dangereux que le droit du plus fort. L'inftruction, cette arme plus douce, plus puiffante même avec le temps, fuffira à l'organifation des fociétés, & la préfervera des convulfions de la violence.

La nature qui condamna, ou plutôt qui, dans fa bienfaifance, voua l'homme au travail, a voulu que, pour fon plus grand avantage, il aidât fes femblables & fût aidé par eux. C'eft elle qui a dicté cette loi chinoife fi fage & fi belle, & qui renferme tous les premiers principes fociaux. « Celui qui laif-» fera une année fans cultiver fon champ, » perdra fon droit de propriété ».

La nature eft une parfaite légiflatrice, ou plutôt elle eft la feule ; & je n'ai prétendu parler que des inftitutions humaines, quand j'ai avancé que nos légiflations étoient la bafe de la tyrannie, & le berceau de la fervitude.

« Il est, dit le plus éloquent des anciens
» philosophes, il est une loi animée, une
» raison droite, convenable à notre nature,
» répandue dans tous les esprits : loi cons-
» tante, éternelle, qui, par ses préceptes,
» nous dicte nos devoirs ; qui, par ses dé-
» fenses, nous détourne de toute transgres-
» sion ; qui, d'un autre côté, ne commande
» ou ne défend pas en vain, soit qu'elle
» parle aux gens de bien, ou qu'elle agisse
» sur l'ame des méchants : loi à laquelle on
» ne peut en opposer aucune autre, ou y
» déroger, & qui ne sauroit être abrogée.
» Ni le sénat, ni le peuple n'ont le pou-
» voir de nous affranchir de ses liens ; elle
» n'a besoin ni d'explication, ni d'interprête
» autre qu'elle-même : loi qui ne sera jamais
» différente à Rome, différente à Athènes ;
» autre dans le tems présent, autre dans un
» tems postérieur : loi unique, toujours du-
» rable & immortelle, qui contiendra toutes
» les nations & dans tous les temps. Par elle,
» il n'y aura jamais qu'un maître commun,
» un empereur universel, c'est-à-dire, Dieu
« seul. C'est lui qui est l'inventeur de cette
» loi, l'arbitre, le véritable législateur. Qui-
» conque n'y obéira pas, se fuira lui-même.

» méprisant la nature de l'homme. (1) »

C'est en comparant les institutions humaines à la *loi naturelle*, que Ciceron nous peint avec tant d'éloquence ; c'est en comparant les ouvrages de notre foible raison à cette loi obligatoire pour tous, ineffaçable malgré les préjugés délirans de l'humanité, imprescriptible (2), quelque contradiction qu'elle rencontre dans les législations humaines, qui ne sont

(1) *Est quidem vera lex, recta ratio, naturæ congruens, diffusa in omnes, constans, sempiterna : quæ vocet ad officium jubendo vetendo a fraude deterreat : quæ tamen neque probos frustra jubet aut vetat, nec improbos jubendo aut vetando movet. Huic legi, nec abrogari fas est, neque derogari ex hac aliquid licet ; neque tota abrogari potest. Nec verò aut per senatum, aut per populum solvi hac lege possumus. Necque est quærendus ex planator, aut interpres ejus alius. Nec erit alia lex Romæ, alias Athenis ; alia nunc, alia post hàc ; sed & omnes gentes, & omni tempore una lex, & sempiterna & immortalis continebit, unusque erit communis quasi magister, & imperator omnium Deus. Ille legis hujus inventor, disceptator, lator : cui qui non parebit, ipse se fugiet, ac naturam hominis aspernabitur, atque hoc ipso luet maximas pœnas ; etiamsi cœtera supplicia, quæ putantur, effugerit.* (Cic. de rep. L. III.)

(2) C'est à la loi naturelle qu'on a pu dire que son auteur avoit accordé ce caractere d'immutabilité ; cet

cependant fondées que fur elle (1); c'eſt en les comparant, dis-je, à cette loi ſimple, une & ſublime, que nous démontrerions l'inſuf- fiſance, la défectuoſité & les dangers de nos codes légiſlatifs.

Cet important théoréme politique eſt plus facile à ſentir qu'à développer. Je n'entre- prendrai pas aujourd'hui cet ouvrage qui ſera dans tous les temps trop au-deſſus de mes forces.

Je remarquerai ſeulement, relativement à l'exiſtence d'une loi naturelle que l'on a voulu révoquer en doute ; (car quelle vérité les hommes n'ont-ils pas niée ? quelle erreur n'ont- ils pas aſſurée ?) je remarquerai, dis-je, qu'il

---

empire ſans bornes, dont Virgile aſſuroit que les dieux avoient favoriſé Rome :

> *Ego nec metas rerum, nec tempora pono, Imperium*
> *ſine fine dedi.*

& non à cette inſtitution tumultueuſe & preſque fé- roce, qui fit le malheur du reſte du monde, ſans don- ner ni repos, ni bien-être réel à ſes vainqueurs.

(1) *Sciant, judices*, diſoit Bacon aux juges anglois, *ſe jus dicere, non jus dare ; leges interpretari, non condere.* (Serm. fidel. c. 54.) « Que les juges ſachent » qu'ils *diſent le* droit : qu'ils ne le donnent pas ; » qu'ils appliquent les lois, & qu'ils ne les font pas ».

feroit bien étonnant, que, dans l'immenfe chaîne des êtres, où tout eft affujetti à des loix diftinctes, fixes & immuables, l'homme échappât feul à cette volonté néceffaire de l'Auteur de la nature, qui, pour me fervir des expreffions d'un beau génie (1), *obéit toujours à ce qu'il commanda une fois.* « C'eût » été en vain qu'Amphion & Orphée auroient » accordé leurs lyres, s'il n'y avoit point eu » d'uniffon correfpondant dans la conftitu- » tion humaine (2) ».

Loin de rechercher & de développer cette loi naturelle auffi effentiellement exiftante que le foleil qui nous éclaire, & qui féconde le globe que nous habitons, les légiflateurs, femblables à ces hommes qui adoroient les ouvrages de leurs mains, ont ofé croire qu'il étoit en leur pouvoir de créer des lois pour l'homme... Que n'entreprenoient-ils auffi de reculer ou d'avancer à leur gré les faifons !

Ainfi la nature & les inftitutions humaines, les paffions & les légiflations fe font heurtées ; les contradictions fe font amoncelées, les codes fe font multipliés, & la connoiffance des

---

(1) Le Cardinal de Retz.
(2) Milord Bolingbroke.

loix positives est devenue pour les peuples policés une science immense; leur étude est plus fatigante pour la mémoire que pour l'entendement.

Tels sont les ouvrages de l'homme; ils portent l'empreinte de la mobilité de son esprit plus subtil, plus actif à prévoir & multiplier les exceptions, que propre à saisir des principes généraux, à observer & méditer la nature, plus industrieux en un mot à exercer son *imagination* qu'à se servir de sa *raison*.

Cette distinction est juste. *L'imagination* & la *raison*, ces deux facultés de l'homme, les plus précieuses & les plus utiles, & dont les philosophes ont si différemment évalué le mérite & assigné le rang, l'imagination & la raison varient autant dans leurs propriétés que dans leurs usages.

Réfléchir, méditer sur nos sensations & nos connoissances, & les appliquer sur les objets de nos recherches, c'est ce que j'appelle *exercer sa raison*; elle est *un outil de calcul*, si j'ose m'exprimer ainsi; mais *l'imagination*, mère de la métaphysique, est souvent aussi celle de l'erreur.

Je sais qu'il faut convenir de l'idée qu'on attache à ce mot *métaphysique*. Les philosophes dignes de porter ce nom de *philo-sophes*, c'est-à-dire, les hommes instruits & dialecticiens (1) ont une métaphysique profonde, mais remplies de clarté, méthodique, analytique, qu'ils doivent à de vastes connoissances, à de longues méditations, à des observations assidues. Il n'est point de vérité & de connoissance qu'on ait découverte, étendue, développée sans cette métaphysique ; ou plutôt, il n'est point de science humaine qui n'ait une métaphysique de cette sorte.

Les sophistes appellent leurs subtilités tortueuses, énigmatiques, & le plus souvent puériles, la *métaphysique*. Il est bien peu d'erreurs morales & politiques que n'ait enfanté cette science futile & illusoire, qui s'est introduit de nos jours dans presque toutes les connoissances.

L'imagination est le hochet de l'humanité.

_____

(1) Bien entendu qu'ils soient de *bonne foi* ; car sans bonne foi, il n'existe point d'*honnêteté*, & sans honnêteté, la philosophie est un mot vague, & le philosophe un *charlatan*. C'est, selon moi, le plus méprisable, comme le plus ridicule de tous les métiers, de *vendre* ou *louer* des paroles, pour me servir de l'expression de Martial.

» Les facultés de l'imagination, dit Robert-
» fon (1), ont déjà acquis de la vigueur,
» avant que celles de l'efprit fe foient exercées
» fur les matières abftraites & fpéculatives.
» Les hommes font poëtes avant que d'être
» philofophes : ils fentent vivement & favent
» peindre avec force, lors même qu'ils n'ont
» fait encore que peu de progrès dans le rai-
» fonnement ; le fiecle d'Homère & d'Héfiode
» précéda beaucoup celui de Thalès & de
» Socrate ».

Ces réflexions ne font point étrangères ici ;
elles peuvent aider à réfoudre ce problême
fingulier : pourquoi les légiflations, dont la
nature elle-même a tracé le plan, font-elles
fi défectueufes, & moins avancées que tout
autre ouvrage de l'efprit humain ?

Les hommes facrifient fans ceffe à l'imagination, parce qu'elle les féduit plus fûrement,
parce qu'elle flatte leur amour-propre plus
que la marche lente & calculée de la froide
raifon ; parce que l'exercice de celle-ci, ap-
pliquée à la méditation, eft plus pénible &
à la portée de moins d'hommes, que les jeux
de celle-là. Notre orgueil, auffi adroit qu'in-

---

(1) Introduct. à l'hift. de Charles-Quint.

satiable, nous fera préférer toujours & de beaucoup ce que nos talens peuvent atteindre, à
ce qu'ils ne sauroient embrasser. Le poëte mé-
prise le géomètre ; le géomètre dédaigne le
poëte. « Les philosophes, dit Bolingbroke,
» ont trouvé qu'il étoit plus aisé d'imaginer
» que de découvrir, de conjecturer que de
» connoître ; ils ont donc pris cette voie pour
» acquérir de la réputation, celle-ci leur
» étant pour le moins aussi chère que la vé-
» rité, & plusieurs ont admis une vaine hy-
» pothèse pour un sytême réel ». C'est-là la
marche de tous les charlatans ; ce n'est pas
celle de l'homme de génie, de l'homme profond (1).

Mais les génies profonds sont & seront en
petit nombre dans tous les siècles. Aussi les
observateurs sont-ils plus rares que les gens
d'esprit, parce que l'imagination seul fait un
homme d'esprit, tandis que le génie, éclairé
par des connoissances, & guidé par une raison
saine & exercée, suffit à peine aux observateurs.

Suivez cette gradation, & peut-être ne
trouverez-vous pas un homme capable d'être

---

(1) *Hippotheses non fingo*, dit Newton, en avouant
qu'il n'a pas pu déduire des phénomenes la raison des
propriétés de la pesanteur.

légiſlateur, c'eſt-à-dire, d'étendre, de réunir
les diverſes applications de la loi naturelle,
parmi des milliers de politiques déliés.

C'eſt pour les hommes médiocres, ou du
moins incomplets, qu'on a établi la diſtinc-
tion *d'eſprit* & de *génie*. Ce ſont les deux
parties du même tout ; mais où trouver ce
tout raſſemblé ?

Si par hazard on le rencontre, il faut encore que ce favori de la nature applique ſes
talens & ſes forces ſur un tel objet, & ſur-
tout qu'il étudie la nature plutôt que de ſe
livrer à ſon génie ; tentation très-ſéduiſante
& trop dangereuſe.

En un mot, la ſcience du droit naturel,
ſeule entre toutes les connoiſſances humaines,
encore obſcurcie des ténèbres de nos ſiècles
de barbarie, eſt à peine à ſon berceau. Nous
avons vu mourir de nos jours l'homme juſte-
ment célèbre & vraiment reſpeſtable (1),
qui a fait entrevoir le premier à la nation,
que l'art de gouverner les hommes & de les
rendre heureux valoit bien toute autre ſcience.

Cette étude, juſqu'à lui, n'entroit point
dans celle des *philoſophes* ; car la *philoſo-*

_____

(1) Monteſquieu.

phie, pour les progrès de laquelle un grand
nombre de beaux efprits ont fait dans ce fiècle
tant d'efforts peut-être intéreffés ; la philofophie, dis-je, eft devenue de nos jours une
expreffion prefque dénaturée.

Les anciens la regardoient comme une des
premières & des plus néceffaires vertus, bafe
de toutes les autres, puifqu'ils n'entendoient
par ce mot, *philofophie*, autre chofe que
l'amour de la fageffe.

La philofophie moderne femble plutôt exiger l'étude des fciences abftraites (1), que
toute autre travail : peut-être auffi a-t-on re-
proché, à trop bon droit, à nos philofophes
l'abus de la diâlectique, de la métaphyfique &
la manie des nouveautés. Quoiqu'il en foit,
on peut dire que, malgré toute leur fcience,
la philofophie n'a pas fait de grands progrès
entre leurs mains.

Les anciens eux-mêmes ne regardoient guère
la philofophie que comme l'étude de la mo-

_____

(1) On trouve dans les écrits d'un des plus refpectables philofophe de l'antiquité, ce précepte remarquable : *N'écrivez point fur des fciences abftraites.*
On voit combien l'idée qu'il fe formoit de la philofophie eft différente de la nôtre.

rale ;

rale (1) ; ainfi ils ne la complétèrent jamais, puifqu'ils ne l'étendirent point jufqu'à la connoiffance des principes phyfiques de l'organifation des fociétés.

La véritable philofophie doit renfermer tout ce qu'il importe à l'homme de connoître, de favoir & de pratiquer pour fon bonheur *perfonnel* & *relatif* (2). Ce n'eft que lorfqu'elle aura rempli cet objet immenfe & fouverainement important, qu'elle aura atteint la perfection ; ce n'eft qu'alors que les philofo-

---

(1) Mais cette étude de la morale, ils la regardoient comme la fcience de tout honnêtē-homme. Voyez dans les obligations que *Marc-Aurèle* fe rappelle d'avoir à *Rufticus* ces mots remarquables : *Ce fut lui qui le premier me procura les difcours mémorables d'Epictéte.*

(2) « La fcience, proprement dite, dit Milord Boling-
» broke, confifte à obferver la conftitution & l'ordre
» des chofes, tant dans le *fyftême phyfique*, que dans
» le fyftême moral auquel nous appartenons , à former
» fur ces particularités des idées générales , des notions,
» des axiômes & des règles, & à les appliquer à des
» actions & aux ufages humains. Le réfultat de toutes
» ces chofes eft ce qu'on appelle fageffe, fcience,
» connoiffances humaines ».

Cette définition, quoiqu'un peu vague, revient à la mienne.

D

phes feront les plus refpectables des hommes.
Vers quel but nous conviendroit-il donc plutôt de diriger nos efforts ? Si, par impoffible,
nous trouvons dans d'autres études plus d'ali-
mens à notre curiofité, convenons du moins
que nous ne trouverons jamais à l'affouvir auffi
complètement, auffi utilement, & fi indépendamment de tout autre fecours, que de
notre propre raifon ; car il ne faut ici que
les premiers principes, & un fens droit pour
les étendre & les appliquer.

La fcience fimple & profonde qu'on a appelée *économique* de nos jours les a démon-
trés enfin ces principes fi long-temps ignorés,
fi long-temps inconnus. Les citoyens vraiment utiles, qui s'en font occupés, ont été
tournés en dérifion par toutes les plumes mercenaires du gouvernement. Perfécutés depuis,
forcés au filence (1), ils auront du moins la
confolation d'avoir fait le *métier* d'homme &
de citoyen ; & ce font eux qui ont vraiment
mérité qu'on penfât *de leurs travaux*, ce qu'un

---

(1) Toutes ces chofes ont changé depuis que la nation eft conduite par des miniftres honnêtes & inftruits,
qui ne craignent point que la lumiere éclaire leurs
intentions & leurs fautes. (*Note de l'Editeur.*)

ancien difoit autrefois de la philofophie : *que les hommes ne feroient heureux qu'alors qu'elle fe feroit familiarifée avec les rois.*

Prefque tous les auteurs, ou plutôt les reftaurateurs de nos légiflations, ne fe doutoient pas même de ces principes : ils ont beaucoup imaginé & peu médité. Ils ont travaillé fans enfemble, faute d'un premier principe ; ils fe font contredits, faute de méthode. Ils ont donné une nouvelle folution à chaque difficulté nouvelle qui s'eft préfentée : l'édifice affis fur le fable mouvant eft devenu d'autant moins folide qu'il s'eft plus élevé : les loix ont contredit les loix : nous en devons une grande partie à des temps obfcurs où la fuperftition, l'ignorance & la fureur belliqueufe fe difputoient à l'envi l'efprit humain. En vain a-t-on voulu redonner quelque enfemble à ces compilations informes. On manquoit de *principes* ; & tout, en ce genre, porte fur les principes les plus fimples, les plus évidens, & les plus invariables. Il a été bientôt facile d'éluder la plus grande partie d'un code immenfe, de fe prévaloir de l'autre ; & ce code eft devenu le gage d'impunité des brigands de la fociété.

C'eft à la corruption des mœurs que le pé-

nétrant & profond Tacite attribuoit la multiplicité des loix romaines ; & c'eſt à leur
nombre infini qu'il rapportoit l'origine de
toutes les diſſentions de la république , & les
ſuccès des factieux (1) qui l'aſſervirent à la
fin. Pour peu qu'on y réfléchiſſe , en effet,
on ſentira que c'eſt ſervir le deſpotiſme que
de multiplier les loix ; *car il y a* , dit très-
bien Montaigne *autant de liberté & d'étendue*
à l'interprétation des loix qu'à leur façon. Au
milieu de tant *d'interprétations* , ſans doute ,
on peut choiſir arbitrairement , & toute volonté arbitraire peut trouver une raiſon ou un
prétexte dans ce dédale immenſe.

Sortons des rêves métaphyſiques , qui n'ont
guère d'autre réalité que leurs inutiles ſubtilités ; abandonnons les ſpéculations politiques
ſoûmiſes aux caprices des circonſtances ;
l'homme n'eſt pas fait pour être ainſi baloté ;

---

(1) Si vous en voulez la preuve, cherchez dans le
troiſieme livre de ſes annales cette belle digreſſion ſur
les lois, qui commence par ces mots (Elzew. 1640,
p. 110.) : *ea res admonet ut de principiis juris, &c*
juſqu'à ceux-ci (p. 111) *ſed altiùs penetrabant, &c*
On y trouve ces propres mots : *jamque non modò in*
commune, ſed in ſingulos homines latæ quæſtiones ;
& corruptiſſima republ. plurimæ leges.

& la nature nous deſtina ſans doute des loix plus ſûres & moins mobiles. Elle n'a point fait de ſyſtêmes particuliers ; les droits de tous les hommes & de toutes les nations ſont les mêmes, auſſi-bien que leurs devoirs.

Les légiſlateurs poſitifs conviennent eux-mêmes de l'irréfragabilité de la loi naturelle. *Une loi poſitive*, diſent-ils, *peut être abro-gée par une autre loi poſitive ; mais la loi naturelle ne peut jamais recevoir aucune at-teinte* (1). Etudions ce code divin. Suivons l'ordre invariable & ſimple qu'ils nous preſ-crits.

Tout le bien de la ſociété doit naître de l'ordre de cette ſociété. Cet ordre eſt claire-ment indiqué par la nature. Bornons là notre objet & nos recherches. Ne regardons, en fait de morale, qu'autour de nous ; ne la ſépa-rons jamais de l'ordre phyſique. Le vol de l'homme eſt reſſerré dans des limites étroites. S'il s'élève trop, il perd ſes aîles ; c'eſt la fable d'Icare, plus philoſophique que l'on ne croit communément.

_____

(1) *Civilis ratio, civilia quidem jura corrumpere poteſt ; naturalia verd non utique.* (Inſtit. de legi-timâ adg. nat. tutelâ, l. 3.)

L'un des plus grands hommes, dont la France se glorifie (1), s'est en vain efforcé de ramener la science du gouvernement à des discussions morales, & à des distinctions métaphysiques.

M. Dalembert est tombé dans un inconvénient à-peu-près pareil, lorsque dans ses élémens de philosophie (2) il distingue *une morale de l'homme*, *une morale des législateurs*, *une morale des états*, *une morale du citoyen*. Ou je n'entends pas ces mots, ou ils sont autant de *pléonasmes*. A ces *quatre branches de la morale* il en joint une cinquième qu'il appelle *la morale du philosophe*. C'est un étrange être qu'un philosophe, si sa morale est différente & distincte de celle de *l'homme* & du *citoyen*.

Les devoirs de tous consistent dans l'accomplissement de la loi. La loi, c'est-à-dire *l'ordre*, est tout fondé sur les sensations & les besoins physiques de l'homme, à qui la nature accorda autant de facultés pour jouir, qu'elle lui permit de jouissances ; c'est donc au sein de ces jouissances, c'est dans leur dis-

---

(1) Montesquieu.
(2) Division de la morale, n. VIII.

tribution, leur arrangement, leur réproduction, qu'il faut chercher le code *social*.

Je dis *social*, & je me fers d'un mot dangereux dans la discussion, par la multiplicité
des idées vagues qu'on s'est formées à son
occasion. On a vu mes principes à cet égard,
& si l'on eût au mot *social* substitué celui de
naturel, on eût apperçu plutôt, que si l'homme, par sa constitution, naît avec des dépen-
dances nécessaires, nœud essentiel de la société, cette société doit donner le plus de liberté possible aux individus qui la compofent, en étendant la masse de leurs propriétés,
& multipliant leurs jouissances. Sans cette *loi*
plus de consistance, plus d'ensemble, ou,
pour tout dire, en un mot, plus de société;
car la formation de celle-ci n'est que l'exten-
sion des relations primitives, & non leur
abolition. Or, les premières relations naturelles font d'aider & de faire du bien, pour
en recevoir & être aidé.

L'utilité n'a pas été *la seule mère de la justice & des loix*, comme l'a dit un poëte (1);
mais elle fut certainement le premier lien de

_____

(1) *Atque ipsa utilitas justi propé mater & æqui.*
(Horat. sat. 3, l. 1.)

D 4

la société & la *mère* de l'autorité souveraine.

Je l'ai déjà dit : je ne prétends pas reprendre en détail aucune des légiſlations connues ; ce ſeroit tracer l'hiſtoire du deſpotiſme, ouvrage peut-être le plus beau qui ſoit à faire aujourd'hui, mais immenſe & d'une exécution très-difficile ; c'eſt autre choſe de ſuivre la marche du deſpotiſme & d'en développer les manœuvres & les ruſes, ou de tracer ſes ravages, & de s'élever contre ſes progrès. Beaucoup d'hiſtoriens pouvoient peindre les règnes affreux des Néron & des Caligula. Tacite ſeul a ſu démêler Tibère.

J'entreprendrai bien moins encore d'indiquer une légiſlation univerſelle ; c'eſt-à-dire, de développer celle de la nature, occupation digne d'exercer les forces du plus beau & du plus vaſte génie ; mais d'une exécution preſque impraticable, vu les inſtitutions adoptées parmi les hommes, les préjugés des eſclaves, les intérêts des maîtres.

Je n'ai voulu que raſſembler ici des réflexions générales ſur le deſpotiſme, eſſai plus proportionné à ma médiocrité ; car l'indignation donne du coloris. « Les ignorans » même, dit Quintilien, quand une paſſion » violente les agite, ne cherchent point ce

» qu'ils ont à dire. C'eſt l'ame ſeule qui nous
» rend éloquens, dit-il encore ». Mon ame
eſt honnête, & fortement émue des vérités
que j'oſe écrire. Puiſſent ſes inſpirations me
donner le pouvoir d'entraîner & de per-
ſuader !

Les premiers principes que je viens d'ex-
poſer, & que j'ai reſſerrés le plus qu'il m'a
été poſſible (car la ſéchereſſe nuit à la vérité), étoient néceſſaires pour entendre ce qu'on
va lire : je me livrerai déſormais à mes idées,
telles qu'elles ſe préſenteront à mon imagination. Pour me ſuivre, il faut ſentir auſſi
fortement que moi ; je le crois ; mais ſi j'ai
dit la vérité, pourquoi ma véhémence, en
l'exprimant, diminueroit-elle de ſon prix ?

Je prétends prouver que le deſpotiſme eſt
dans les ſouverains l'amour des jouiſſances,
peu éclairé, & par conſéquent que la ſoumiſſion au deſpotiſme eſt dans les peuples
l'ignorance ou l'oubli de leurs droits. Inſtrui-
ſez les rois & les ſujets, & le deſpotiſme eſt
coupé par le pied.

L'homme, je le répète, eſt un animal bon
& juſte qui veut jouir. Le deſpotiſme ne peut
être admis par lui, ni ſouffert par lui, dès
qu'il eſt ſuffiſamment inſtruit, attendu que le

despotisme n'est ni bon, ni juste ; qu'il n'augmente pas les jouissances des princes, qu'il diminue leur puissance, & qu'il détruit les jouissances des citoyens, & qu'il attente à la sûreté de tous.

Tous les peuples que j'ai cités, en commençant cet ouvrage, tous ceux qu'on pourroit leur joindre, tous ceux en un mot qui seront jamais conquérans ou despotes, étoient, sont & seront des ignorans. Ceux qui l'ont souffert ou le souffriront furent & sont d'autres ignorans.

Tous les actes de despotisme ne sont que des combats dans l'obscurité, entre gens qui cependant craignent les coups ; car l'homme tend au bonheur, & ne veut qu'être tranquille. Apportez la lumière, & vous les verrez tous en paix.

Cette lumière, à l'approche de laquelle les dissentions civiles, les crimes sociaux, les attentats publics, les préjugés, le fanatisme s'anéantiront toujours, est la première barrière que l'on doive élever contre toutes les erreurs, tous les brigandages politiques & les maux de la société.

L'instruction & la liberté sont les bases de toute harmonie sociale, & de toute prospérité

humaine ; j'aurois pu dire feulement *l'inftruc-*
tion ; car la liberté en dépend très-abfolument,
puifque l'inftruction univerfelle eft l'ennemi le
plus inexpugnable des defpotes ; ou plutôt, à
l'époque de cette univerfalité de lumières, le
defpotifme deviendra un être de raifon, impoffible à réalifer, ce qui vaut bien mieux
encore ; car il feroit abfurde & cruel de blef-
fer les hommes fous le prétexte d'une guéri-
fon infaillible.

Il eft évident, & l'on ne fauroit trop fe le
perfuader, que *l'inftruction générale* qui four-
niroit à chacun des principes fixes & raifon-
nés, deviendroit la bouffole invariable de
nos jugemens, nous apprendroit à affigner
aux noms, aux idées, aux chofes leur véritable valeur, & que dès ce moment on n'auroit plus à redouter pour la tranquillité & la
liberté publiques, les illufions qui féduifent
encore les hommes après les avoir déjà tant
féduits.

Il eft évident que nul homme ne laifferoit
tranquillement incendier fes moiffons ; mais
il eft tout auffi évident que fi chaque volonté
arbitraire, chaque brigandage en finance,
chaque coup d'autorité portoit avec lui, graces à l'univerfalité de l'inftruction, l'idée d'un

forfait focial auffi direct qu'un incendie volontaire, tous s'oppoferoient à fon exécution (1).

Il n'eſt pas moins certain que ſi tous les
princes enviſageoient les ſuites d'une adminiſtration arbitraire, ſuites affreuſes pour les
hommes, & non moins terribles pour eux-
mêmes, ils ſe garderoient bien d'être deſpotes.

Jettez les yeux ſur l'hiſtoire ; laiſſez - les
retomber ſur vous-même, & voyez ce qu'a
pu l'ignorance des droits, des devoirs de
l'homme, & des principes naturels. Ecoutez
les éloquens déclamateurs qui vous décriront,
en termes très-faſtueux, les maux dont l'eſpèce humaine eſt & fut rongée, & répondez-
leur : « Eclairez les hommes, vous n'aurez
» plus d'autre emploi à faire de votre élo-
» quence que celui de vanter leur bonheur. »

Eclairons donc les hommes & ſur-tout les
princes ; car il faut en convenir : il eſt beaucoup moins étonnant qu'un roi ſe diſe à lui-

_____

(1) Alors on pourroit dire avec Cicéron : *Tantus*
enim illorum temporum dolor inuſtus eſt civitati,
ut jam iſta non modo homines, ſed ne pecudes qui-
dem mihi paſſura eſſe videntur. (2. Catilin.)

même : *la nature entière est soumise à mon pouvoir, & mes sujets n'ont de destination que celle de m'obéir & de me servir* ; qu'il n'est croyable que des hommes aient soutenu de bonne foi le dogme de L'OBÉISSANCE PASSIVE. L'amour-propre exalté devient démence (1); quand tout plie sous notre volonté, nous nous persuadons aisément que tout en effet doit s'y ranger : mais qui peut se dépouiller de son existence, au point de la croire physiquement & moralement asservie à celui qui n'a pas plus de sens & d'organes que nous? Et que tout nous désigne pour notre semblable ? Cette abnégation de nous-mêmes n'est pas dans la nature ; & l'on ne peut, malgré toutes les illusions de l'amour-propre, conclure en pareil cas pour les autres, que d'après le propre sentiment intérieur de son droit. Convenez donc & ne doutez jamais que tout fauteur du despotisme est un lâche que la terreur ou l'intérêt conduisent.

C'est aux rois qu'il faut oser adresser la vérité : c'est eux qu'il faut instruire & ramener aux premiers principes naturels, dont il est très-

---

(1)..... *Nihil est quod credere de se,*
Non possit, cum laudatus diis æqua potestas.
(Juv. sat. IV.)

facile de s'écarter, mais à l'évidence defquels il eft impoffible de ne pas fe rendre quand on les envifage.

Oui, j'ofe dire qu'il eft impoffible de ne pas concevoir & convenir que l'homme réuni en fociété, comme le lui prefcrit la nature & l'inftinct dont elle l'a doué, n'a étendu fes relations que pour l'intérêt de fon bien-être, objet conftant & néceffaire de fes actions & de fes défirs.

Les hommes font nés en famille (1) je le répète; & les familles enfuite fe font confédérées pour réfifter au defpotifme des bêtes féroces, des torrens, des ouragans, &c. (2) Celui qu'elles ont jugé le plus habile, eft devenu le chef de cette *confédération.* La protection des propriétés lui a été confiée. Il eft devenu le pivot de la fociété. Les avantages qu'elle a retiré de fon inftitution, ont été les garants des droits qui lui ont été accordés, le gage de la fubordination & du refpect des hommes, qui n'ont jamais pu obéir à leur

_____

(1) Voyez p. 41.
(2) *Jura inventa metu injufti fateare neceffe eft*
Tempora fi faftos que velis evolvere mundi.
(Horat. l. 1 , Sat. III.)

femblable que volontairement & pour leur bien.

De cela feul il fuit que le defpotifme n'eft pas la conféquence de la fociété, comme des frénétiques ont ofé l'avancer ; mais bien l'a-néantiffement de la fociété. Ce n'eft pas une forme de gouvernement ; c'eft l'anéantiffe-ment de toute forme effentielle de gouver-nement ; c'eft un ETAT CONTRE NATURE.

Etendons ces idées.

Le premier principe, bafe de toute difcuf-fion, fource de toutes vérités, en matière de gouvernement & de morale, c'eft qu'on ne doit à la fociété, qu'en raifon de ce qu'elle nous profite, puifque fon objet eft de pro-curer des avantages à l'efpèce humaine, de multiplier fes forces, fes richeffes & fes jouif-fances. C'eft une vérité de fentiment qu'il eft prefque auffi inutile de démontrer, qu'il fe-roit impoffible de la combattre ; que je crois avoir fuffifamment établie, & qui fera fou-vent étendue & confidérée fous fes divers rapports dans la difcuffion de cet ouvrage, dont elle eft la bafe.

C'eft de cette vérité qu'il fuit évidemment que l'homme ne doit au gouvernement qu'à proportion que fa conftitution fait les condi-

tions meilleures ou plus défavorables, c'est-
à-dire, à proportion qu'il se rapproche plus ou
moins du premier & unique motif de son institution ; c'est ici le même axiôme réduit à
des termes plus généraux.

Mais dans le despotisme, la force est le seul
droit ; on n'y peut pas plus faire avec justice
le procès à un révolté qu'à tout autre : il n'y
a de loi que celle du plus fort. La justice n'y
existe pas : il n'y a point de citoyen. Un
homme n'est qu'un esclave : un esclave ne
doit rien , parce qu'il n'a rien de propre. Un
homme de cœur sortira bientôt d'un pays où
le despotisme sera établi (1). S'il ne le peut
pas, il sera bientôt dégradé. Où la patrie ne
doit rien, on ne lui doit rien ; parce que
les devoirs sont réciproques. Le gouverne-

_____

(1) Le célèbre *Strozzi*, cette respectable victime de
la liberté de sa patrie, n'ayant pu sauver ses compatriotes du joug des Médicis, ordonna par son testament
à ses enfans, d'ôter les os de son tombeau de Florence,
& de les emporter à Venise : « Afin, dit-il, que n'ayant
» pas eu le bonheur de mourir dans un état libre , je
» jouisse au moins de cette faveur après ma mort, &
» que mes cendres restent en paix , éloignées & à
» l'abri du joug du conquérant ».

ment,

ment, qui eſt un ſeul homme, diſpoſe de tous
les autres pour ſon plaiſir, ſon caprice, ou
ſon intérêt. Dès-lors chaque individu a la per-
miſſion tacite de s'avantager autant qu'il le
pourra ſur le ſouverain. En juſtice réglée, il
ne ſauroit y avoir de trahiſon dans un état
deſpotique, parce que l'eſclave ne peut être
ni créancier, ni débiteur. On ne ſauroit enfreindre des loix & des règles dans un gouvernement dont l'eſſence eſt de n'en avoir
point, & ce défaut de règles eſt le vice qui
doit tout détruire, car rien ne ſe conſerve &
ne ſe reproduit dans la nature que par des
loix fixes & invariables.

Ces vérités, joſe le dire, ſont de l'évidence
la plus excête; leur déduction eſt conſéquen-
te; & ſi ce tableau ſembl. odieux, ce n'eſt
pas que ſon coloris ſoit exagéré, c'eſt que le
deſpotiſme eſt une manière d'être eſtrayante
& convulſive.

Il eſt le plus terrible fléau qui puiſſe affliger les hommes, car il ne ſauroit atteindre à
ſa perfection, que par l'anéantiſſement de
l'humanité qui doit lutter ſans ceſſe contre le
malheur & les privations, tandis qu'elle recherche continuellement & avec ardeur le bonheur & les jouiſſances, c'eſt à-dire la *liberté*.

E

Un empereur défiroit que le peuple Romain
n'eût qu'une feule tête, pour pouvoir la trancher d'un feul coup. C'étoit le vœu barbare
d'un infenfé (1.) ; mais il ne défiroit que la
perfection du defpotifme.

C'eft dans les états defpotiques, que, femblable à cet efclave qui ne fortoit jamais de
la chambre d'un féroce Sophi, fans *tâter fa
tête avec fes deux mains pour voir fi elle étoit
encore fur fes épaules*, c'eft dans les états
defpotiques que l'homme confterné peut fe
demander fans ceffe s'il lui refte un fouffle
de vie, un fentiment, une volonté, une ame:
(heureux encore s'il étoit capable d'évaluer
fon aviliffement !) (2). Mais c'eft auffi fur ces
théâtres de la fervitude qu'un tyran a toujours
le poids effrayant de fes iniquités fufpendu

---

(1) Il ne faut pas oublier que Caligula ne vomit
cette horrible imprécation, que parce que les accla-
mations du peuple au théâtre ne s'accordoient pas avec
les fiennes ; car le premier de tous les crimes envers
un defpote, c'eft de le contredire. Eh ! que font les
hommes, comparés à l'intérêt de fa plus légère fan-
taifie ?

(2) Lors des affranchiffemens du XIVᵉ fiècle, plufieurs efclaves fe refufèrent à la liberté qui leur étoit
offerte (*Spicilegium*, *vol.* 11, *p.* 387.)

fur fa tête ; plus malheureux fans doute au
fein des grandeurs, que l'infortuné Damoclès,
palpitant fous le glaive, puifqu'aux convulfions de la terreur, le defpote réunit encore le
fupplice des remords, s'il en peut exifter dans
un cœur habitué à la tyrannie.

Un tel langage a droit d'étonner en France, où l'on s'efforce depuis plufieurs fiècles
d'introduire le defpotifme., où l'on a même
employé fucceffivement des menées fourdes
mais efficaces, & enfin des moyens violens &
authentiques à ce but déteftable.

Le temps où les hiftoriens écrivoient, peu
d'années après un règne long & tyrannique
qui dès-lors énerva la nation : « Les Fran-
» çois (1) ont toujours eu liberté & licence
» de parler à leur volonté de toutes gens, &
» même de leurs princes, non pas après leur
» mort tant feulement, mais encore en leur
» vivant & en leur préfence ». Ce temps eft
paffé, les paroles font des crimes ; la liberté
de penfer eft prefque refufée. Ainfi Tibère

_____

(1) Claude Scyffel, évêque de Marfeille, depuis archevêque de Turin, Compar. de Louis XII & Louis
XI. (Voy. Philippe de Com. Tom. 11, édit. Lond.
1747).

étendoit jufqu'aux difcours offenfans pour la
tyrannie le crime de lèze-majefté, inconnu
avant lui, ou qui ne comprenoit du moins
que les délits contre la chofe publique (1) ;
ainfi les efpions & les délateurs que ce tyran
appeloit *les protecteurs des loix* (2), font les
armes les plus chéries des defpotes ; & l'in-
quifition civile eft le fymptôme le plus affuré
des progrès du defpotifme.

Il s'eft trouvé parmi les neveux de ces
François courageux qui ofoient juger leurs
maîtres & favoient les fervir, des hommes
dont la plume vénale a écrit contre la liberté.

***

(1) *Legem majeftatis. reduxerat cui nomen apud
veteres idem ; fed alia in judicium veniebant : fi
quis proditione exercitum, aut plebem feditionibus,
denique malè gefta rep. majeftatem populi romani
minuiffet. Facta arguebantur ; dicta impunè erant.*
(Tacit. ann. L. I.)

(2) *Subverterint potiùs jura quàm* cuftodes eorum
amoverent. (Tacit. annal. L. IV.)

Et Tacite fait enfuite cette réflexion belle & tou-
chante : *Sic delatores genus hominum publico exitio
repertum, & pœnis quidem nunquam fatis coërcitum,
per præmia eliciebantur.*

Voyez au commencement du 14ᵉ Livre d'Ammien
Marcellin, un beau portrait des délateurs, & l'ufage
qu'en faifoit le tyran Gallas.

Tout ce qui a précédé, tout ce qui va suivre, ne leur est pas destiné ; il faut réformer les cœurs avant que de redresser les têtes. Eh ! qui jamais a tenté de faire entendre le langage de l'honneur aux esclaves corrompus & vendus à la tyrannie. Ils débitent & prodiguent leurs détestables principes, d'autant plus hardis à conquérir & corrompre des prosélytes, qu'ils sont plus encouragés & plus soutenus par une cour, qui, dénuée de considération, de respect, & conséquemment de véritable & solide autorité, paie tout, gage tout, & achete les suffrages qu'elle ne sauroit mériter.

Ecoutez ses émissaires. Leurs bouches & leurs écrits retentissent des grands mots, *honneur*, *obéissance*, *fidélité*. Vils esclaves ! qui souillent jusqu'aux vertus, en les dénaturant dans leur application & leur emploi, & dont on ne sauroit dire s'ils sont plus odieux ou plus ridicules, quand on les entend combattre la liberté & réclamer contre ses droits !

Mais ceux-ci sont le plus petit nombre ; j'ose encore l'espérer. Peu d'hommes peuvent être très-bons ; croyons que bien moins encore peuvent être très-méchans.

La plupart des citoyens, énervés par l'in-

E 3

fluence du gouvernement, aveuglés, soit par ignorance des faits, soit faute d'examen, soit faute de prévoyance & de sagacité, soit par la séduction des fauteurs du despotisme, embrassent plutôt une opinion, qu'ils ne suivent des principes fixes & réfléchis.

C'est relativement au dégré d'attachement que l'on doit aux loix de sa patrie, aux efforts qu'on doit faire pour leur maintien & leur défense, qu'on se trompe le plus souvent, parce qu'on n'a point étudié ce devoir le plus important de tous. La plupart des hommes prostituent l'humanité par une obéissance passive; d'autres aussi ne discernant pas les circonstances où elle est due au gouvernement, de celles où elle ne l'est pas, où l'honneur même ordonne de la refuser, confondent, suivant leurs préjugés, leurs préventions, mais sur-tout suivant leur intérêt personnel, la servitude avec l'obéissance, & la fermeté avec la révolte (1).

Nous arrivons tous dans la société avec les

_____

(1) *Pauci prudentia, honesta ab deterioribus, utilia ab noxiis discernunt, plures aliorum eventis docentur*, dit Tacite dans ses annales.

On se trouve bien pauvre quand on médite de bonne foi Tacite.

mêmes devoirs à-peu-près ; & la différence qui se trouve entre les divers citoyens, n'est que relative à la différence des moyens ; car, en général, les devoirs sont les mêmes pour le plus élevé comme pour le plus obscur.

Ils sont plus ou moins sacrés, en proportion de ce que le gouvernement est plus ou moins équitable, c'est-à-dire plus ou moins avantageux à la nation qu'il régit ; car (on ne sauroit trop le répéter) la nature n'a formé les sociétés que pour les besoins des hommes ; & l'on doit conclure de ce principe incontestable, cet autre théorème important, base de l'économie politique, *que les devoirs sont & ne peuvent qu'être proportionnels aux droits.*

Le maintien de la société est donc le premier devoir du citoyen, parce que chaque homme se doit avant tout le soin de son bien être, & qu'il doit ensuite aide & secours à ses semblables.

Quelque soit la place où la nature ait fait naître un citoyen, il doit toujours à la patrie, sans doute ; mais plus il est élevé par sa naissance, par ses titres, ses droits, ses privilèges, sa notabilité, ou, ce qui revient au même par les bienfaits de la société, dont les avan-

E 4

ces portent un intérêt continuellement exi-
gible, & plus il a l'obligation étroite de défendre son pays, sa constitution, au péril de ses
biens, de sa vie, de sa liberté même ; car
les différences que la société a mises entre le
peuple & les citoyens notables ; les distinctions
qu'elle a établie dans tous les grades de la hiérarchie, sont pour le bien de tous, & non pas
pour l'avantage exclusif des grands ; & lorsqu'on profite des avantages d'un marché, on
ne sauroit avec justice se soustraire aux conditions qu'il renferme, fussent-elles onéreuses.

« L'honneur, dit Aristote, est un témoi-
» gnage d'estime qu'on rend à ceux qui sont
» bienfaisans ; & quoiqu'il fût juste de ne por-
» ter de l'honneur qu'à ces sortes de gens,
» on ne laissa pas d'honorer encore ceux qui
» sont en puissance de les imiter ». Il suit
de cette belle & judicieuse pensée, que tout
grand inutile à ses compatriotes, est un véritable *banqueroutier.*

Mais d'ailleurs, qui donc tient de plus près
à la chose publique que les grands ? qui per-
dera le plus à la subversion de la liberté (1) ?
Ce lâche satellite du despotisme, qui sert

_____

(1) *Itq stulti sunt,* disoit Cicéron à Atticus, en

avec tant d'activité toutes les vues du tyran,
ne travailla-t-il pas à plonger ses enfans dans
la servitude, à s'y abîmer lui-même ? Les Ti-
gellins, les Séjans ont-ils échappé aux fureurs
des monstres qu'ils encensoient ?

Posons donc comme un principe saint &
indestructible, qu'il est de devoir & de premier intérêt pour tout citoyen de lutter pour
sa patrie. Juvenal parloit en philosophe égoïste,
quand il a dit : *lorsque le vice règne, la vie
privée est la place d'honneur ;* car l'oisiveté
est la vraie prudence sous le règne du despotisme (1) ; mais il ne parloit pas en citoyen.

Celui qui résiste de tout son pouvoir à la
destruction de la société dans laquelle il est
né, n'a pas moins de mérite, que celui qui
tâche de prolonger les jours d'un père caduc,
& de lui rendre, s'il le peut, la santé ; peut-
être ne travaille t-il pas moins en vain : peut-

---

lui parlant de la pusillanimité des romains opulens lors
des entreprises de César, *ita stulti sunt ut amissâ re-
publicâ piscinas suas salvas fore videntur.*

(1) *Mox inter quæsturam ac tribunatum plebis
annum quiete & otio transit,* dit Tacite en parlant
d'Agricola ; *gnarus sub Nerone temporum quibus iner-
tia pro sapientiâ fuit.*

être même vient-il un temps où les remèdes politiques font inutiles , comme ceux de
la médecine dans des crifes défefpérées. Les
Annibal, les *Aratus* , les *Bélifaire*, n'ont fait
que fufpendre le décret porté fur leur patrie ;
mais fi l'on ne régénère pas une fociété qui pé-
riclite , on peut du moins en former une autre. On le peut même fans bouleverfement.
Le règne de la chevalerie , celui des grands
vaffaux, celui des favoris, celui des miniftres , celui des financiers enfin , font des révolutions abfolues fous le même nom national.

Ce n'eft pas que l'efprit du citoyen , le premier reffort des fociétés, ne fe détruife à leur
décadence bien plus encore qu'il ne fe dénature. Dans les momens de détreffe , tous fentent le mal & murmurent ; mais pourquoi ?
C'eft qu'alors les papiers publics n'ont pas
une marche affurée , & chacun tremble pour
fa fortune.

Si dans ces temps orageux & critiques, l'on
raifonnoit avec tous les particuliers , peut-
être leur trouveroit-on des idées abfolument
contraires au retour vers le bien ; car le gouvernement une fois defpotique exclut & détruit les lumières & la volonté même. Il n'y
a plus de patriote, parce qu'il n'y a plus

d'homme éclairé en grand, & qu'il n'y aura
bientôt plus de patrie (1). On ne songe qu'à *soi*,
chacun gémit, parce que le *soi* de chacun est
attaqué (2); alors la cause de chaque particulier devient la cause commune; & le malheur général peut tout réunir.

C'est de cette crise même qu'il faut profiter; c'est ainsi qu'à certaines époques l'on ne
sauroit attendre le remède, que de l'excès du
mal; c'est ainsi qu'on peut espérer la régénération de la société au période le plus accé-
léré de sa décadence.

Si Guillaume le conquérant eût été plus
modéré, si ses successeurs n'eussent pas montré tour-à-tour tant de foiblesses & de manœuvres despotiques, (contraste presque inévi-

_____

(1) César disoit : *Nihil esse rempublicam ; appella-*
tionem modo sine corpore ac specie ; & il avoit raison.
Il n'asservit point la liberté publique. Rome corrompue
étoit déja esclave. César ne fit que s'arroger le despotisme réparti sur les têtes de tous les factieux *qui*
dominoient dans cette anarchie appelée république.

(2) Cicéron se plaignoit à Atticus que les petits
intérêts des peuples d'Italie les aveugloient sur le grand
intérêt de repousser l'ennemi commun. « *Nil prorsus*
» *aliud curant nisi agros, nisi villulas, nisi num-*
» *mulos* ».

table dans le gouvernement féodal). Si les Anglois euffent moins éprouvé toutes les anxié-
tés de l'autorité arbitraire, ils ne feroient pas
devenus libres.

Sans les abus de la féodalité & les excès
des grands, la liberté n'auroit jamais peut-
être été rendue à l'Europe (1).

Il eft trop heureux, lorfque tous les principes font inconnus ou détruits, que l'*intérét*
aiguillonné puiffe redonner quelque enfemble,
& fournir encore des moyens au fein du chaos
de l'anarchie. Celui qui connoît les hommes,
tire parti même de leurs défauts.

J'entends répéter fans ceffe, « que *l'égoïfme*
» eft le premier vice des peuples corrompus :
» que tout eft perdu quand *l'égoïfme* domine :
» que *l'égoïfme* eft le dernier dégré de la cor-
» ruption ».

Tout cela peut être fort philofophique, &

_____

(1) Louis le Gros en France ; long-temps après lui,
Frédéric Barberouffe en Allemagne, & les rois d'Angleterre, n'établirent & ne foutinrent l'adminiftration
municipale que pour abaiffer les grands, & diminuer,
par le contrepoids de cette inftitution, leur autorité
exorbitante. L'établiffement de l'adminiftration municipale a été dans toute l'Europe l'époque du recouvre-
ment de la liberté.

vrai à beaucoup d'égards ; mais avouons de bonne foi que cet *égoïsme*, objet de tant de fatyres, & cependant fi commun, fut toujours, & fera dans tous les temps le défaut le plus général de l'humanité ; car les hommes à qui la nature prefcrit le fentiment & la néceffité de s'aimer avant tout (1), penchent à s'aimer exclufivement.

Peut-être ce défaut eft-il auffi le premier & le plus néceffaire de tous les refforts que la nature ait donnés à l'homme. L'amour - propre eft au moral ce qu'eft le fang au phyfique. L'un eft auffi indifpenfable que l'autre à notre conftitution. Cette paffion crée & développe toutes nos facultés. Elle eft dangereufe lorf-qu'elle eft exaltée ; mais le fang, fans la cir-culation duquel les animaux ne peuvent vi-vre un inftant, ne caufe-t-il pas des ravages

---

(1) Un auteur célebre a écrit : « Je préfère, difoit » un philofophe, ma famille à moi, ma patrie à ma » famille, & le genre humain à ma patrie. Telle eft » la devife de l'homme vertueux ».

Je dis que non ; car ce fentiment n'eft pas dans le cœur humain ; & la vertu n'eft pas contraire aux pen-chans de la nature. Cette maxime a le coup-d'œil *du charlatanifme ;* mais comme on n'en fauroit foupçonner l'auteur, on peut dire que l'enthoufiafme l'a égaré.

affreux quand il s'enflamme ? Le fang eft la
fource de la vie : que feroit l'homme fans
l'amour-propre ? le plus médiocre , le plus
borné , le plus foible & le plus inutile de tous
les êtres.

Quoiqu'il en foit , nous fommes tous conduits par l'amour-propre , ou ce qui revient
au même , par *l'égoïfme*. Il furnage fur toutes
les paffions ; & fon empire eft éternel , tandis que celles-ci s'affoibliffent fans ceffe.

Or il n'eft pas poffible de refaire l'humanité. Tout le talent confifte à en tirer parti :
nous devons être gouvernés par nos préjugés
& nos paffions. La fcience de l'éducation politique eft de nous infpirer des préjugés qui
tendent au bien général , & d'y diriger nos
paffions ; & ces paffions, ces intérêts fi actifs,
fi oppofés en apparence , & fources éternelles
des divifions humaines , feront la bafe de l'u-
nion des citoyens , & le lien de leur frater-
nité , quand ils feront éclairés & inftruits.

On ne devroit donc parler aux hommes ,
& fur-tout aux princes , que de leur *intérêt*.
Il eft l'idole des fouverains. Tout dans leur ame
aride s'y rapporte , aucun autre objet ne les
affecte : *générofité* , *bienfaifance* , *juftice*, ne
font pour eux que des mots ; encore font-ils

les moins connus de leur langue. Les mouvemens éphémères d'une sensibilité produite
par l'instinct, & non pas fondée sur des principes, sont étouffés & détruits par la moindre
fantaisie, & l'on ne porte avec le diadême
ni les remords dévorans, ni l'importune pitié (1).

Si l'on disoit à un souverain, *qu'il n'est*
élevé au-dessus des hommes que pour leur avan-
tage, ce seroit lui offrir une vérité également évidente & respectable ; mais assurément
il ne la croiroit pas (2), & cette moralité

---

(1) Racine l'a si bien dit :

Quand on est sur le trône, on a bien d'autres soins,
Et les remords sont ceux qui nous pèsent le moins.

(2) Les premiers s'en sont cependant douté, & ils
ont sagement fait. Faudroit-il citer des preuves d'une
vérité si constante ?

On retrouve dans l'auteur des formules le modele
de l'édit par lequel les rois de France indiquoient à la
nation celui de leurs enfans qu'ils avoient désigné pour
leur collègue. « *Et nos una* cum consensu procerum
» nostrorum *in regno nostro illo filium nostrum*
» *regnare præcipimus, &c.* ». Les rois croyoient alors
sans doute que leurs sujets avoient droit de compter
avec eux.

On voit dans le registre des plus anciens parlemens

l'ennuieroit beaucoup, si elle ne l'irritoit pas :
« apprenez à vos pupiles que la nature n'a
» pas destiné l'Europe entière à être le jouet
» de douze familles », disoit le sénat de Suède
aux gouverneurs de ses princes. Il auroit payé
bien cher l'audace d'avoir publié cette vérité,
si le nouveau Gustave n'étoit pas un grand
homme, & n'étoit pas arrivé tel sur le trône ;
car peu de souverains savent encore, ou veu-

anglois ces propres mots : « Tout jugement appartient
» au roi & aux lords ».

Pourquoi, dit Robertson en parlant du changement
des propriétés *allodiales* en propriétés *féodales*, *pourquoi un roi se seroit-il dépouillé lui-même de ses domaines, si en les divisant & les partageant, il
n'eût acquis par là un droit à des services qu'il ne
pouvoit exiger auparavant.*

« L'état de la royauté, disoit Elizabeth aux com-
» munes, n'aveugle que les princes qui ne connois-
» sent pas les devoirs qu'impose la couronne ; j'ose
» penser qu'en ne me comptera point au nombre de
» ces monarques. Je sais que *je ne tiens pas le sceptre*
» *pour mon avantage propre, & que je me dois*
» *toute entière à la société qui a mis en moi sa con-*
» *fiance*. (M. Hume.)

Elizabeth étoit assez éclairée, assez grande, pour
penser ainsi ; mais peu de princes sont aussi grands
qu'Elizabeth.

lent

lent entendre, que leur peuple n'est pas destiné de droit divin à leur servir de bêtes de somme ou de passe-temps.

Si l'on disoit à ce souverain, *qu'il s'en faut de beaucoup qu'un grand roi soit celui qui augmente le plus son autorité*, ce seroit une maxime très-certaine, mais il ne la comprendroit pas ; car elle tient à des principes qu'il faudroit d'abord mettre à sa portée. Comment donc l'instruire de ce qu'il lui est si important de savoir ?

On a répété souvent *que les princes devroient toujours avoir la postérité devant les yeux* : eh ! que leur importe la postérité ? les rois sont-ils susceptibles de cette sensibilité qui pourroit leur faire trouver un frein, ou un encouragement dans les jugemens de la postérité ? Ah ! si vous voulez qu'ils soient justes, démontrez-leur qu'ils ne peuvent cesser de l'être, sans risquer de se perdre. Peut-être alors la réflexion balancera-t-elle l'instinct. Croyez que leur intérêt est & sera toujours leur boussole. S'ils sont peu éclairés, ils se tromperont sur cet intérêt ; & alors, malheur aux hommes.

Laissons donc *la gloire*, *la postérité*, & toutes autres expressions oratoires : répétons souvent aux princes un mot moins sonore, mais plus

F

puiffant, le mot *intérêt*; ce mot fi décevant pour l'humanité! Un homme de beaucoup d'efprit a dit, *quand l'intérêt veille dans notre cœur, il y annonce le fommeil de la nature*; cette penfée eft très-fauffe, & n'a produit qu'une phrafe brillante. L'intérêt eft le premier *appétit* & le plus fûr mobile de la nature. Traitons donc les rois en hommes; replions leurs réflexions fur eux-mêmes, & tenons-leur avec hardieffe & fimplicité à-peu-près ce langage.

« Sans doute il faut étendre votre autorité.
» La chofe publique n'eft que le piédeftal de
» votre grandeur. Tous les pas que vous fai-
» tes doivent concourir à votre aggrandiffe-
» ment; mais en effayant d'augmenter votre
» *autorité*, craignez de diminuer votre *puif-*
» *fance*. Soyez jufte & modéré pour votre in-
» térêt; car on n'opprime pas les hommes
» fans danger.

» La nature eft bornée dans fes largeffes;
» elle les a réparties d'une main économe &
» équitable, c'eft-à-dire, très-également à
» peu de chofe près; & fi nous calculions
» tous les avantages, & les défavantages phy-
» fiques & moraux de chaque individu, nous
» trouverions une bien petite différence

» d'homme à homme. Au moins n'en existe-
» t il aucune dans la distribution des droits
» relatifs à la *liberté*, ou ce qui revient au
» même, relatifs *au respect qu'exige toute sorte*
» *de propriété.*

» La nature les a dispensé avec la plus par-
» faite impartialité. Tout individu a des droits,
» & contracte par cela même des devoirs dont
» l'exécution est de premier intérêt, & du
» plus évident avantage pour chacun de ces
» individus, puisque ses droits y tiennent in-
» séparablement. *Droits & devoirs*, voilà le
» balancier de l'humanité. Ceci n'est point un
» étalage affecté de morale, c'est la base du
» calcul de la société ; & chaque homme
» trouvera la démonstration de ce principe
» dans sa propre expérience, quand il voudra
» l'y chercher.

» Repoussez donc pour un instant les illu-
» sions de l'orgueil ; sortez de l'ivresse du
» pouvoir. Interrogez-vous dans le silence
» des passions, & souvenez-vous que l'avi-
» dité connoît & sert mal ses propres inté-
» rêts.

» Le peuple auquel vous commandez n'a
» pu vous confier l'emploi de ses forces que
» pour son utilité, ou ce qui revient au mê-

» me, pour le maintien de sa sûreté publi-
» que, tant intérieure qu'extérieure, & pour
» tous les avantages qu'il s'est promis, quand
» il a institué une *autorité tutélaire*. Vous
» ne lui avez pas arraché l'exercice de ses
» droits ; car il étoit le plus fort avant qu'il
» vous eût créé le dépositaire de sa force (1).
» Il vous a rendu puissant, pour son plus
» grand bien. Il vous respecte, il vous obéit
» pour son plus grand bien. Parlons plus clai-
» rement encore, il vous paye & vous paye
» très-cher, parce qu'il espère que vous lui
» rapporterez plus que vous ne lui coûtez.

» *Vous êtes, en un mot, son premier sa-*
» *larié*, & vous n'êtes que cela ; or il est de

---

(1) Le serment d'obéissance que les Aragonnois
prêtoient à leur souverain est vraiment sublime, en ce
qu'il rappeloit à leur roi cette vérité, que nul autre
n'a peut-être entendu. Le grand justicier prononçoit, à
l'inauguration du roi, ces mots au nom des états : *Nos*
que valemos tanto como vos, y que podemos mas
que vos, os azemos nuestro Rey, y senor, con tal
que guardeis nuestros fueros, si no, no :

« Nous qui sommes autant que vous, & qui pou-
» vons plus que vous, nous vous faisons roi & sei-
» gneur, sous la condition que vous garderez nos lois
» & nos priviléges ; sinon, non ».

» droit naturel de pouvoir renvoyer celui
» que nous payons, & qui nous sert mal,
» comme il est contraire à ce droit naturel,
» que chacun ne soit pas libre d'examiner,
» de connoître ses propres intérêts, & que
» les droits des hommes puissent être arbitrai-
» rement diminués par ceux qui ont été char-
» gés de les défendre.

» *Souvenez-vous*, disoit LOUIS IX en mou-
» rant à son fils, *que la royauté n'est qu'une*
» *charge publique, dont vous rendrez un*
» *compte rigoureux à celui qui seul dispose*
» *des sceptres & des couronnes.*

» Un grand Roi (1) ne craignoit pas
» d'avouer dans une convocation des députés
» de sa nation, *que la règle la plus équi-*
» *table est, que ce qui intéresse tous, soit*
» *connu de tous; on pourroit dire :* ce n'est
» pas *la plus* équitable, *c'est la seule* équi-
» table ».

« Ces vérités paroissent dures à qui les en-
» tend pour la première fois. Elles vous irri-
» tent plus encore qu'elles ne vous étonnent,
» & je devine aisément votre réponse. *Que*
» *m'importe le droit*, m'allez-vous dire, *si*

(1) Edouard I. dans un Writ de convoc. XIIIᵉ siècle.

F 3

» le fait a décidé pour moi ? *Je suis le plus*
» *fort* ; *& s'il est vrai que j'abuse de l'au-*
» *torité qui me fut confiée, je puis & je sau-*
» *rai maintenir mon usurpation vis à-vis de*
» *ceux qui se sont imprudemment dépouillés*
» *du pouvoir de me contenir.*

» Telles sont les illusions dont se repaît
» l'insatiable cupidité, qui n'envisage que les
» moyens de se satisfaire, & s'étourdit aisé-
» ment sur leur danger.

» Pensez à ce mot si sage, qu'un insensé
» adressa un jour à un puissant despote : *que*
» *ferois-tu Philippe, si tous tes sujets s'avi-*
» *soient de dire non, toutes les fois que tu*
» *dis oui* (1) ?

» O prince, à qui la nature n'a pas donné
» plus d'organes & de facultés qu'à tout au-
» tre homme, votre peuple & vous ne tenez
« l'un à l'autre que par le lien étroit de l'uti-
» lité qui nous unit tous. Si vous le rompez,
» vous compromettez votre existence , soit

_____

(1) Le sage Plutarque dit : (*Traité de la mauvaise*
honte, chap. 7.) *que les habitans d'Asie étoient les*
esclaves d'un seul, pour ne pas savoir prononcer cette
syllabe, NON.

» que la société vous arrache le pouvoir dans
» lequel elle ne trouve qu'*oppreſſion* & *mal-*
» *heur*, au lieu de *protection* & *proſpérité* ;
» ſoit que vous réuſſiſſiez à énerver vos ſu-
» jets par la ſervitude, & à ruiner leur pays
» par les ravages du deſpotiſme ; car votre
» puiſſance exagérée ſubira le ſort de l'état,
» qui, épuiſé d'hommes & de reſſources,
» s'écroulera ſi-tôt qu'on entreprendra de le
» renverſer, & qu'il ne ſera défendu que
» par des eſclaves.

» Vous êtes certainement le plus favoriſé
» par la loi. Si vous la foulez aux pieds, ce
» ſera vous qui y perdrez le plus. Si vous
» avez enfreint une fois ces loix embaraſſan-
» tes, la crainte eſt la ſeule choſe qui con-
» tiendra vos ſujets. Si elle ceſſe un moment,
» vous êtes perdu par les ſecouſſes de la ré-
» volte ; & vous êtes encore perdu avec tout
« l'état, ſi elle continue, par la lâcheté &
» l'impuiſſance de la ſervitude. Un grand
» homme habitué à obſerver les deſpotes &
» les eſclaves, l'a dit, il y a long-temps, &
» cette éternelle vérité ſe vérifiera dans tous
» les pays & tous les âges : *la crainte eſt*
» *le plus foible lien qui puiſſe contenir*
» *les hommes ; car ceux qui commencent à*

» *craindre, ont déjà commencé à haïr* (1)».

» Si vous regardez les privilèges des di-
» vers ordres de vos sujets comme des abus,
» vous êtes-à la veille de voir regarder com-
» me tels vos propres privilèges ; car la re-
» présaille est le droit de la nature.

» *Les privilèges sont des abus,* disoit un
» ministre de nos jours. Son ignorance seule
» le lavoit du crime de *lèze-majesté* ; car
» les rois ne sont-il pas tels, par un *privi-*
» *lège* attaché à leur famille & à leur per-
» sonne ?

» Ne calculons , si vous voulez , que
» les moyens les plus sûrs d'asseoir sur une
» base solide le pouvoir arbitraire , dont il
» est fort agréable de jouir, mais très-dange-
» reux d'abuser ; vous verrez bientôt qu'il
» faudra le modérer, & que les caprices des
» *Domitiens* & des *Héliogabale* ne sont pas
» de bons moyens pour séduire les hommes
» & les fixer (2).

_____

(1) *Metus & terror est, infirma vincula caritatis,
quæ ubi removeris, qui timere desierint, odisse in-
cipient.* (Tacit. vit. Agricol.)

(2) Néron se plaignoit de ce que ses prédécesseurs

» Aujourd'hui toutes les autorités sont rap-
» prochées plus ou moins du despotisme.
» Comment se soutiennent-elles ? par les in-
» dividus qu'elles y ont su intéresser, en leur
» en abandonnant une partie ; en sorte que,
» par exemple, la puissance d'un roi absolu
» tient inséparablement à la considération de
» sa noblesse, à la fidélité de ses milices, à
» l'économie de ses ministres, à l'aveugle-
» ment du peuple qui s'abusera très-aisément
» sur les motifs de vos manœuvres ; mais non
» pas sur vos vexations, dont les suites sont
» trop ruineuses & trop visibles (1).

n'avoient pas connu toute l'étendue de leur pouvoir.
Negavit quemquam principum scisse quid liceret.
Mais les excès de fureur qu'il regarda comme appar-
tenans *à son pouvoir*, lassèrent la patience des plus
vils esclaves qui furent jamais, je veux dire des romains ;
& il fut massacré.

Un despote, dit Gordon, ne fait *que renouveler les
prétentions surannées des anciens tyrans, & reconnoît pour ses prédécesseurs, des fous, des idiots, &
des bêtes féroces les plus détestables que la terre ait
jamais porté.*

(1) *Tributa & injuncta imperii munera impigri
obeunt, si injuriæ absint ; has ægrè tolerant.* (Tacit.
in Agricol.)

» Les ombres & les nuances font nécef-
» faires pour faire reffortir les objets. Si vous
» les confondez, fi vous renverfez l'hiérar-
» chie dont vous êtes le chef, fi vous décou-
» vrez aux hommes leurs chaînes, fi leurs yeux
» ne font plus fafcinés, fi leurs bras ne peu-
» vent plus fuffire à votre cupidité, fi vous
» gafpillez follement les richeffes que leur
» arrache votre infatiable tyrannie, que ga-
» gneroient-ils à ramper encore ? Ils fe fou-
» viendront qu'ils font les plus nombreux &
» les plus forts ; que vous n'avez de puif-
» fance que celles qu'ils vous abandonnent
» ou vous procurent.

» Ils fe fouviendront que les hommes qui
» vont tous fe perdre dans le cercueil des
» temps, que les hommes *égaux en droits*,
» *égaux en devoirs*, qui ne font diftans les
» uns des autres que par le dégré *d'utilité*
» dont ils font à leurs femblables, réclament
» au même titre la liberté, & ont tous un
» égal droit à la défendre lorfqu'elle eft at-
» taquée.

» Ils fe fouviendront que l'on dit *maître* un
» tel, *monfieur* un tel, *monfeigneur*, votre
» *alteffe*, votre *majefté* même ; que derrière

» tout cela *il n'y a qu'un homme* ; mais aussi
» que derrière tout cela *il y a un homme* :

   » Que l'intérêt de la liberté publique ré-
» side également dans chaque membre de la
» société établie pour la sûreté & l'avantage
» de tous ceux qui la composent.

   ». Et que *les lettres de cachet*, par exem-
» ple, ce chef-d'œuvre moderne d'une in-
» génieuse tyrannie (1), sont plus dange-

---

(1) Tacite nous apprend (*mœurs des germains*,
chap. 7.) que *chez les germains, le magistrat lui-
même n'avoit pas le droit d'emprisonner un homme
libre, ni de lui infliger aucune peine corporelle.*
*Cæterum neque animadvertere, neque vincire, neque
verberare quidem, nisi sacerdotibus permissum.* L'exception des prêtres n'est pas un statut légal : elle ne
prouve que la superstition, & le fanatisme de ceux
qui leur donne un tel privilége.

On trouve dans les ordonnances des rois de France,
(*tom. I. pag.* 72. 80.) *que personne ne pouvoit
être arrété ni mis en prison pour aucune dette
particulière*, & même (*ibid. vol.* 3, *p.* 27.) *qu'il
étoit permis d'arracher des mains des officiers un
prisonnier arrété, sous quelque prétexte que ce fût,
à moins d'un crime capital.*

Quand Bouchard de Montmorenci rejeta constamment
le jugement de Philippe I, qui le condamnoit en fa-

» reufes pour les hommes, que l'infernale in-
» vention de *Phalaris* (1), en ce qu'elles
» réuniffent à l'illégalité la plus odieufe un
» impofant appareil de juftice, tandis que ce
» fupplice n'étoit du moins que l'acte de fré-
» néfie d'un monftre infenfé, tel que la
» nature n'en vomit pas deux en plufieurs
» fiècles.

   » Ils n e fe laifferont plus abufer par le grand
» & myftérieux mot *de fecret d'état* ; ils pen-
» feront que celui qui tendroit à faire des
» intérêts des peuples, & de ceux des fouve-
» rains, deux objets diftincts & féparés, fe-

---

veur de l'abbé de S. Denis, on lui permit de fe retirer, mais on ne l'emprifonna point ; attentat au droit
naturel, violation de la liberté alors inconnue aux françois, comme le dit expreffément l'abbé Suger : *Non
tentus, mos neque enim francorum eft, fed recedens.*

   (1) Le taureau d'airain dans lequel ce forcené faifoit
mugir les infortunés qu'il y brûloit. Il ne faut pas oublier que l'infâme Périllo, auteur de cette cruelle invention, éprouva le premier ce fupplice.

   La providence a fouvent puni de la forte les fatellites
de la tyrannie. Phalaris lui-même fut lapidé dans une
émeute populaire excitée par les reproches que le phi-
fophe Zénon fit aux Syracufains de leur lâche pufilla-
nimité.

» roit un art aussi criminel qu'insensé (I) ;
» ils penseront que le *véritable secret d'état*
» consiste uniquement à rendre les hommes
» heureux, & par conséquent à les laisser &
» maintenir paisibles possesseurs *de leurs tra-*
» *vaux* & de *leur liberté.*

» Que nul homme n'a droit d'assigner les
» circonstances où l'on peut permettre de vio-
» ler la *propriété*, cette base unique de toute
» société, à moins d'un délit social, qui
» rende le malfaiteur indigne d'être citoyen.

» Que celui qui fut chargé de maintenir
» ce droit de *propriété*, ou plutôt qui ne fut
» créé que dans cet objet, abuse indignement
» de la confiance des citoyens & devient l'en-
» nemi public, lorsqu'il y attente.

» *Ils penseront, qu'ils ne se donnèrent un*
» *prince que pour se préserver d'avoir un maî-*

---

(1) Charles II disoit : « que le duc de Lauderdale
» avoit fait à la vérité beaucoup de choses condamna-
» bles & pernicieuses contre les peuples d'Ecosse ; mais
» je ne vois pas, ajoutoit-il, qu'il ait rien fait contre
» mes intérêts ».

Mon intendant a, par ses vexations, fait déguerpir
tous mes vassaux ; *mais je ne vois pas qu'il ait rien*
fait contre mes intérêts.

» tre (1), c'est-à-dire, un *tyran violateur*
» *des droits naturels* antérieurs à toute socié-
» té, & conséquemment à toute autorité.

» Ils penseront qu'ils n'est point de pro-
» priété plus chère & plus sacrée que celle
» de notre liberté personnelle, & sur-tout que
» c'est être étrangement aveuglé sur ses inté-
» rêts & ses droits, que de consentir à la per-
» dre à la vue d'un papier illégal, quand on
» peut enchaîner la main qui l'a signé, &
» qui le livre aveuglément aux fantaisies des
» maîtresses, & aux vengeances des ministres
» & des commis.

» Envisagez tout cela, prince, avant que
» de prendre le parti dangereux d'opprimer
» les hommes sous le faix du despotisme ; ré-
» fléchissez que dans les pays où le peuple
» sera *serf*, où par conséquent il sera désin-
» téressé de la chose publique, & ne sera
» pas maître de surveiller ses intérêts, de cal-
» culer les avantages qu'il retire de l'admi-
« nistration, de représenter ses droits, de pré-
» venir les atteintes qui peuvent y être por-
» tées, de travailler & de jouir en paix, de

---

(1) Ce mot est de Pline & Trajan. *Sedem obtinet
principis, ne sit domino locus.*

» savoir ce qu'il doit & pourquoi il le doit,
» de ne payer que les rétributions néceſſaires
» à l'entretien & aux fonctions de l'autorité
» tutélaire à laquelle il s'eſt ſoumis pour ſon
» plus grand bien, & de ne payer ces rétri-
» butions que de la manière la moins oné-
» reuſe & la plus ſimple : réfléchiſſez que
» dans un tel pays il n'y aura ni forces, ni
» richeſſes, ni enſemble, ni confiſtance, ni
» induſtrie ; qu'une telle conſtitution ne ſau-
» roit être appelée *ſociété*, qu'elle eſt *contre*
» *nature*, & par conſéquent inſtable & ora-
» geuſe ; qu'il n'eſt ni ſol, ni climat, ni reſ-
» ſources naturelles, qui puiſſent réſiſter aux
» terribles influences d'un pareil brigandage ;
» qu'un tel royaume ſera pauvre, obéré, in-
» culte, dépeuplé, envahi par le premier qui
» oſera profiter de cette criſe funeſte : ou plu-
» tôt penſez que ſi un ſeul homme réveille
» d'autres hommes de l'aſſoupiſſement de l'eſ-
» clavage (1), vous ſerez dès ce moment le

_____

(1) Les cris d'un vieillard (Volero) excitèrent les
plébéiens, vexés juſqu'alors impunément par l'inſolence
des patriciens, & mirent Rome à deux doigts de ſa
perte.

Ou ſait qu'un ſeul particulier (Guillaume Tell)

» plus foible comme le plus détesté de tous
» les êtres malfaisans , & vous deviendrez la
» victime publique, comme vous étiez le vé-
» ritable ennemi national.

　» Défirez-vous le pouvoir abfolu ? veuillez
» toujours ce qui eft jufte ; vous pourrez tou-
» jours ce que vous aurez voulu. C'eft en
» ce fens feul que l'Être fuprême eft abfolu :
» en un mot, foyez jufte, non pas parce que
» cela eft *honnête* , mais parce que cela eft
» néceffaire, & n'oubliez jamais qu'un prince
» qui ramène à lui toute l'autorité, la perd
» toute (1) ».

---

ranima dans les Suiffes le courage & la haîne d'un defpotifme intolérable.

　Quand la mefure des iniquités eft comblée , le moindre événement , l'incident le plus frivole en apparence
produifent la révolution.

　(1) C'étoit la maxime d'un habile tyran. Tibère difoit
au fénat : *Les princes ont affez d'occupations ; ils ont
affez de pouvoir ; on le diminue alors qu'on veut trop
l'augmenter. Satis onerum principibus , fatis etiam
potentiæ , minuit jura quoties glifcat poteftas.*

　　　　　　　　　　(Tacit. annal. lib. III.)

　Et ailleurs (hift. II.) : *Nec unquam fatis fida potentia ubi nimia eft.*

　Ea demum nixa eft potentia quæ viribus fuis

　　　　　　　　　　　　　　　Un

Un tel difcours n'eft pas d'une morale délicate & recherchée fans doute, mais il eft de bon fens, & fes principes font également conformes au refpect dû aux droits des hommes & aux véritables intérêts des princes.

On peut le réfumer en rapportant ce mot célèbre de Sénèque, devenu l'épigraphe de la tyrannie : *timet timentes* (1). Tel eft l'arrêt irrévocable des defpotes, *l'autorité crainte de tous, craint tout.* Et Thalès difoit, à mon avis, une grande vérité, quand il citoit un vieux tyran pour la *chofe la plus extraordinaire qu'il eût vu dans fes voyages.*

C'eft avancer une nouveauté bien hardie, fans doute, que de dire aux fouverains : *vous êtes les falariés de vos fujets, & vous devez fubir les conditions auxquelles vous eft accordé ce falaire, fous peine de la perdre.*

Examinons fi ce principe eft hafardé ; car

---

modum imponit, dit Salufte.

La femme de Théopompe, roi de Lacédémone, lui reprochoit qu'il laiffoit la royauté moins abfolue à fes enfans par la création des éphores : « Cela eft vrai, » répondit-il, je la leur laiffe plus bornée, mais plus » durable ».

(1) Hercule furieux.

G

fon énonciation eft très-nouvelle ; & fi d'autres François l'ont penfé avant moi, je fuis
peut-être le premier qui ait ofé l'écrire. Les
hommes alors même qu'ils fentent la vérité &
qu'ils veulent lui rendre hommage, l'altèrent
encore & fe laiffent aller à des ménagemens
de convention, fruit des préjugés admis &
fomentés dans la fociété. Le *Singe de la raifon*, difoit Bolingbroke, *ufurpe fon fiége &
exerce fon pouvoir.* Il feroit temps de fecouer
cet efclavage de l'efprit, & de voir fi la liberté courageufe de penfer tout haut, ne fauroit introduire tôt ou tard celle d'agir.

On a comparé fouvent la fouveraineté à
l'autorité *paternelle.* C'eft une belle idée fans
doute que celle d'une telle harmonie fociale :
le premier qui la conçut étoit un homme
vertueux, doué d'un beau génie ; mais je le
répète, hélas ! & l'expérience de tous les âges
répète avec moi, que la véritable générofité
eft la vertu la plus rare chez les hommes, &
fur-tout chez les rois, qui font les moins éclairés des hommes. Remontons donc aux véritables principes, ou plutôt à la véritable origine de la royauté, & abandonnons, quoiqu'à regret la fublime & douce chimère des
fouverains pères de leurt fujets ; car fi la na-

ture bienfaisante accorde quelquefois aux nations un Henri IV, elle se repose de cet effort
pendant bien des siècles, par une longue
stérilité.

L'homme veut être heureux : il veut jouir :
il finit toujours par vouloir jouir avec tranquillité ; car les jouissances tumultueuses ou
troublées, ne sont pas des jouissances.

On ne jouit guère que par le travail ; car
la terre que nous habitons est une bonne
mère ; mais elle veut être sollicitée (1).

L'idée d'une propriété acquise (2) par le
travail, est une des premières notions que
nous donne la nature ; cette idée se perfec-

---

(1) Varron a dit : *Dii laboribus omnia vendunt :
facientes Deus adjuvat*, & on le répétera long-temps
après lui, avant de le dire mieux.

(2) J'ai cru pouvoir me dispenser de distinguer ici
trois espèces de *propriétés*, (la *personnelle*, la *mo-
biliaire*, & la *foncière*) comme l'ont fait les écrivains
économistes, sans doute avec raison ; car il falloit établir
& détailler avec méthode des vérités trop long-temps
négligées, & même ignorées, pour en déduire les conséquences qui forment le véritable système de l'économie politique ; mais il n'est question ici que du respect
inviolable dû aux *propriétés*, & des conditions sous
lesquelles on a pu les mettre sous la sauve-garde d'un

G 2

tionne dans ses analogies quand on la médite,
mais indépendamment de toute réflexion,
l'instinct nous dit : que *la récolte que nous
avons semée est à nous ; que quiconque veut
nous en priver est méchant, injuste & notre ennemi, que nous pouvons & que nous devons
même repousser ; réprimer & mettre dans l'im-
possibilité de nous nuire, par tous les moyens
qui sont en notre pouvoir.*

L'instinct, dis-je, nous enseigne tout cela,
avant que des combinaisons sociales nous
aient appris toutes les conséquences de ce
principe, & démontré par exemple, que celui qui attaque une propriété, par cela même,
les attaque toutes.

Le Caraïbe défend, & a droit de défendre
l'animal qu'il a pris à la course ou dans les
lacs, comme l'homme social défend & a droit
de défendre le champ qu'il a semé.

Quelle est la différence qui se trouve entr'eux ? Le Caraïbe n'a que ses deux bras pour

---

seul ou de plusieurs. Or l'idée de *propriété* suffit à cet
objet ; vous l'étendrez & la subdiviserez autant que vous
voudrez ; toujours sera-t-il que toute sorte de propriété
réclame évidemment les *mêmes droits.*

protection du fruit de ses travaux ; l'homme social réunit les siens à ceux d'autres hommes associés, pour l'aider à cultiver, à semer, à recueillir, à défendre, façonner, échanger ses propriétés.

Mais les hommes se trouvant trop partagés entre les soins de cultivation & de défense, ont mis toutes leurs propriétés sous la sauve-garde d'un seul ou de plusieurs, revêtus de ce que nous appelons l'autorité *tutélaire* ; c'est-à-dire, du pouvoir d'exercer la police, pour qu'on puisse semer & recueillir en paix ; de sonner l'alarme dans la communauté, lors-que l'ennemi du dehors la menace ; de réu-nir, en un mot, les forces *de tous* pour tel ou tel autre avantage qui doit en résulter *pour tous* (1).

Il suit de-là que le respect de la propriété est la base comme l'objet de toute société & de toute législation ; de celle même qui, par ses défauts ou les efforts contraires des pas-

---

(1) *Omnia invisere, omnia audire, & undecunque invocatum statim velut numen adesse & assistere.* Voilà les devoirs & les fonctions de l'autorité souve-raine.

fions humaines mal contenues., fembleroit la
refpecter moins.

Un des plus méprifables, mais cependant
des plus accrédités prôneurs du pouvoir arbitraire, l'ignorant & empoulé monfieur *Linguet*, n'a pas pu s'empêcher d'en convenir
dans la théorie des loix civiles ; & cet'aveu,
pour le dire en paffant, ne laiffe pas de l'entraîner dans des contradictions paffablement
ridicules.

Dans le gouvernement féodal, dont le prin-
cipal vice, & peut-être le feul (1), étoit de
ne point protéger le droit de propriété de la
claffe nourricière, la plus nombreufe & la
plus utile portion de l'humanité, dans ce gouvernement qui n'étoit guère qu'une affociation
des plus forts contre les plus foibles ; affociation
mal dirigée, même dans cet objet, puifque
le défaut de police & d'harmonie concou-
roit toujours à faire prévaloir quelque tyran
au fein de cette anarchie ; dans une telle conftitution, dis-je, vous trouverez des idées
diftinctes de *propriétés*.

Qu'on n'objecte pas que les incurfions des

---

(1) Il eft vrai que ce feul défaut doit entraîner la
diffolution de la fociété.

Germains, légiſlateurs féodaux, ſi l'on peut s'exprimer ainſi, ne furent guère occaſionnées que par l'amour du pillage & l'émulation de la gloire militaire, & que l'idée de *pro-priété* n'entroit pour rien dans ces aſſocia-tions.

De tels hommes réfléchiſſoient peu ſans doute ſur l'art de perfectionner les inſtitutions politiques ; mais le pillage emporte lui-même l'idée de *propriété*, car aucun dévaſtateur ne voudroit ſe voir enlever le fruit de ſes ſpo-liations ; & d'ailleurs les Germains (1) ne ſe partagèrent pas plutôt les poſſeſſions conqui-ſes, que l'idée de *propriété* ſe mêla naturel-lement à celle de *travail*, & l'idée de *défenſe* & de *reſpect* à celle *de propriété* ; & voilà pourquoi le don des *fiefs*, d'abord précaire & momentané, s'étendit à la vie du *dona-taire :* il devint même *héréditaire* dans le per-fectionnement de la loi féodale.

Ces premiers points poſés, il eſt aiſé de ſentir que les rétributions que la ſociété dé-partit à celui qu'elle a revêtu de l'autorité tu-

---

(1) Les Normands, les Danois, & tous les conqué-rans ſeptentrionaux.

télaire, ont deux objets ; le premier renferme *tous ceux d'utilité publique* ; le second renferme *le salaire dû à cet officier public*, qui ne perdra pas son temps à veiller sur les propriétés des autres, sans qu'on le dédommage de ces fonctions pénibles & continuelles, & qui d'ailleurs est obligé de gager à son tour des coöpérateurs.

Il suit donc de tout ceci, que le monarque n'est autre chose que le *salarié de l'état*, sous toutes les conditions qu'emporte ce mot & cette fonction de *salarié* ; car la société ne le paye pas, cet officier public, pour lui épargner de la peine, mais afin qu'il prenne celle de défendre la masse des richesses publiques, & par conséquent chaque propriété particulière.

L'un des plus respectables rois qui ait jamais occupé le trône, Henri IV, disoit : *en quoi suis-je différent du reste de mes sujets, sinon en ce que j'ai la force de la justice à ma disposition ?* C'étoit une de ces vérités de sentiment qu'il retrouvoit dans son ame, assez grande pour la publier ; s'il eût réfléchi davantage, & qu'on eût eu le courage ou l'instruction nécessaire pour lui faire suivre & ap-

profondir cette idée, il auroit compris *que
cette force de la justice* ne résidoit en lui,
que parce qu'elle lui avoit été confiée ou transmise; il auroit désiré qu'on l'apprît à ses enfans, pour les préserver des amorces trompeuses du pouvoir arbitraire.

Remontez à l'origine des choses, & vous
verrez toutes les autorités dériver des principes que je viens d'exposer. Dans le gouvernement féodal, généralement introduit par les
conquérans septentrionaux, qui fut si longtemps la législation commune à presque toute
l'Europe, & dont les débris subsistent encore
dans les deux tiers de notre hémisphère; dans
le gouvernement féodal, la couronne n'étoit
certainement regardée que comme un office
militaire & non comme une propriété; cette
vérité est incontestable.

Aucun pays en Europe (1), quelqu'anarchie
qui s'y fût introduite, quelques despotiques &
farouches conquérans qui y eussent fait des invasions, n'étoit administré dans des temps d'i-

___

(1) Je ne prétends pas étaler dans les notes déjà
nombreuses dans le cours de cet ouvrage, une érudition
affectée; mais si c'étoit ici le lieu de cette discussion,
j'établirois cette assertion par des preuves incontestables.

gnorance & de barbarie, que par un gouvernement légal & limité ; parce que l'Europe
presqu'entière étoit couverte des nations feptentrionales , ou du moins mêlangées des reftes
de leurs nombreufes irruptions , & que les
légiflations feptentrionales les plus anciennes,
celles-mêmes dont il ne nous refte que les
traces les plus confufes , paroiffent avoir toujours été les plus diamétralement oppofées à
l'autorité arbitraire. Il appartenoit à des fiècles
plus civilifés & plus inftruits , mais marqués
du fceau du defpotifme , fous lequel les hommes vils & rampans ont altéré, oublié ou perdu les notions les plus fimples & les plus naturelles de la *liberté* ; il appartenoit, dis-je ,
à ces fiècles d'admettre & défendre *le principe monftrueux de l'obéiffance paffive à la
volonté d'un feul.*

Que conclure enfin de cette chaîne de théorêmes évidens, *fi ce n'eft que le peuple* SALA
RIE *le fouverain ?*

Or , celui qui paye a droit de renvoyer celui qui eft payé , fi le premier ne retire pas
les avantages qu'il efpéroit de la rétribution
volontaire accordée au fecond ; bien entendu
que le *falarié* inftitué pour protéger les loix

& veiller fur leur exécution, doit être à fon
tour protégé par elles ; car la licehce & les
factions (1) caufent à la fociété prefqu'autant de maux que la tyrannie. *La premiére &
la plus inviolable de toutes les conditions fous
lefquelles les hommes goûtent les biens de la
fociété, c'eft de vivre foumis à l'autorité du
gouvernement qui les leur affure,* dit le fage
& vertueux Dagueffeau (2).

Il fuit fur-tout de tout ce qui a précédé,
que celui qui, créé pour défendre les propriétés, ufurpe fans ceffe fur elles; commet
le forfait le plus dangereux pour les hommes,
dont la confiance eft trahie, & par conféquent
le plus odieux & le plus puniffable.

La nation finit toujours par être plus puiffante que le tyran, lorfque le pouvoir arbitraire, parvenu à fon dernier délire, a diffout
tous les liens de l'opinion, & épuifé les reffources que la terre offre à ceux qui la cul-
tivent en liberté ; ainfi les hommes fe vengent
tôt ou tard : il valoit donc mieux les fervir

-----

(1) Mais la licence & les factions font toujours la fuite
de la corruption introduite & fomentée par le defpote.

(2) Mémoire fur la juridiction royale.

& leur être utile, que les dépouiller & les
vexer.

Voilà ce que les rois ne comprennent pas,
parce qu'ils ont une manière de sentir & de
penser différente des autres hommes, & cela
doit être, vu leur éducation stupide (1) &

_____

(1) C'est sur-tout dans l'Asie, véritable patrie du
despotisme, que l'on trouve des exemples de cette
stupidité.

Le Sophi Scha-Huffein fit plusieurs actes de dévo-
tion, & beaucoup d'aumônes pour avoir tué d'un coup
de fusil un canard, auquel il ne vouloit que faire peur.
Le feu prit un jour à la grande salle de son palais,
il ne voulut jamais permettre qu'on l'éteignît, *de peur*,
disoit-il, *de s'opposer aux décrets de la Providence*;
c'étoit sans doute aussi pour ne pas contrarier la forte
concupiscence que l'être suprême avoit mise en lui,
qu'il dépeuploit la Perse de ses plus belles femmes pour
remplir son serrail. Le même Sophi répondoit à ceux
qui lui disoient que les ennemis approchoient d'*Ispahan*:
c'est aux ministres d'y pourvoir, *ils ont des armées*
sur pied pour cela; *pour moi*, *je serai content*,
pourvu qu'on me laisse mon palais de Farabath.

C'est ainsi qu'un prince de nos jours croyoit son
trône en sûreté, & son royaume parfaitement administré, quand il avoit cent millions dans son cabinet,
sous sa propre garde.

Si vous voulez savoir ce qu'est l'éducation des princes

presque féroce ; la nation qui devroit sans
doute présider à cette éducation, parce qu'elle
y est la plus intéressée, non seulement ne dirige pas le choix des instituteurs de ses princes, mais encore les voit presque toujours ti-
rés de la classe des courtisans, objet de son mépris, si ce n'est de son effroi. Quelle espérance
doit-elle concevoir d'un élève confié à de
telles mains ?

Platon & *Socrate* n'eussent peut-être été que
sultans, s'ils eussent traîné comme eux leur
vie dans la triste obscurité d'un sérail, où l'on
ne rencontre que des esclaves, & d'où l'on
ne retire qu'une fastueuse ignorance, l'affais-
sement de tous les organes & la satiété de tous
les plaisirs.

On convient assez communément du besoin d'apprentissage pour tous les métiers :
celui de gouverner ses semblables est le seul
pour lequel tout homme se croit des talens.

« Le plus âpre & difficile métier du mon-
» de, à mon gré, dit Montaigne, c'est faire
» dignement le roi ». Sans doute, mais il en

---

despotiques, lisez le *canon du sultan Soliman II*
présenté à sultan Mourad IV, pour son instruction,
imprimé chez Thibaut, à Paris, 1725.

eſt de ce métier comme de tant d'autres ; il eſt fort aiſé de le faire mal , & c'eſt ainſi qu'il arrive preſque toujours.

Séleucus , au rapport de Plutarque , diſoit : *que , qui ſauroit le poids d'un ſceptre , ne dai-gneroit pas l'amaſſer quand il le trouveroit à terre.* Un deſpote eſt moins difficile. Il ne connoît qu'un *pouvoir* , & c'eſt le ſien : qu'un *droit* , & c'eſt le ſien : qu'un *intérêt* , & c'eſt le ſien. Rien n'eſt ſi commode pour lui que la royauté. Sa balance n'a qu'un peſon, où lui ſeul eſt compté. La révolution peut le détromper ; mais il ne voit la cataſtrophe que lorſqu'elle arrive, lorſqu'il eſt renverſé. Que lui impor-te ? il n'a rien prévu : il a joui.

Dans le deſpotiſme , les princes doivent être , par les leçons qu'ils reçoivent , fort au-deſſous de l'humanité. Il faut cependant que tous leur ſoient ſoumis : de quelle eſpèce doi-vent être les hommes dans ce gouvernement ? M. de Monteſquieu prétend que la botte que Charles XII ménaça le ſénat de Stockolm de lui envoyer pour le gouverner, auroit auſſi-bien adminiſtré qu'un deſpote. J'en ſuis perſuadé ; je crois même qu'un prince qui , ſuccédant à quelques rois deſpotiques, auroit aſſez de

tête & de cœur pour connoître le vice de ce
fléau terrible, décoré du mot *gouvernement*,
ne trouveroit parmi ses sujets que des automates pour l'aider dans l'administration.

Quelle crise effrayante qu'un règne oppresseur, s'il avilit & dénature ainsi l'humanité !
Et les princes arbitraires veulent être respec-
tés ! C'est à leur approche qu'on peut s'écrier
avec *Eschille* : « La majesté du trône a dis-
» paru : ce respect, qui rendoit inviolable la
» personne de nos rois, tous ces sentimens
» se sont évanouis : un morne effroi les rem-
» place (1) ».

Les rois qu'on n'occupe jamais que d'eux &
de leurs plaisirs, connoissent peu de rapports ;
ils ont conséquemment peu d'idées. Les historiens & les poëtes sont pour eux des cor-
rupteurs dangereux, car les princes n'ont pas
les connoissances nécessaires pour se préserver & se méfier des insidieuses adulations &
des lâches réticences dont tant d'écrivains
mercénaires infectent & souillent leurs écrits.
*Il prête à leur fureur des couleurs favora-
bles* (2).

----

(1) Coëphores.
(2) Athalie.

Quel esclave ose détromper son maître ? On a dit depuis long-temps, *que celui qui commande à trente légions, est le plus savant homme de l'univers* (1).

Peu de citoyens ont le courage d'élever la voix en faveur de la vérité ; nous trahissons presque tous la cause de la patrie, ou plutôt celle de l'homme, par une crainte servile, ou par une pusillanime complaisance.

La peine de l'examen, le ridicule attaché à la contrariété, d'autres motifs aussi frivoles sont autant d'obstacles qui s'opposent à l'accomplissement de nos devoirs... & nous croyons être honnêtes !... & nous prétendons à la vertu ! Il n'est pas *du bon ton* de *disputer* ; il est bien plus conforme à *l'honnêteté* d'être bas & rampant, car c'est assurément la mode. Ainsi les opinions les moins réfléchies, & souvent les plus nuisibles, sont facilement accréditées chez les hommes ; on n'ose point les détruire ; il n'est pas même permis de les combattre : on n'a point de

_____

(1) Ce mot est de Favorin, fameux grammairien, qui fit cette réponse apologétique à ses amis, qui lui reprochoient d'avoir cédé à l'empereur Adrien, dans une dispute où le despote avoit tort.

sentimens,

fentimens, d'opinions propres à foi ; on a les
fentimens, les opinions qu'exige l'intérêt qui
nous détermine : cet intérêt eft le défir de plaire
à ceux dont les caprices du lendemain chan-
geront encore nos principes , & qui nous dé-
voieront fans ceffe de la vérité : premier objet de leur haîne, parce qu'elle eft le premier
cenfeur de leur conduite. *Les grands*, dit
Maffillon, *font comme une profeffion publique
de haïr la verité, parce que d'ordinaire elle
les rend eux-mêmes très-haïffables* (1). Mais
que ferions-nous de la vérité dès qu'elle ne
fert de rien auprès des grands ? entraînés par
le torrent de la fortune & de la faveur, il ne
nous refte bientôt que la vertu du Caméléon.
Ainfi les préjugés & les erreurs s'enracinent :
ainfi nous gémiffons oppreffés par la tyrannie,
& nous courons au-devant d'elle par nos adulations, notre admiration même ; ainfi nous
oublions volontiers nos malheurs, & nous les
pardonnons à ceux qui nous favent étonner
par l'habileté de leurs manœuvres & l'audace
de leurs forfaits : *rien n'entraîne le culte des
hommes comme l'illufion*, dit un auteur célè-

_____

(1) Panég. de St. Jean-Baptifte.

H

bre (1). En effet, nous sommes presque tous
des enfans (2) ; l'éclat nous frappe toujours
plus que tout le reste.

Démétrius de *Phalère* disoit à Ptolomée,
que l'histoire est le véritable précepteur des
princes, parce qu'ils y trouvent d'utiles leçons,
que ceux qui les approchent n'oseroient pas
leur faire. Mais il vouloit parler, sans doute,
de l'histoire écrite par des philosophes, au milieu d'une nation libre ; l'on ne rencontrera
pas de nos jours, & presque en aucun temps,
un pareil exemple.

L'histoire est une longue & monotone compilation des malheurs de l'homme, & trop
souvent le panégyrique des malfaiteurs publics ; car on peut ordinairement appeler ainsi
les *héros* ; & la plupart des hommes lisent ces
recueils de faits comme des contes de *Fée*,
où les géans & les combats piquent & réveil-
lent la curiosité.

En un mot, il nous faut du bruit & de la

––––––––––––––––––

(1) L'ami des hommes.

(2) Un prêtre Egyptien disoit au législateur d'Athènes : *O Solon, Solon, vous autres Grecs, vous êtes*
toujours enfans !

terreur (1), & ce n'eſt pas le moyen le moins ſûr d'en impoſer aux hommes énervés par les inſtitutions politiques, que de les mépriſer & de les braver.

On peut remarquer que le plus ſouvent, dans l'hiſtoire, la célébrité eſt en raiſon inverſe de l'utilité ; c'eſt ainſi que les hommes jugent au premier coup-d'œil, & ils attendent rarement le ſecond. Les extrémités ſe rapprochent. Un homme très-ſage, quoique pourvu d'un grand génie, ne fait ſouvent pas plus de bruit dans le monde qu'un ſtupide ; on apprécie les princes & les miniſtres par la difficulté apparente de ce qu'ils ont fait ; il ſuffit qu'une choſe porte l'empreinte de l'extraordinaire pour être louée. Que la nature dans ſa colère nous donne un ſecond Richelieu, nous l'admirerons encore pour prix des nouvelles chaînes ſous leſquelles il finira de nous écraſer.

***

(1) Pétrone a dit : *primus in orbe Deos fecit timor.* Cela n'eſt pas vrai, car on ne craint point ce qu'on ignore ; mais il eſt vrai que les dieux n'ont jamais été adorés ſans être craints, ou plutôt qu'on les a craints au moment où l'on a deviné leur exiſtence. Ce ſentiment eſt l'ouvrage des prêtres, ſans doute ; mais ils ont bien jugé les hommes qu'ils avoient à ſubjuguer, quand ils ont fait de la terreur la baſe de leur autorité.

Oh, combien nous sommes imprudens! combien l'expérience des autres est un tréfor perdu pour nous! Si l'ambition & les fuccès des conquérans, fi la puiffance abfolue des defpotes peuvent infpirer de belles odes, l'oubli de ce qu'on doit aux hommes a fait des bêtes féroces, des princes qui euffent été eftimables par leur valeur & leurs talens militaires; eh! qu'eft-ce que le génie le plus beau & le plus vafte, s'il ne refpecte pas les droits de l'humanité! L'animal infortuné que déchire un féroce léopard, admire-t-il la bigarrure de fa peau & la variété de fes rufes? Celui qui inventa la herfe fut plus précieux au monde que celui qui rendoit des fceptres à Porus.

Pourquoi vanter la gloire des conquérans? eft-ce pour exciter leur émulation ou pour en augmenter le nombre? Les grandes conquêtes furent toujours & dans tous les pays l'occafion & la caufe, le germe & le prélude des plus grandes révolutions; c'eft proftituer fes hommages, c'eft un crime focial que d'admirer les inftrumens des malheurs publics, quelques talens qu'ils aient reçu de la nature. Eft-il donc fi refpectable ce titre fi commun & fi révéré, d'avoir eu affez de mérite pour détruire plufieurs milliers d'hommes? Ah! je dirai avec un grand orateur : *malheur au siècle qui produit de ces hommes rares & merveilleux.*

O mes compatriotes, foyons hommes : rentrons au fein de nos foyers : les héros font fi loin de nous ! leurs actions font fi étrangères à nous ! eh, puiffons nous n'en revoir jamais des héros ! ce font les révolutions : c'eſt l'agitation de la fociété qui les forment ; & l'hiſtoire d'une conſtitution paiſible, d'un état bien organiſé, n'offriroit pas un de ces grands noms qui pèſent ſur la terre.

Renvoyons les *conteurs* éloquens de révolutions & de batailles à un fage des rives du Gange, dont il eſt bon de rapporter ici le ſyſtème philoſophique ſur *la gloire & les héros.*

Les enfans de *Tamerlan* furent dépouillés de ſes conquêtes bientôt après ſa mort (1). *Babar*, ſon ſixième deſcendant, avoit été chaſſé de Samarcande par les Tartares. Ce jeune prince ſe réfugia dans le Cabuliſtan, dont le gouverneur *Ranguildas* l'accueillit avec affection. Cet homme habile, intéreſſé par les

_____

(1) Cette anecdote eſt tirée de l'hiſtoire politique & philoſophique du commerce des deux Indes.

malheurs du jeune prince, lui conseille la
conquête de l'Indostan, dirige cette entrepri-
se, & la 'fait réussir. Babar, conquérant &
maître absolu, fut bientôt despote; Ranguildas faisoit un jour sa prière dans le temple,
il entendit un Banian qui s'écrioit :

« O Dieu ! tu vois les malheurs de mes
» frères ; nous sommes la proie d'un jeune
» homme qui nous regarde comme un bien
» qu'il peut dissiper & consumer à son gré.
» Parmi les nombreux enfans qui t'implorent
» dans ces vastes contrées, un seul les op-
» prime tous. Venge-nous du tyran, venge-
» nous des traîtres qui l'ont porté sur le trône,
» sans examiner s'il étoit juste ».

Ranguildas s'approche du Banian & lui dit :
» O toi qui maudis ma vieillesse, écoute si je
» suis coupable : c'est ma conscience qui m'a
» trompé. Lorsque j'ai rendu l'héritage au fils
» de mon souverain, lorsque j'ai exposé ma
» fortune & ma vie pour établir son pouvoir,
» Dieu m'est témoin que j'ai cru me confor-
» mer à ses sages décrets, & qu'au moment où
» j'ai entendu ta prière, je bénissois encore
» le ciel de m'avoir accordé dans mes der-
» niers jours les deux plus grands biens, le
» *repos* & la *gloire.*

» La *gloire*, dit le Banian : apprenez,
» Ranguildas, qu'elle *n'appartient qu'à la*
» *vertu, & non à des actions qui font écla-*
» *tantes fans être utiles aux hommes ;* eh !
» quel bien avez-vous fait à l'Indoftan, quand
» vous avez couronné l'enfant d'un ufurpa-
» teur ; aviez-vous examiné s'il feroit le bien ?
» s'il auroit le courage & la volonté d'être
» jufte ? les lumières qui font difcerner la vé-
» rité à travers les préjugés, les paffions &
» les courtifans : vous lui avez, dites-vous,
» rendu l'héritage de fes pères ; *comme fi les*
» *hommes pouvoient être légués & poffédés à*
» *la façon des terres & des troupeaux.* Ne
» prétendez pas à la gloire, Ranguildas, ce
» feroit vouloir que de foibles agneaux bé-
» niffent les mains avares qui les livrent à des
» bouchers impitoyables ; que fi vous voulez
» de la reconnoiffance, allez la chercher dans
» le cœur de Babar ; il vous la doit : vous
» l'avez achetée affez cher par le bonheur de
» tout un peuple. ».

Je ne fais fi ce fait hiftorique eft vrai, mais
s'il ne l'eft pas, celui qui l'inventa le premier,
a des droits fur la reconnoiffance de tous les
hommes ; les apologues les plus célèbres de
l'antiquité n'offrent pas une morale auffi belle,

aussi utile , & c'est un courage vraiment noble que celui de mettre en action de pareilles maximes.

O princes ! le mot *charge* emporte avec lui l'idée d'un *devoir*, plutôt que d'un *honneur* ; *une grande charge* est donc *un grand devoir*. Le sceptre est plutôt le titre de vos soins & de vos devoirs que celui de votre autorité. Songez que vous n'êtes que des hommes. L'heure qui fuit d'un pas rapide pour vous comme pour tous les humains ; les maux qui vous assiègent ; les besoins qui vous enchaînent comme le dernier de vos sujets, vous le rappellent à chaque instant.... j'en appelle à vous.... Seroit-il donc vrai que l'homme est né pour être persécuté ? Si la nature ne le destina pas aux vexations & à l'esclavage, quel être monstrueux qu'un intolérant, un tyran, un despote ! Nous ne faisons que passer ici-bas ; un cœur honnête ne se persuadera jamais que notre personnalité soit l'unique objet de ce passage ; & tant que la nature nous accorde de la durée, elle a sans doute une autre désignation (1): faites donc du bien aux hommes,

(1) « La fourmi glorifie la main qui l'a faite; mais » ce n'est point par des *auto-da-fés*, c'est en se bâ-

vous qu'ils ont élevé dans cet objet, & si vous
êtes sensibles à la gloire, croyez que celle des
vertus pacifiques est la plus douce & la plus
solide qui soit réservée aux souverains. L'humanité entière sait enfin quel respect les hommes doivent aux hommes; & si nous choi-
sissions un maître aujourd'hui, ce ne seroit pas
Alexandre ou César que la voix publique pla-
ceroit sur le trône, ce seroit Aristide ou Pho-
cion : ce ne seroit pas un héros guerrier, qui
n'est le plus souvent *que le fléau de la terre,*
la foudre qui écrase les peuples, l'astre fatal
aux nations (1); ce seroit un homme juste,
éclairé & sensible.

_____

» tissant des demeures, en remplissant ses magasins de
» récoltes ramassées de toute part avec un travail in-
» fatigable, en procréant des fourmis qui vont à leur
» tour fonder de nouvelles colonies; ô homme, qui
» que tu sois, ta patrie est ta fourmilière; imite la
» fourmi : si tu y es de trop, va chercher un autre
» terrain où il y ait de la place pour toi & les tiens;
» si tu y rencontres de tes semblables, ne les massacre
» pas; ne les fais point servir à ta mollesse, à ton
» avidité, à ton ambition; mais sois leur Triptolème;
» & ne leur amène pas des moines ».

(*Fragment de l'allemand de M. Muller.*)

(1) Lucain appelle Alexandre :

Terrarum fatale malum, fulmen quequod omnes,
Percuteret populos, pariter que & sidus iniquum gentibus.

Les princes ont de grands moyens d'être mauvais, mais ils en ont aussi d'être bons ; puisque l'histoire traite presque toujours de leurs semblables. Or c'est pour la conduite que l'expérience est réellement la boussole de l'humanité ; & le bon sens doit tirer des faits les résultats & les principes que l'historien n'ose pas écrire.

Un établissement vraiment utile, & digne d'être admis dans un ys libre où l'on trouve encore des hommes, eroit un tribunal d'histoire (1), qui, dégageant chaque fait des illusions dont les historiens l'ont obscurci, montreroit le despotisme toujours oppresseur & détesté ; toujours inquiet & menacé, foulant ses esclaves, dépouillant la terre qui les porte, luttant contre la nature, ses forces, ses richesses, ses ressources, & toujours son propre destructeur après avoir tout ravagé.

C'est à cette école de vérité que les princes apprendroient « que la liberté apporte des » bénédictions en dépit de la nature (2), & » qu'en dépit de la même nature la tyran-

---

(1) La Chine nous donne seul ce bel exemple.
(2) Gordon, disc. sur Sallust.

» nie apporte des malédictions ; que l'escla-
» vage a toujours produit de la lâcheté, des
» vices & de la misère (1) » , & qu'il n'est pas
une seule époque de la décadence d'un état,
qui ne se rapporte à l'altération intérieure de
sa liberté. En effet, le gouvernement a tant
d'influence sur les opinions & les préjugés ;
& ceux-ci donnent inévitablement aux hommes , à tout un siècle même , une si puis-
sante impulsion, que les efforts du despotisme,
& l'abrutissement inséparable de la servitude
doivent bouleverser ainsi la société.

Mais où trouver des philosophes capables
de reprendre les grands & de défendre les

––––––––––––––––––––––––––––

(1) C'est dans un état despotique qu'on peut dire
avec le prophète, que les cultivateurs arrosent de
larmes la semence qu'ils répandent à regret. *Euntes
ibant & flebant mittentes semina sua.* (ps. 125.)

C'est dans un état libre, c'est sous la protection d'une
autorité tutélaire, éclairée , que chacun habite sans
crainte sous son figuier & sa vigne ; c'est alors que chacun
recueille & se nourrit des fruits de son champ , sans
craindre les spoliations d'un avide ravisseur, dont il
faut , sous peine de la vie, respecter les brigandages.
*Habitabat unusquisque , absque timore ullo , sub vite
sua , & sub ficu sua & comedebat de ficu sua & bi-
bebat de cisternis suis.* (Ibid.)

hommes ? Le courage qui fait braver le danger des armes est le plus commun de tous,
& cependant le plus estimé ; le courage de
principes, de conduite & de mœurs est bien
autrement rare & précieux. Nous *n'osons* pas
penser autrement que tous les autres, quand
il y a du danger à lutter contre l'opinion générale ; nous *ne savons pas même* penser autrement que tous les autres, quand les institutions sociales nous ont imbus des préjuges,
que les ambitieux & les maîtres nourrissent
avec soin ; l'esprit imitateur (1) adroitement
fomenté par eux, devient l'esprit universel ;
or l'esprit imitateur est en tout genre l'ivraie
du génie, il étouffe également les lumières &
les principes. Les ames s'énervent, les têtes
s'affoiblissent, les devoirs se dénaturent : tout
suit l'impulsion du despote & le torrent de la
servitude. *Un faux honneur nous séduit., une
fausse infamie* (2) *nous effraie:* le respect humain
nous fait enfreindre les devoirs les plus sacrés.

---

(1) J'entends ici le mot *imitateur* dans son acception la plus ordinaire ; car si l'on discutoit son acception rigoureuse, il est certain qu'il est impossible d'avoir
une idée, ni d'imaginer une forme qui n'imite rien.

(2) *Falsus honor juvat, & mendax infamia, terret.*
(Horat. L. I. Epist. 16.)

L'obéissance passive devient à la mode, comme l'amour de la liberté étoit la vertu plus commune dans des temps plus heureux & sous des gouvernemens moins arbitraires.

Il est même bien difficile que la liberté une fois altérée rétrograde, & que le despotisme s'arrête dans ses progrès avant la révolution qui reproduit des hommes, qui met chacun à sa place, qui venge les nations & l'humanité ; car le gouvernement & les circonstances forment & développent les citoyens moins qu'ils ne les dénaturent.

Un homme seroit banni, exilé, chassé d'une république, il seroit toléré dans une monarchie, il y auroit peut-être même quelque emploi ; il gouverneroit dans le despotisme ; ce seroit le même homme, il ne différeroit en rien de lui-même : il n'y a de différence que dans l'arrangement que ces divers gouvernemens donnent à chaque individu.

Renversons cette gradation. Ce même homme tourmenté, mis à mort dans le despotisme, subsisteroit dans un état médiocrement administré : dans la république, il seroit un dictateur romain. Cette proposition est la même que la précédente.

Nous avons en général bien plus de fou-
pleffe & d'élafticité que de confiftance & d'é-
nergie ; les hommes fupérieurs décèlent eux-
mêmes ce penchant à l'imitation commun à
l'humanité ; & le génie le plus grand, fi ce
n'eft le plus fage, eft celui qui s'élève le plus
au-deffus de fon fiècle ; mais il eft toujours
rappetiffé, fi l'on peut s'exprimer ainfi, par
l'influence des erreurs générales qu'il trouve
accréditées. Charlemagne, dont on a dit avec
tant de juftefe & d'énergie : qu'il *étoit grand
parmi les hommes & qu'il éleva fon fiècle en
le mettant à fes piéds* (1) : Charlemagne
étoit profondément occupé de la difcuffion
des héréfies les plus futiles, & prefque enchaî-
né par toutes les fuperftitions de fon temps (2).

---

(1) Lettres fur la dépravation de l'ordre légal.

(2) J'en citerai une preuve fingulière que je choifis
entre un grand nombre d'anecdotes de ce genre, qu'il
feroit aifé de rapporter.

Il y eut un procès entre l'évêque de Paris & l'abbé
de S. Denis, plaidé devant Charlemagne. Celui-ci ren-
voya ce procès au jugement de la Croix.

Deux champions fe tinrent pendant la célébration
de la meffe les bras étendus en croix ; celui de l'abbé
de S. Denis fut plus robufte ; celui de l'évêque de Paris

L'homme balotté & conduit au gré de ses passions est dépendant en raison de leur mobilité ; il obéit au moment où il croit commander : il s'enchaîne pour se satisfaire ; & le despote, asservi lui-même à tant de choses dont il est forcé de subir la loi, est peut-être plus esclave que le moins libre de ses sujets ; *l'or de ses chaînes*, dit Gordon, *fait la seule différence entr'eux & lui.* Il ne parvient à être maître qu'en déguisant ses premiers efforts, & gagnant des complices, qui font bientôt des succès de son despotisme leur propre succès. Alors tout concourt à la corruption ; & c'est malheureusement-là le serment le plus facilement excité parmi les hommes. *Comme les corps croissent avec lenteur & sont détruits en un instant, de même il est plus aisé d'étouffer la lumière & le courage que de les rappeller* (1), dit un grand philosophe pratique.

Il est facile, par exemple, d'amollir les

---

laissa tomber ses bras ; Charlemagne adjugea gain de cause à l'abbé de S. Denis. (*Mabillon, de re. dipl.* L. 9. p. 4 & 8.)

(1) *Corpora lentè augescunt, citò extinguuntur ; sic ingenia studiaque oppresseris faciliùs quàm revocaveris.* (Tacit. vit. Agricol.)

hommes & de les corrompre par le *luxe* &
toutes ses séductions ; mais il est impossible de
leur rendre le courage une fois qu'il est détruit. De tous les moyens que peut employer
un despote pour parvenir à son but, la faveur
accordée *au luxe* est sans doute le plus effi-
cace ; car la violence n'a qu'un succés incer-
tain & passager, & le feu périt avec tout ce
qu'il a consumé. La violence détrompe une
nation, la réveille & hâte sa révolution ; mais
il n'est point d'homme qui ne préfère des
jouissances commodes & recherchées à une vie
dure & agreste ; je sais qu'on ne peut pas ri-
goureusement appeler *luxe* toutes les *jouis-*
sances recherchées : je n'ignore pas que le luxe
renferme toutes les dépenses nuisibles à la re-
production, fussent-elles grossières ; tandis que
des jouissances très-délicates peuvent n'être
que de faste, si elles ne sont pas nuisibles à
cette réproduction ; mais je prétends qu'elles
le sont toujours aux mœurs, qui ne se corrompent jamais à demi ; telle est notre nature : la modération est pour nous une gêne ;
nul ne sait s'arrêter : le tyran guette l'instant
d'ivresse générale qui doit fasciner tous les
yeux. Les chaînes embellies ne sont plus des
chaînes : peu d'hommes voient d'assez loin
pour

pour craindre les fuites de la molleſſe ; moins encore ſont aſſez modérés , pour que la crain- te de l'avenir contrebalance en eux l'appas du moment; la cupidité exerce ſon empire , parce que le beſoin des jouiſſances aiguillonne tous les cœurs , la molleſſe énerve au phyſi- que & au moral ; on devient peu délicat ſur les moyens ; on foule aux pieds les principes ; & le déſir de ſéduire des proſélytes eſt le der- nier dégré de la corruption , & l'un de ſes pé- riodes les plus certains.

Ainſi la contagion gagne de proche en pro- che; l'épidémie devient bientôt générale ; la diſette de toutes les vertus ſe fait ſentir , & dès qu'un gouvernement a introduit le *luxe* & la molleſſe qui le ſuit toujours (1) , la li- berté & l'état ſont perdus , parce que les hom- mes ne rétrogradent jamais de la molleſſe aux vertus mâles , ſeuls ſoutiens des états & défen- ſeurs de la liberté.

_____

(1) *L'or eſt*, dit-on, *un mauvais maître & un bon valet.* Ce proverbe eſt vrai , non-ſeulement pour un avare , mais encore pour un état , de quelque eſpèce qu'il ſoit; dès que l'or y donne des préférences , les mœurs ſe perdent , & enfin l'état.

I

Tous les faits historiques viennent à l'appui de ce principe.

C'est le mot d'un homme de génie que celui de M. Bossuet. « La Perse, attaquée « par Alexandre & par une armée telle que » la sienne, ne pouvoit pas éviter de changer » de maître ».

En effet, l'on a guère considéré dans la conquête d'Alexandre, qu'un événement extraordinaire & capable d'attirer l'admiration & l'étonnement de tous les hommes ; & l'on ne s'est point avisé de rabattre ce grand événement à sa juste valeur, c'est-à-dire, de remonter à ses véritables causes, & de juger cette révolution d'après les connoissances qui nous restent de l'administration de la Perse, plutôt que d'après l'étendue des terres conquises.

Sans entrer dans des discussions longues, épineuses & incertaines, après lesquelles chacun reste dans son opinion (1), ne décidons que d'après les événemens les mieux constatés.

_____

(1) « Un homme, dit Montaigne, défend ses lumières, ou comme vraies, ou comme siennes ; & de » quelque façon que ce soit, il forme cent oppositions » contre celui qui le veut convaincre ».

Je ne m'arrêterai point aux fameuses batailles de *Marathon*, *de Salamine & de Pla-
tée*, origine de cette haîne implacable qui
anima pendant plus d'un siècle les Perses contre les Grecs ; je ne décrirai pas ces succès
presqu'incroyables & leurs suites étonnantes.
Mais rappelons-nous qu'*Agésilaüs*, à la tête
des forces de la seule république de Lacédémone, fit trembler *Artaxerxés* sur son trône ;
il étoit déjà maître de l'Asie mineure quand la
jalousie des voisins de *Sparte*, fomentée par l'or
du despote asiatique, le força à voler au secours de Lacédémone assaillie.

Les Rois de Perse auroient plutôt tari les
fontaines de la Grèce par le nombre de leurs
soldats, qu'ils n'auroient soumis une poignée
de Grecs libres. La Perse ne fut garantie pendant 150 ans des invasions de ses ennemis,
qu'en achetant sans cesse la tranquillité, &
semant la zizanie dans ces petites républiques
envieuses.

Mais Alexandre succédoit à Philippe, qui
avoit employé tout son règne à se rendre maître de la Grèce ; cet heureux conquérant n'a-
voit donc plus à craindre les ligues & les événemens offensifs, qui l'eussent contraint de

rétrograder. La Grèce abattue n'étoit plus capable d'en concevoir le projet ; elle l'étoit bien moins encore de l'exécuter, puisque *Antipater*, politique & général habile, étoit chargé de veiller sur les Grecs & de les contenir. Il étoit physiquement impossible que ce vaste empire, couvert d'esclaves amollis, résistât à 40,000 hommes aguerris, conduits avec ensemble par un homme de génie. Peut-être le feroit-il à l'empire Ottoman, malgré la différence incalculable que la poudre a introduite dans la guerre moderne.

Une pareille révolution n'est pas plus incroyable qu'elle n'est unique. Les mêmes effets eurent toujours & auront tôt ou tard les mêmes causes ; le despotisme a été facilement terrassé dans tous les temps & tous les pays.

10,000 Grecs qui avoient suivi Cyrus jusqu'à Babylone, en but à la faim, aux rigueurs de la saison, arrêtés par des fleuves, suivis par une armée nombreuse, souvent harcélés par des hordes de barbares, traversèrent ainsi l'Asie mineure, firent 600 lieues & vinrent du fonds de la Perse (1) au Pont-Euxin, sans

_____

(1) En cent vingt-deux camps.

qu'aucun des efclaves de ce vafte empire ofât les attaquer.

Les ambaffadeurs d'Athènes ofoient dire aux Grecs affemblés : « C'eft de tout temps » que les plus forts font les maîtres : nous » ne fommes pas les auteurs de ce régle- » ment : il eft fondé dans la nature ». La guerre du Péloponèfe & fes fuites leur apprirent que les fuccès de la tyrannie ne font que paffagers, & que la courageufe liberté peut humilier & terraffer le defpotifme & fes richeffes & fes reffources. Sparte, la rufti- que & févère Sparte, fut vaincre Athènes & fes tréfors.

Les Romains combattirent 400 ans pour fubjuguer la libre Italie. Si tout l'univers leur eût oppofé la même réfiftance, ils feroient devenus modérés ou auroient été détruits.

Les Vandales, au nombre de 30,000 (1), ravagèrent & conquirent en moins de deux ans l'Afrique entière, dès-long-temps énervée par le joug Romain.

Les Efpagnols, le feul peuple méridional, fi l'on excepte cependant les Corfes, qui ait

_____

(1) Ils n'étoient pas même 30,000 en (428.)

I 3

su défendre sa liberté ; les Espagnols, dis-je , qui luttèrent si opiniâtrément contre les conquérans du monde , furent tellement dénaturés par la servitude , que les Vandales achevèrent la conquête de l'Espagne en moins de deux ans (1) , & divisèrent par la voie du sort ce malheureux pays.

40,000 (1) Portugais ne firent-ils pas trembler à la fois l'empire de Maroc , les barbares d'Afrique , la célèbre milice des Mammelus , les Arabes , tout l'orient enfin depuis l'isle d'Ormuz jusqu'à la Chine ?

Guillaume le Conquérant , avec moins de 60,000 hommes , ose affronter toutes les forces de l'Angleterre , & envahit , après une seule bataille , ce vaste pays énervé par le joug Danois (1). Et qu'on ne dise pas que ce prince attaquoit un état dénué de forces & de ressources ; l'Angleterre , délivrée depuis cin-

---

(1) Ils y entrèrent en 409 ; en 411 , ils étoient maîtres du pays.

(2) Les portugais avoient alors tout le nerf de la chevalerie , & sur-tout ils jouissoient du bonheur d'avoir des rois véritablement chefs & premiers gentilhommes de la nation.

(3) 1066.

quànte ans de la guerre & des incurfions Danoifes, fleuriffoit fous l'adminiftration de *Ha-
rold*, prince chéri de la nation, remarquable
par fes talens & fon activité, & qui avoit eu
le temps fous le long règne du foible Edouard,
d'affermir fon crédit & fa puiffance déjà très-
confidérables; mais le coup étoit porté; les
armes Danoifes, & fur - tout l'anarchie féodale., qui n'eft autre chofe que le defpotifme
réparti fur plufieurs têtes, avoient porté une
atteinte mortelle aux forces nationales.

Scanderberg, plus puiffant par fon génie &
le défir irréfiftible de recouvrer la liberté, que
par fa force prodigieufe, fa bravoure & fes
droits au trône, fait trembler le puiffant Amu-
rat & fon fils (1), & repouffe fans ceffe
avec une poignée d'*Albanois* toutes les forces
Ottomanes qui viennent échouer devant la capitale (2) de l'*Albanie*.

Quelques réfugiés (3) fuyans, pour ainfi
dire, au fein des eaux, la tyrannie des Efpagnols, réfiftent à cette nation, alors la plus
guerrière de l'univers, l'humilient fur terre &

_____

(1) Mahomet II, XVᵉ fiècle.
(2) Croïa.
(3) Les hollandois,

I 4

sur mer, & fondent un état puissant, long-
temps le plus florissant de l'Europe, & qui,
resserrés par des puissances trop fortes & trop
politiques pour laisser aggrandir son territoire, a opéré des miracles sur l'Océan plus
étonnans que ceux des Romains sur la terre.

Si *Montézuma* n'eût pas été un tyran, les
Mexicains auroient noyé le petit nombre de
brigands qui, dans le XVIe. siècle, vinrent
les égorger sous la conduite du *célébre bri-
gand*, nommé *Cortès*. Jamais celui-ci n'eût
pénétré à Mexico, parce qu'il n'auroit pas
trouvé des pays déserts ou des peuples mé-
contens ; les Mexicains auroient eu plus d'ensemble, & auroient été mieux conduits par
tant de Caciques, qui n'auroient pas grossi de
leur défection le parti de Cortès.

Charles XII a renversé de nos jours, à
la tête de 8000 Suédois, 120,000 esclaves Russes, qui font trembler aujourd'hui d'autres
esclaves.

Mirweis fit capituler avec une petite armée
dans Ispahan toutes les troupes de la Perse
rassemblés sous les yeux du despote.

En un mot, si les fastes du monde nous
montrent le despotisme luttant sans cesse con-

tre la liberté, ils nous offrent aussi la liberté renaissante de ses ruines, terrassant le despotisme, fût-il défendu par une multitude d'esclaves soudoyés.

Le véritable triomphe d'Alexandre n'est donc pas d'avoir renversé un empire que sa constitution attaquoit de concert avec lui.

Il ne l'est pas davantage d'avoir osé ce que d'autres hommes n'avoient pas même imaginé possible ; reproche insensé que tant d'écrivains ont répété contre lui ; car c'est-là précisement le propre du génie ; & d'ailleurs *Isocrate*, long-temps avant l'expédition d'Alexandre, avoit conseillé la conquête de l'Asie, & prouvé sa possibilité.

Mais celui qui réunit à 24 ans le commerce du monde dans Alexandrie (1) ; celui qui força l'univers étonné à suivre l'impulsion de son génie ; celui qui trouva le point de communication, & pour ainsi dire, de jonction à l'Europe, l'Afrique & l'Asie, c'est-à-dire, au monde alors connu ; celui-là, dis-je, étoit un grand homme, quand il n'auroit pas été

---

(1) Je remarquerai à cette occasion que Moréry, ni Baile lui-même, n'ont pas daigné citer, à l'article d'*Alexandre*, la fondation d'Alexandrie.

le général le plus habile & le meilleur politique de son temps, comme l'a très-bien vu
M. de Montesquieu, qui dit en habile observateur : *on a assez parlé de la valeur de ce
héros, parlons de sa prudence.* Alexandre savoit que le despotisme n'est qu'un colosse effrayant de loin (1), soutenu sur une base
d'argile, & d'autant plus foible qu'il est plus
arbitraire, c'est-à-dire, plus oppresseur & plus
insensé. Cette vérité frappante dont l'habile &
prévoyant Auguste étoit pénétré lorsqu'il con-
seilloit aux Romains de *resserrer les bornes de
l'empire* (1) ; cette vérité, dis - je, inspira

---

(1) M. de Saint-Evremont, homme instruit & souvent
observateur ingénieux, s'est permis d'écrire cette étrange
bévue : « L'expédition d'Alexandre est quelque chose de
» plus, que si aujourd'hui la république de Gênes, celle
» de Lucques & de Raguse entreprenoient la conquête
» de la France » : M. de Saint-Evremont n'a pas voulu
copier servilement beaucoup d'écrivains, qui n'ont vu
dans Alexandre qu'un téméraire. Son parallèle lui a
paru neuf & singulier ; il l'est en effet.

(1) *Addideratque consilium coërcendi intra termi-
nos imperii, incertum metu, an per invidiam,* (annal.
lib. 1.) dit Tacite, en parlant du journal de l'Empire,
écrit de la main d'Auguste ; il dit encore dans la vie
d'Agricola : *Consilium id divus Augustus vocabat,
Tiberius præceptum.*

au héros Macédonien le projet de la plus grande révolution que l'histoire nous ait transmise.

Il connut affez bien le defpotifme pour ofer l'abattre. Tout & tous y concoururent, comme il l'avoit prévu ; car il ne faut pas oublier que le mécontentement des Perfes autant que leur molleffe les rendit faciles à vaincre, & que ce font eux qui ont tué Darius. Alexandre fut affez grand & affez habile pour dédaigner le defpotifme, également avant & après la conquête ; il avoit reçu des mains de fon père une armée exercée & aguerrie, & de celles de la nature un génie trop militaire pour ne pas favoir que fon premier effor & fon véritable chef-d'œuvre confiftent à former une armée, & qu'un homme de guerre peut tout efpérer de troupes bien difciplinées (1) contre les *Strelitz*, mercenaires des defpotes.

_____

(1) Quels prodiges n'ont pas exécuté le grand Guftave, le célèbre Charles XII, envers lequel on eft injufte, & leurs fameux généraux, avec des troupes qu'ils avoient couvertes du bouclier terrible de la difcipline & de la confiance ? Que n'avons-nous pas vu faire de nos jours au roi de Pruffe, avec une armée, finon aguer-

C'eſt dans les ſuites, & non pas dans les
détails des conquêtes, qu'il faut juger le
vainqueur.

Donnez une armée à un homme de génie ;
qu'il rencontre une adminiſtration tyrannique
ou les déſordres de l'anarchie, qui préparent
la révolution qu'il oſe projetter, bientôt il
ſera conquérant, & ſes opérations militaires
ne ſeront pas la cauſe principale de ſes ſuccès. Il renverſera l'état attaqué par ſa propre
conſtitution. Il mettra dans les fers ceux qui
étoient déjà eſclaves. Il fournira enſin une nouvelle preuve de cet axiôme éternel : que le
deſpotiſme détruit toute proſpérité, toute
force, & ne laiſſe ſur la terre, qu'il ravage, que
des ruines ſous leſquelles il eſt lui-même bientôt enſeveli.

Céſar, bien plus étonnant qu'Alexandre par
ſa ſcience militaire, comme par tous les talens
qui ſemblent le mettre hors du niveau des
autres hommes (1), forme des troupes; il ſent

ſie, puiſqu'elle n'avoit jamais fait la guerre, du moins
créée & maintenue par les lois de la diſcipline ?

(1) *Summus autorum*, dit Tacite, qui devoit s'y
connoître en citant Céſar ſur un ſujet qu'ils avoient
traité tous deux. (*De Moribus Germanorum.*)

On ſait quelle éloquence il avoit reçu de la nature,

tout ce qu'il peut efpérer de la crife de corruption & d'anarchie où fa pàtrie fe trouve
plongée ; à peine a-t-il accoutumé fes légions
à fon génie, qu'il dompte des effaims de barbares furieux, aguerris, qu'il ne pouvoit ni
divifer, ni gagner, qu'il falloit combattre, &
que leur climat, leur pays difficile, leur méthode de guerre fubite, impétueufe, inufitée,
favorifoient à l'envi. (Expédition, fi j'ofe
hafarder ici mon opinion, bien plus admi-
rable que la conquête d'un empire, qui s'étendoit cependant depuis la Méditéranée jufqu'aux Indes) ; enfin, pour dire encore plus,
s'il eft poffible, Céfar terraffe prefque fans
difficulté Pompée & les Romains, & fe place
fur le fiège de la dictature, d'où il auroit peut-
être adouci l'efclavage de fes compatriotes,
fi la main d'un républicain ne l'eût arrêté au
milieu de fa carrière.

Il eft inutile de rappeler les preuves nombreufes, que nous offriroit l'hiftoire, de la
foibleffe du defpotifme.

On ne peut, fans un délire inconcevable,
ou une mauvaife foi bien odieufe, croire au

& qu'il pouvoit être le rival heureux de Cicéron,
comme il fut celui de Pompée.

fabre invincible des defpotes. Celui qui entend
au fens naturel ce célèbre mot : *Dieu eſt pour
les gros bataillons* : eſt un *fot* ou un *lâche* (1).

Ce principe abfurde n'eſt-il pas démenti
par l'hiſtoire de tous les temps & de tous les
pays ? les Perſes ont-ils englouti la Grece ?
Ce million de croiſés (2) qui fe précipita fur
l'orient, ne s'eſt-il pas anéanti de lui-même ?
Cet eſſaim de fanatiques a-t-il laiſſé d'autres

_____

(1) Ce mot eſt de Turenne, qui n'étoit certainement
ni l'un ni l'autre, & qui n'a jamais voulu commander
une armée nombreuſe. Auſſi la *fottiſe* eſt-elle à ceux
qui entendent ce mot *des armées*, tandis que Turenne
ne l'entendoit que *du choc des bataillons en colonne*,
où la force dépend de la profondeur de la colonne. Le
bataillon le plus épais & le mieux ordonné dans fa profondeur, fût-il compoſé de moins bons foldats, culbu-
tera toujours le moins épais, fût-il compoſé de troupes
fupérieures ; car l'Auteur de la nature a voulu que fix
ou huit ou dix ou douze hommes pouſſaſſent plus fort
que trois ou quatre.

On trouvera dans Bourſault le mot qui a occaſionné
cette note, attribué au maréchal de la Ferté ; mais il
eſt de M. de Turenne.

(2) La première bande, & pour ainſi dire l'avant-
garde, étoit de 300,000 hommes ; & dans la revue
faite fur les rives du Bofphore, le corps de bataille
fe trouva de 700,000 combattans.

traces de son passage, que le souvenir de sa
destruction ?

La Sicile, la Grèce & l'Egypte sont les
preuves éternelles & incontestables de cette
importante vérité : que le despotisme est le
plus foible & le plus destructeur de tous les
pouvoirs. Les pays les plus féconds de l'univers, sont devenus, sous la verge de la tyrannie, les plus misérables.

« La Suisse, cette excroissance de l'Europe,
» où la nature semble avoir jetté ses humeurs
» froides & stagnantes, remplie de lacs, de
» marais & de bois, est environnée de ro-
» chers énormes & de montagnes éternelles
» de glace, remparts sacrés de sa liberté. Elle
» jouit de tous les biens, quoique tous les
» biens semblent lui avoir été refusés. La Si-
» cile, au contraire, favorisée de tous les
» dons de la nature, gémit dans la pauvreté
» la plus abjecte, & ses habitans haves & dé-
» faits meurent de faim, au milieu de l'abon-
» dance. C'est la liberté seule qui opère ce
» prodige. Les montagnes s'abaissent, & les
» lacs se dessèchent sous ses mains ; & ces ro-
» chers, ces marais & ces bois deviennent
» autant de sources de richesses & de plaisirs.
» Le contentement & la simplicité, depuis

» long-temps exilés de la plupart des royaumes
» de la terre, semblent s'être refugiés chez
» les Suisses (1) ».

Trois vastes empires nous offrent encore
l'administration arbitraire réduite en principes,
ou plutôt non déguisée : la Turquie, la Perse
& le Mogol.

La Turquie, dont l'immense territoire es-
fraie l'œil égaré sur trois parties du globe ;
la Turquie à qui la nature a prodigué le sol
le plus précieux & le climat le plus fortuné ;
la Turquie se dissout en lambeaux & croule
sous son propre poids, sans autre secousses
violentes que celle d'une administration arbitraire & spoliatrice. Son prince fastueux, qui
se fait nommer *Dieu en terre*, ne l'est pas
même au fond de son sérail ; & *l'invisible dis-
tributeur des couronnes* verra bientôt, en effet,
ses vastes déserts démembrés & envahis.

La Perse, destinée par la nature à être aussi
riche & aussi féconde qu'aucune autre contrée de l'Univers, couverte d'une infinité de
richesses & d'un peuple industrieux & doux,
succombe sous le faix de son despotisme, &

_____

(1) M. Brydone. Voyage de Malthe & de Sicile.

est

est en proie à toutes les convulsions des troubles intérieurs qui l'agitent.

Le Mogol enfin dont le territoire est aussi fertile qu'étendu ; le Mogol qui entasse des millions (1) & couvre ses vastes possessions d'une tourbe innombrable d'esclaves, est envahi & presque détruit par une poignée de républicains.

Le prétendu maître de ce pays, qui prend le titre *d'invisible roi du monde*, est le jouet des intrigues & de la tyrannie d'une compagnie de marchands qui, à la tête de dix mille Anglois (2), asservit l'Indostan, c'est-à-dire, le plus beau pays de l'Univers, & fait ramper quinze millions d'esclaves.

Tels furent & tels seront toujours les effets des hostilités d'une autorité ignorante & aveu-

---

(1) On dit que le Sophi a 900 millions de revenu. (Etat civil, politique & commerçant du Bengale.) M. Botts ne s'éloigne pas de ce calcul, quand il lui assigne trente-sept millions sept cent vingt-quatre mille six cent quinze livres sterlings ; ce qui feroit 848,803,837 livres de France.

(2) La compagnie angloise a aussi à ses ordres cinquante mille cipayes, misérable troupe.

K

gle, qui ne connoît de bornes qu'une volonté arbitraire & fantafque, qu'une avidité infatiable & cruelle, & qui fe détruit
fans parvenir à s'affouvir. Tous les defpotes ont été trompés par les mêmes illufions,
& ont opprimé les hommes par les mêmes
moyens.

C'eft-là cependant le régime dévorant &
meurtrier que des princes appelés à gouverner un peuple puiffant, fidèle & généreux,
tant qu'il fut libre, ou du moins, tant qu'on
refpecta les veftiges de fon antique liberté;
c'eft-là le régime que ces princes ont réduit
en fyftême, dans un fiècle où la philofophie
s'appliquant enfin à l'interprétation des loix
de la nature, & portant fon flambeau fur les
faits hiftoriques, qui conflatent les ravages
d'une adminiftration arbitraire & oppreffive,
apprend aux hommes, que leurs *droits* paffent auparavant les *fermens* prononcés en faveur de la confervation de ces droits, & dé-
montre aux princes que la tyrannie ne fauroit
produire au tyran que des fruits amers, &
détruit tôt ou tard toute puiffance & toute
fûreté.

Il fut de nos jours un roi qui trouva fon

autorité très-ébranlée en apparence, car la
moitié de ses peuples avoit les armes à la main
contre ses ministres ; mais elle étoit très-solide,
car elle étoit gravée dans le cœur de ses sujets ;
il oublia les services des grands, pour se souvenir des injures qu'ils avoient faites à son ministre, & les regarda comme personnelles ; il
énerva toute autorité dont il n'étoit pas le
collateur immédiat, parce qu'il ne voyoit de
bonne foi rien au-dessus de son autorité : il
sembla vouloir imiter les sculpteurs, qui d'un
bloc de marbre ou d'un figuier font un *Jupiter*. Il crut qu'avec sa *pleine puissance*, *son
autorité royale & son bon plaisir*, il feroit d'un
homme de robe un ministre de la guerre, d'un
édit une source de richesses, &c. Il réunit
tout le nerf encore existant de la nation, &
le fit servir à sa gloire & à celle de sa maison qu'il détacha toujours, faute de lumières,
de la gloire & des véritables intérêts de son
état. Il vécut assez pour éprouver qu'il ne pourroit jamais suffire par son autorité à tout ce
que faisoient les grands, quand ils étoient répandus dans le royaume, & que l'autorité
arbitraire affoiblissoit ou détruisoit tous les
ressorts & n'en remplaçoit aucun.

La vertu militaire, par exemple, fut dé-

truite en France fous fon règne (1) auquel
elle donna tant d'éclat ; en vain objecteroit-
on les victoires de nos armes fous ce prince ;
au déclin de fon âge fes a...ées furent battues
prefque par-tout ; & d'ailleurs il eft aifé d'appercevoir que, dans un grand état, les caufes
morales ne font fentir leurs effets qu'au bout
d'un certain temps. La vertu militaire eft la
vertu d'un particulier, qui s'applique enfuite
à tous les métiers auxquels on veut l'employer. Quand les mœurs d'un état changent,
toutes les parties qui le compofent changent
auffi. Il eft vrai que les barrières diffèrent de
quelque temps l'épidémie (2) ; mais les com-

---

(1) « Qui nous pourroit joindre à cette heure , &
» acharner à une entreprife commune tout notre peuple ;
» nous ferions redcuir notre ancien nom militaire ».
(Montaigne.) C'eft le contemporain de Henri IV qui
parle ainfi : qu'eft donc notre nom militaire aujourd'hui,
fi nous étions déja déchu ?

(2) La vertu d'*Epiménide* , après fon fommeil de
trente ans, eût paru bien bizarre , fi fon barbier & fon
tailleur ne l'euffent rendu vertueux à la mode du jour.
Nous fommes obligés pour notre bien, & prefque pour
notre honneur , de vivre relativement à ce que nous
trouvons d'établi. Un officier qui eût mis fon habit
uniforme un jour de bataille, eût été déshonoré il y a

bats contre l'opinion générale font défavan-
tageux & l'on finit toujours par céder.

La vertu qui n'eft pas fondée en principes,
n'eft qu'un mot vague, & fes *geftes*, fi j'ofe
m'exprimer ainfi, ne font qu'une *attitude
d'imitation*. C'eft la vertu de prefque tous les
hommes & de tous les fiècles, & ce fut celle
qui valut au règne du magnanime Louis ce
ton de grandeur dont il avoit donné l'impulfion & l'exemple, & qui nous a fi long-
temps abufé; mais cette grandeur factice,
que des *faifeurs de vers* ont rendu fi célèbre, étoit fondée fur des moyens violens &
démefurés. Elle devoit tout brifer, & c'eft ce
qui arriva.

Le monarque auffi romanefque qu'abfolu,
& qu'à fi jufte titre on a comparé au lion de
la fable défaillant & affailli (1), Louis XIV,
trompé par une femme hypocrite, haîneufe,
& par des caffards, fe vit au moment de fuc-
comber fous les coups des ennemis qu'il
avoit bravés fi long - temps; il étoit perdu

---

quarante ans: un officier qui ne le mettroit pas aujour-
d'hui, feroit regardé comme un fol, indépendamment
de l'ordonnance.

(1) Théorie de l'impôt.

K 3

sans les efforts généreux de son peuple, & quelques tracasseries frivoles des cours ennemies.

Nul n'osoit le détromper. Trahi par tous ceux qui l'entouroient de plus près, il prépara à son état ruiné par ses profusions insensées, & par les rapines de la fiscalité protégée & perfectionnée par ce Colbert si long-temps encensé, il prépara, dis-je, à son état épuisé d'hommes par sa fureur conquérante & son opiniâtre intolérance, une révolution que l'épuisement de ses sujets, & peut-être aussi la lâcheté à laquelle il les accoutuma, empêcha d'être sanglante, & rejetta toute entière sur l'or qu'il avoit fait prévaloir. Son testament fut méprisé par ses sujets, qui crurent être heureux, pourvu qu'ils évitassent d'obéir au despote mort. Il ne se trouva parmi tous les prêtres & les dévots à qui sa maîtresse avoit confié l'autorité, aucun homme qui osât se montrer ferme & reconnoissant. On laissa le despotisme entre les mains de l'homme qui avoit le cœur gâté & l'esprit le plus faux (1), quoi-

_____

(1) Qui croiroit jamais, si le fait n'étoit pas constaté, que la banque de Law fut portée à six milliards cent trente-huit millions, deux cents quarante-trois

que le plus perçant, le moins de connoiſſance des reſſorts du gouvernement & des intérêts de la nation. Cet homme leva le maſque de tous les vices à la fois ; & comme tous les cœurs avoient été corrompus par le ſyſtême du gouvernement précédent, tous les viſages oſèrent montrer ſous la nouvelle autorité, d'un bout du royaume à l'autre, tous les vices des cours.

C'eſt-là que les hommes puiſent les deux

---

mille deux cents quatre-vingt-dix livres, ſoit en actions de la compagnie des Indes, ſoit en billets de banque; tandis qu'il n'y avoit dans le royaume que douze cents millions d'eſpèces, à 60 liv. le marc, & que malgré la réduction de 600 millions d'effets au porteur à 250 millions de dettes d'état, la dette nationale ſe monta à la mort de Louis XIV, à deux milliards ſoixante & deux millions cent trente-huit mille une livres, à vingt-huit livres le marc; laquelle dette portoit des intérêts au denier 25, montant à quatre-vingt-neuf millions neuf cents quatre-vingt trois mille quatre cents cinquante-trois livres.

Une pareille erreur décele aſſurément un homme; mais le régent avoit une facilité de travail qui prouve qu'il avoit l'*eſprit* très-perçant. On pourroit lui appliquer ce que Tacite diſoit de P n: *Nemo aut validiùs otium dilexit, aut faciliùs ſufficit negotio, magifque quæ agenda ſunt egit abſque oſtentatione agendi*

K 4

plus puiſſans vices de l'humanité, qui ſont *la baſſe cupidité* & *l'orgueil* non moins vil. De ce mêlange il ne peut réſulter qu'un ſcélérat ſot & inſolent (1).

Ainſi toute pudeur & toutes mœurs furent perdues, & les mauvaiſes mœurs ſont le plus grand mal d'un état, parce qu'elles annoncent la lâcheté des hommes, auſſi-bien que la corruption des femmes.

Un général de ſaveur (2) lâche ou réputé tel à la guerre ; un prêtre honoré de la pourpre (3) faux, hypocrite & ambitieux, ſous le maſque de la modération & de la bonhommie, ſans mœurs, ſans talens, ſans la plus légère apparence de vertus pour compenſer tous ces vices ; ces hommes ſont choiſis (4) pour élever l'unique & précieux rejetton d'une famille anéantie. (Mettez un homme à ſa plâce, il en reſtituera vingt autres à leur place ; un ſeul homme déplacé procure cent candidats in-

_____

(1) Auſſi ce ſignalement eſt-il à-peu-près de tout temps celui des gens de cour.

(2) Villeroi.

(3) Fleuri.

(4) Ce choix étoit de Louis XIV, & n'en étoient pas meilleur.

dignes) (1). La maltôte & le monopole pré-
valent ; le mérite eft obligé de céder aux richeffes mal acquifes ; & la France ne peut plus
réfifter à tant de maux , les mœurs , premières
reffources des états , unique bafe de la liberté ,
étant corrompues.

Cette ébauche effrayante & trop vraie, qui
n'eft que le lointain du tableau qu'une hiftoire
plus récente pourroit retracer, nous offre les
effets inévitables du defpotifme : il eft avide,
car il faut qu'il affouviffe les fantaifies cupides
du defpote & de fes fatellites. Il pille, il en-
gloutit les biens, la fubftance de tous les
efclaves qui rampent fous fon empire ; une
nouvelle fpoliation fignale chacun de fes progrès, parce que l'or y tient lieu de tout ; tous
les refforts font corrodés : vertu, force, courage, émulation, talens, génie, tout fe ref-
fent de l'aviliffement de l'ame : la corruption

---

(1) « Il faut qu'un état périffe , dit M. de Thou ,
» quand ceux qui le gouvernent ne diftinguent plus
» les honnêtes gens des malhonnêtes gens ». *Eam
civitatem interire neceffe eft , cujus præfeiti probos
ab improbis difcernere nefciunt* (præf. hift.) ; que
fera-ce, lorfque diftinguant ceux-ci , ils feront les
préférés ?

est la mesure de la puissance du despote, & le gage de l'impunité de ses satellites (1). Le despotisme est aux royaumes, ce que l'oisiveté est aux particuliers, c'est-à-dire le père de tous les vices.

Le luxe vient contribuer à les étendre ; il naît à l'approche du despotisme, ou plutôt il est un des premiers échelons au pouvoir arbitraire ; car la cupidité & la mollesse qu'il produit & nourrit, sont les premiers symptômes & les plus puissans mobiles de la servitude : & conséquemment les premiers agens du despote ; le luxe précède le despotisme, il l'introduit ; mais rapide dans ses progrès, meur-

---

(1) C'est une chose également révoltante & remarquable, que les immunités accordées en France aux publicains & à leurs satellites. Entr'autres anecdotes, que je pourrois citer, j'observerai seulement que l'art. 8 du titre 14 de l'ordonnance de 1687 ; qui règle depuis cette époque tout ce qui concerne les fermes , porte expressément : « que tous commis, commandans » & gardes . . . . . seront reçus au serment par le » juge des droits royaux , dans le détroit duquel ils » seront employés , *sans information de vie & de* » *mœurs* , & sans conclusions ni commissions du substitut du procureur général sur les lieux ».

rier dans fes ravages, il a bientôt englouti
& l'oppreſſeur & l'opprimé.

O rois qui mettez votre confiance dans le
produit de vos exactions tyranniques, qui
détruiſez toutes les vertus, qui amolliſſez tous
les courages, qui pervertiſſez les mœurs, qui
croyez que l'or vous donnera des eſclaves,
des maîtreſſes, des favoris, des miniſtres, des
ſoldats, une grande puiſſance, tout en un
mot : votre folle illuſion ſera déçue ; vous avez
tout concentré dans la poſſeſſion de l'or, vous
en avez fait votre ſeul agent, comme votre
unique idole ; vous avez dirigé toutes les paſſions vers ce métal deſtructeur ; hélas ! dor-
miſſiez-vous ſur des monceaux d'or, celui qui
ſaura s'en ſaiſir, ſera le maître de tout, & de
tous, & par conſéquent le vôtre (1). *Il ſera
puiſſant, fort, obéi* ; il ſera le juge inexorable ; il ſera le bourreau du tyran dépouillé :
on pille, on vole des tréſors ; & ceux de Cré-
ſus ne le ſauvèrent pas du bûcher ; mais l'amour
des hommes, tôt ou tard, mais toujours acquis

---

(1) « *Virtus, fama, decus, divina, humanaque pulchris*
» *Divitiis parent ; quaſque conſtruxerit ille,*
» *Clarus erit, fortis, juſtus, ſapiens etiam & Rex,*
» *Et quidquid volet* ».
(Horat. ſat. 3 lib. II.)

aux princes juftes, les talens, le courage, la
fidélité, toutes les vertus compagnes inépa-
rables de la liberté, ces vertus reftent, & ces
richeffes valent bien les autres.

J'ai dit que l'introduction du luxe étoit néceffaire aux progrès du defpotifme, & j'ajoute
que l'on doit fe méfier toujours du gouvernement qui le protége & l'encourage. C'eft
le piége féducteur que les defpotes dreffent
fans ceffe ; & auquel les hommes n'échappent
jamais.

Alors les ames s'énervent, & les mœurs fe
corrompent : alors s'élève *le luxe privé qui
détruit toujours la magnificence & la richeffe
publique* (1). Alors paroiffent de toute part
les fortunes illégitmes & éphémères, dont les
progrès faftueux détruifent l'aifance de tant
de citoyens. Alors on voit naître les rentiers
oififs (2), les célibataires fcandaleux, les

_____

(1) *Publicam magnificentiam depopulatur privata
luxuries.* (pater.)

(2) L'invention des rentes viagères eft de l'églife de
France & date du Xe fiècle ; on lui abandonnoit des
terres, des maifons, par une convention appelée *contrat
précaire* ; on retenoit l'ufufruit viager, & l'on touchoit
le double de cet ufufruit en biens d'églife. Les dervis

nfures ruineufes : tous les citoyens font en
méfiance, les intérêts particuliers n'ont plus
aucun rapport avec l'intérêt public, ou plutôt
ils en deviennent les deftructeurs. La cupidité
ravage la fociété ; car l'intérêt particulier, dont
rien ne tempère plus l'ardeur dévorante, devient le foyer de toutes les paffions humaines,
& emprunte toute leur activité.

& les imans ont accueilli, dit-on, cet ufage en Turquie ; car le defpotifme facerdotal, auffi-bien que le
civil, fuit la même marche & emploie les mêmes
moyens.

Quand la multiplicité des rentiers n'auroit produit
d'autre mal que celui de fomenter l'oifiveté, elle feroit
un grand fléau politique. Un homme qui n'a rien à
faire eft un être très-dangereux dans la fociété. Une
loi d'Amafis ordonnoit que l'on fît mourir tous les ans
ceux qui ne pouvoient pas montrer qu'ils ne vivoient
que par des moyens honnêtes & conformes aux lois.
C'eft Hérodote qui nous l'apprend, & il ajoute que
Solon adopta cette loi & la donna aux Athéniens.
*Amafis exiftit, qui legem hanc apud Ægyptios con-
didit, ut fingulis annis apud provinciarum præfides
Ægyptii omnes demonftrarent, undè viverent, &
qui hoc non faceret aut non demonftraret, fe legi-
timè vivere,* μηδέ ἀποφαίνοντα δικαίαν ζόην, *is morte
afficeretur, quam legem Solon ab Ægyptiis mutuá-*

Les princes ne peuvent affouvir la foif du pouvoir arbitraire, que je comparerois à la fièvre du lion, fi celle-ci du moins n'étoit paffagère, fans atténuer par les fuggeftions de la cupidité & les amorces de la volupté, cette corruptrice infaillible & perfide, toutes les forces qui pourroient leur réfifter. *Voluptates* (1) *quibus Romani plus adverfus fubjectos quàm armis valent*, dit le pénétrant Tacite.

L'opinion la plus diftingue & la plus opiniâtre des fauvages de l'Amérique, c'eft que l'homme eft né pour l'indépendance la plus abfolue; car c'eft ainfi qu'il conçoivent *la liberté*. Ils n'ont point étendu leurs perceptions jufqu'à découvrir qu'on augmente fes facultés, fes jouiffances, fes denrées en les échangeant; mais auffi les piéges infidieux d'une autorité ufurpatrice ne les ont pas énervés par l'admiffion du luxe. C'eft un très-grand bien acheté par de grandes privations.

---

zus, *Athenienfibus tulit, quum illi, quod fit caftiffima affiduè ufurpant.* (L. 2.)

(1) Au texte *voluptatibus;* Tacite qui a dit tant de chofes, dit encore: *ut homines difperfi ac rudes eoque bello faciles, quieti & otio per voluptates affuefcerent; idque apud imperitos humanitas vocabatur, cum pars fervitutis effet.*

Je fais que les moralistes ont toujours déclamé contre le luxe, & la corruption qu'il entraîne. Mais cela n'est pas étonnant; car l'on n'a presque conservé que les auteurs des *siècles polis*, & les *siècles polis* font précisément ceux qui ont ressemblé à celui-ci. Qu'on life Tacite, & l'on fera finguliérement furpris du rapport exact des mœurs romaines, fous les empereurs, aux vices de nos jours.

C'est dans les siècles polis que l'on a dit que *tout étoit vénal à Rome* (1).

C'est alors qu'on n'ofoit pas y compter *le péculat & les concuffions* (2) ... nombre des crimes, *tant l'exemple en étoit général*.

C'est alors qu'on auroit pu dire, en comparant les mœurs de Rome floriffante à celles de Rome implacable ennemie des *Tarquins*, ce que Tacite avouoit long-temps après en parlant des agreftes Germains, *que les bonnes*

---

(1) *Romæ omnia venalia effe.* (Salluft. Jugurth.)

(2) *Non peculatus ærarii factus est : neque per vim fociis ereptæ pecuniæ : quæ, quamquam gravia funt, tamen confuetudines jam pro nihilo habentur;* difoit Memmius en haranguant le fénat. (Salluft. in Jugurth.)

mœurs avoient chez eux plus de force, que les bonnes loix n'en avoient à Rome (1).

C'est à l'époque de l'introduction de la politesse, des arts & des talens littéraires dans cette célèbre métropole du monde, qu'un habile scélérat s'écrioit : *O ville vénal, tu sera bientôt esclave si tu trouve un acheteur* (2) !

C'est au sein de cette politesse délicate & perfectionnée, qu'un contemporain d'Auguste a dit avec tant de sinesse & de vérité : *gratis pœnitet esse probum* ; car le despotisme s'est toujours ressemblé dans sa marche & ses effets. Du moment où la cupidité devient le mobile d'un gouvernement, & l'appas qu'il présente aux hommes, *qui voudroit être vertueux gratis* (3) ? Dans un état *despotique, les vertus de citoyen sont des vertus de dupe*, dit un

_____

(1) *Puisque ibi boni mores valent, quàm alibi bonœ leges*. (Tacit. de morib. Germ.)

(2) Jugurtha *sed postquàm Romá egressus est, fertur eò sæpè tacitus respiciens, postremo dixisse, urbem venalem & maturè perituram, si emptorem invenerit*. (Sallust. in Jugurth.)

(3) *Non facile invenies multis in millibus unum,
    Virtutem pretium, qui putet esse suum.
Ipse decor recti, facti præmia desint :
Non movet & gratis? œnitet esse probum.*

écrivain

écrivain célèbre (1). Les hommes ne veulent
point être dupes, parce qu'ils n'aiment ni
les humiliations ni les mauvais marchés. La
vertu n'est & ne sauroit plus être un objet, dès
que l'estime publique s'en éloigne, ou du
moins dès qu'elle n'en est plus la récompense.

C'est dans un siècle aussi poli que le nôtre,
que les citoyens, de quelque ordre qu'ils
soient, sont *si assujettis* à l'argent, que si-tôt
qu'ils voient un homme dédaigneux en ce
genre, ils le croient riche ; & sans se rendre
compte à eux-mêmes de la prééminence qu'ils
lui attribuent, ils le saluent comme l'esclave
salue l'homme libre.

C'est sur-tout dans un tel temps *que corrom-*
pre & être corrompu s'appelle (2) *le bon ton ;*
& que les choses qui passoient autrefois pour
des vices, sont les mœurs du siècle (3).

C'est dans un temps tout pareil enfin qu'un
génie mâle, peintre énergique & ressemblant
des mœurs de son siècle, en a fait ce tableau,

(1) M. d'Alembert, Essai sur les gens de lettres.

(2) *Corrumpere & corrumpi probum sæculum vocatur.*
(Tacit. morib. Germ.)

(3) *Quæ fuerunt vitia mores sunt.* (Senec. 39.)

L

qui femble fortir du pinceau de l'éloquent citoyen de Genève.

« On vit naître & s'accroître la foif cupide
» de l'argent, & le défir effréné du pouvoir.
» Ces deux paffions furent la fource, &, pour
» ainfi dire, la matière première de tous les
» crimes; car l'avarice bannit la probité, la
» bonne foi, & détruifit de fon fouffle infeɛt
» toutes les autres vertus; elle introduifit l'or-
» gueil, la dureté, le mépris des dieux, &
» la vénalité de toutes chofes. L'ambition ap-
» prit aux hommes la diffimulation, la per-
» fidie, l'art de feindre un langage & des fen-
» timens démentis au fond de leur cœur, celui
» de ne méfurer leur haîne & leur amitié que
» fur leur intérêt & les circonftances, & fur-
» tout la fcience perfide de compofer leurs
» vifages plutôt que de redreffer & de régler
» leurs principes. Ces vices, d'abord lents
» dans leurs progrès, étendirent à la fin leurs
» ravages; & leur contagion peftilentielle eut
» bientôt tout embrâfé (1) ».

_____

(1) « *Igitur primo pecuniæ, dein imperii cupido*
» *crevit ; ea quafi materies omnium malorum fuere ;*
» *namque avaritia fidem, probitatem, cæterafque*
» *artes bonas fubvertit ; pro his fuperbiam, crude-*

Des mœurs moins fermes & des temps plus
polis, en faisant perdre bien des vertus, &
presque toutes les vertus, donnent, à ce qu'on
assure, une sorte de dédommagement par la
justesse du gout: mais quel dédommagement!
Je ne nierai pas une assertion aussi généralement reçue, pour ne point m'engager dans
une discussion déplacée. M. de St. Evremont
a osé dire, il a même à-peu-près prouvé que
le siècle d'Auguste, tant vanté, avoit déchu.
Horace, dit il, Horace si célèbre par la délicatesse de son esprit & la justesse de son goût,
tournoit en ridicule ses contemporains. Ne
seroit-ce pas la preuve qu'ils ne l'avoient pas
excellent? Cicéron se plaignoit de la décadence du gout. Que d'observations de cette
espèce nous offriroient des siècles bien fiers
de leur instruction!

Mais laissons aux modérnes cet avantage

» *litatem, Deos negligere, omnia venalia habere*
» *edocuit ambitio; multos mortales falsis fieri su-*
» *begit, aliud clausum in pectore, aliud promptum*
» *in linguâ habere, amicitias inimicitiasque non ex*
» *re, sed ex commodo æstimare, magisque vultum*
» *quam ingenium bonum habere. Hæc primò pau-*
» *latim crescere, interdum vindicari quasi pestilentia*
» *invasit* ». (Sallust. in Jugurth.)

qu'ils font fonner fi haut: fuppofons, pour un
inftant, que le génie & les beaux arts, qu'il
crée & ·perfectionne, ne fouffriront rien de
l'altération de la liberté, de la corruption des
fentimens, de la gêne des penfées, de l'introduction de la molleffe, qui affoiblit auffi-bien
l'ame que le corps (1); toujours fera-t-il très-
permis de penfer, avec le fameux M. Rouffeau (2), que les beaux arts ne font pas une

---

(1) *Mollis educatio*, dit Quintilien, *nervos omnes
mentis & corporis frangit. Quid non adultus con-
cupifcet, qui in purpurris repit ? Nondùm prima
verba exprimit, & jam coccum intelligit; jam con-
chylium pofcit! anté palatum eorum, quam os inf-
tituimus.*

(2) M. Rouffeau n'eft pas le premier qui ait foutenu
cette opinion, qui a fait tant de bruit, & que fes ad-
verfaires n'ont pas entendue. On trouvera dans la 106ᵉ
lettre perfanne d'excellentes penfées à ce fujet. Voyez
auffi tout le chapitre 12ᵉ du 2ᵉ livre des Effais de
Montaigne; remarquez-y la lifte des anciens philofophes
qui ont avancé le même principe. *Poftquàm docti
prodierunt boni defunt*, dit Sénèque (Epift. 9.) *Pa-
rum mihi placent eæ litteræ quæ ad virtutem docto-
tibus nihil profuerunt.* Ailleurs, *nihil fanantibus
litteris.* Les philofophes, dit Cicéron, *nuifent à ceux
qui prennent mal ce qu'on leur dit : iis qui bene dicta
malé interpretarentur.* (Cicer. de nat. deor. l. 3. c. 31.)

ſi belle choſe dans l'état ; & que *Régulus* &
Caton ne pouvoient pas exiſter dans le même
ſiècle que le rhéteur *Sénèque*.

Voyez les détails de l'éducation des Perſes dans le premier Alcibiade de Platon. « En cette belle inſtruction
» dit Montaigne , que Xénophon prête aux Perſes ,
» nous trouvons qu'ils apprenoient la vertu à leurs
» enfans, comme les autres nations font les lettres ».

Je finis ces citations , qu'on pourroit multiplier à
l'infini , par ce paſſage remarquable de Milord Bolingbroke, (folie & préſomption des philoſophes.) « Celui
» qui ſoutient, dit-il , qu'il y auroit plus de ſavoir
» & de ſageſſe parmi les hommes, s'il y avoit moins
» d'érudition & de philoſophie, peut paroître avancer
» un paradoxe ; mais un homme exempt de préjugés ,
» & qui ſait douter, s'aperçoit bientôt que ce préten-
» du paradoxe eſt une vérité inconteſtable; cette vérité
» a lieu dans la plupart des ſciences humaines ; mais
» ſur-tout dans la métaphyſique & la théologie. Je
» ſens bien qu'elle ne manquera pas de choquer la
» vanité des hommes les plus vains qui ſoient au
» monde ; je veux dire des ſcholaſtiques & des philo-
» ſophes ; mais ceux qui cherchent ſincèrement la vé-
» rité, & qui préfèrent l'ignorance à l'erreur, ſeront
» ravis de cette découverte ».

Convenons que l'homme immodéré en tout , ſoutient volontiers les principes extrêmes, qui ne ſont
jamais les vrais. Les ſciences n'ont pas fait tout le bien
que leur attribuent leurs partiſans ; elles n'ont pas fait

L 3

. Dès qu'on estime les beaux arts dans un
autre genre qu'ils ne doivent l'être, (& c'est ce
qui arrive toujours) il se fait des demi-savans;
bientôt l'insolence de l'histrion & du poëte,
les adulations des écrivains mercenaires, les
erreurs ou plutôt les faussetés imprimées,

---

tout le mal que leur imputent leurs détracteurs; elles
ont produit de grands biens, & fomenté de grands
maux. C'est ainsi que presque dans toutes les disputes
tout le monde a raison, ou pour mieux dire, c'est ainsi
que la raison ne se trouve guère que dans le moyen
terme de la dispute. Cultivons les sciences, ne fussent-
elles que le charme de la vie, le remède de l'ennui,
l'aliment de la curiosité, cette passion tyrannique &
indestructible; mais n'oublions pas cette sage pensée de
Sénèque: *ut omnium rerum, sic litterarum quoque
intemperantiâ laboramus. Nous donnons dans l'excès
relativement aux lettres comme à l'égard de toute
autre chose* (Epist. 106.) En tout, le premier besoin
de l'homme est de *s'arrêter*, & malheureusement un
des vices de son instinct est de ne pas savoir *s'arrêter.*
L'excès de l'étude énerve autant au moral qu'au physique; & celui qui étudie trop ses livres a bien peu le
temps d'étudier lui & ses propres pensées. Tacite parle
de *la sobriété de l'esprit* (si l'on peut s'exprimer ainsi)
comme d'une des premières qualités d'Agricola: *Reti-
nuit, quod est difficillimum, ex sapientiâ modum.
Incensum, & flagrantem animum mitigavit ratio &
ætas.*

payées par le gouvernement, qui profcrit avec foin les réponfes qui pourroient leur fervir de contrepoifon : tout ce gage, tout fe vend, tout s'achete, tout fe mendie ; & s'il eft vrai, comme l'a dit un des grands écrivains de nos jours (1), *que l'amour de l'argent, ou ce qui revient au même, la confidération accordée à la richeffe, foit le terme extrême de la corruption,* à quel période eft parvenue notre Europe toute mercantille & vénale ?

Le defpote prodigue l'or, pour en avoir encore plus ; car l'or, père de la fervitude, eft le Dieu des defpotes (2) ; d'ailleurs il faut épuifer tous les autres, afin d'être le feul riche, le feul puiffant, le feul maître ; comme fi la pénurie du peuple n'étoit pas un préfage affuré de la ruine du prince ! comme fi l'état n'entraînoit pas toujours fon chef dans fa perte ! C'eft donc ici le coup le plus meurtrier, comme auffi le plus dangereux pour lui-même, qu'un prince arbitraire puiffe porter à la liberté.

Louis XI fut le premier roi de France qui

----

(1) M. Rouffeau.

(2) Céfar, après avoir mangé tout fon bien, s'endetta de quarante millions.

corrompit les états généraux, & détruifit ainfi le rempart le plus refpectable de la liberté publique.

Charles VII qui mérita, par les vertus de fon ame honnête & fenfible, l'indulgence dont on honore fa mémoire, mais que le défaut de talens ou de caractère, & les dificultés des circonftances épineufes où il fe trouva, expofèrent à des fautes effentielles pour la nation; Charles VII avoit déjà levé des deniers fans le confentement des états généraux; Louis XI fit plus encore, il extorqua par adreffe & arracha avec violence, après avoir avili & perfécuté la nobleffe, au lieu de la contenir, de la réprimer & de lui donner l'exemple de la juftice.

On feroit effrayé, fi l'on penfoit que Charles VII avoit levé des taxes pour 1,800,000 l. (1)

Ce fait n'eft pas affez connu & n'eft pas affez répété. Louis XI porta ces mêmes taxes illégales à 4,700,000 l. (2). Voilà la gradation

---

(1) Le marc d'or valoit alors cent livres, & le marc d'argent huit livres quinze fous.

(2) Le marc d'or valoit alors cent dix-huit livres dix fous, & le marc d'argent dix livres. Cette fomme monte à vingt-trois millions de notre monoie.

rapide de l'avide tyrannie & du fisc guidé par des volontés arbitraires, & dénué de principes.

Charles VII soudoia le premier 9000 hommes de cavalerie, & 16000 hommes d'infanterie ; & Louis XI augmenta l'infanterie de 15000 hommes, & la cavalerie de 2500. Louis XII lui-même augmenta ses troupes réglées d'Allemands (1), comme Louis XI y avoit introduit des Suisses (2). On sait jusqu'à quel nombre prodigieux s'est accrue cette milice. Tout le royaume, sous Louis XIV, alla s'engloutir dans les camps (3).

Que peut une nation ainsi surveillée ? On parle sans cesse de la nécessité des troupes réglées ; *comment résister, dit-on, à celle de nos voisins avec de misérables bandes de paysans, ou une noblesse ignorante & indisciplinée ?*

Je n'ai pas prétendu entamer cette discussion militaire, sur laquelle il y auroit bien des choses à dire, & que je ne craindrois pas d'approfondir, si c'en étoit ici la place ; mais je dis que les troupes réglées sont l'instrument du

_____

(1) Philippe de Commine.

(2) Les bandes noires.

(3) Ou dans les manufactures ; autre manie destructive de ce siècle d'illusions.

defpotifme, comme leur inftitution en fut le fignal. L'exemple de nos voifins n'eft pas une preuve contradictoire ; eh ! ne voit-on pas en effet que toute conftitution en Europe eft dégénérée en arbitraire , & s'accélère vers le defpotifme ! Les troupes réglées ont été & feront toujours le fléau de la liberté ; mais ce fléau eft intolérable , quand il devient le rempart des déprédations. *Soliman le magnifique* , que les Turcs nommèrent *canuni* ou *inftituteur des règles* , & qui donna le premier une forte de forme régulière à l'empire Ottoman , apporta du moins de l'ordre dans les finances, car il avoit trop de génie pour ne pas fentir que c'étoit-là la véritable pierre de touche de l'adminiftration , & l'unique bafe de toute autorité profpère. C'eft trop de ravager fa nation par les incurfions de la fifcalité , & de l'enchaîner par les mains d'une milice nombreufe & mercenaire.

Tel eft notre fort & tel en fut le fignal.

Il eft aifé maintenant de fuivre les gradations acceffoires qui nous ont jetté fous le règne abfolu ou plutôt fous l'oppreffion terrible de la fifcalité & des déprédations en tout genre de finances.

On peut faire remonter cette époque à Char-

les VII & à Louis XI ; mais ce fut aux prodigalités de François Iᵉʳ., & à nos malheu-
reuses guerres d'Italie qu'on en dut les triftes
progrès ; ce fut fur - tout (1) à l'admiffion des
Italiens dans les affaires de France, par Cathe-
rine deMédicis.

Le règne des Italiens fut odieux & infâme
fous Henri II & fes fils. Sully arracha bien
quelques feuilles à cet arbre parafite & vó-

---

(1) En effet, on croit communément que François I
laiffa un grand défordre dans les finances, cependant,
malgré fes diffipations, il laiffa quatre cent mille écus
d'or dans ces coffres, & un quart de revenu prêt à y
entrer. Henri II, qui ne régna que douze ans, laiffa
l'état endetté de quarante millions.

On fit, à propos des libéralités de François I, cette
très-fine critique des prodigalités des rois :

Sire, fi vous donnez pour tous à trois ou quatre,
Il faut donc que pour tous vous les faffiez combattre.

Suivant l'état communiqué aux trois ordres, aux états
d'Orléans, à la mort de François I (1560), les dettes
montoient à 39,181,565 livres , la recette totale de
l'année à 12,259,925 livres, & la dépenfe à 12,260,829
livres.

On ne fait pas ces fortes de relevés, c'eft cependant
le premier devoir d'un hiftorien, parce que c'eft la première utilité de l'hiftoire.

race ; mais il avoit laiffé le tronc & les branches, qui ont fi fortement repouffé depuis.

Rien dans la fociété ne peut fauver le ridicule de faire ce qu'on ne fait pas, mais rien
n'eft auffi criminel que de fe charger d'une
fonction publique dont on eft incapable; c'eft
cependant ce qui arrive toujours dans un état ;
où tous les efprits font tournés vers l'intrigue,
comme tous les cœurs font corrompus par la
cupidité.

Un voyageur qui nous raconteroit que, dans
les terres auftrales, il fe trouve un royaume
où l'on ne confie jamais aucune partie de l'adminiftration qu'à un genre d'homme qui ne
font d'aucun état & d'aucun métier (1) que
ce royaume a de nombreufes armées, mais
que la règle conftante de l'adminiftration militaire eft de ne jamais placer à la tête des affaires ceux qui ont commandé ces armées ;
que ce pays poffède une affez forte marine,
mais qu'aucun des marins n'y eft jamais con-
fulté fur les opérations de mer ou celle des
arfenaux; qu'il en eft ainfi de toutes les autres
branches du gouvernement, dont toute la fcience fe réduit dans ces contrées, à favoir noircir

_____

(1) Des maîtres de requêtes, par exemple.

avec une forte de chalumeau, une efpèce de
carton qu'on y fabrique ; un tel voyageur fembleroit en conter à fes lecteurs, & nous croi-
rions bien difficilement qu'il exiftât un peuple
affez barbare pour avoir atteint ce dégré de
délire ; mais les voyageurs font un peu accufés
de mentir ; laiffons le nôtre , & revenons à
notre pays.

On peut dire , fans s'écarter de fon hiftoire , que des miniftres parfaitement ignorans
dans la partie qui leur étoit confiée, s'y font
fréquemment fuccédés ; ils ont cependant voulu avoir dans leur reffort la première & prefque la feule autorité.

Malheureufement & très-malheureufement,
Richelieu , *Louvois* & *Colbert* étoient des
hommes de génie, & *Mazarin* lui-même (1)
avoit de grands talens.

Tous ces miniftres defpotiques n'ont cher-
ché , comme de droit qu'à faire prévaloir leur
autorité, fous le prétexte de foumettre tout
à l'autorité du roi : jamais ils n'ont porté
leurs vues ni leur plan plus loin que l'inté-

_____

(1) M. de Turenne eftimoit plus la fageffe combinée
du cardinal Mazarin, que la fupériorité trop entrepre-
nante du cardinal de Richelieu.

rêt de leur *crédit*, qu'ils firent paſſer bien avant *leur gloire*.

Les grandes charges de la couronne leur ont paru un obſtacle ; ils les ont dégradées & anéanties ; ils crurent ſe dépouiller en partageant la portion d'autorité qu'ils étoient obligés de confier. Pour la diminuer, ils l'entre-mêlèrent *d'officiers de détails* (1) indépendans de la hiérarchie naturelle.

Un général qui avoit gagné deux batailles effrayoit ; l'admiration qu'attire ce mérite dans l'eſprit des hommes, le crédit & l'importance qu'il acquiert à ceux qui réuſſiſſent dans la carrière des armes, ſemblèrent une atteinte dangereuſe.

Pour diminuer ces avantages, il fallut rendre plus difficiles les ſuccès, les miniſtres

---

(1) J'ai vu la lettre d'un célèbre brouillon de nos jours, à qui l'on a la bonté de croire de l'eſprit (M. de Boynes), & qui après avoir renverſé la marine, écrivoit à un des chefs de ce corps, en lui recommandant *le maintien de l'harmonie entre l'épée & la plume*, (c'eſt-à-dire, la ſubordination abſolue de celle-là à celle-ci :) *ce grand principe, baſe de l'adminiſtration*..... Cela feroit rire, ſi cela n'étoit pas infâme.

contrarièrent conſtamment les chefs. Louvois
trahit le roi pour nuire à Turenne : dès-lors
nos généraux deſſervis, inquiétés, dégou-
tés, perdirent la plus grande partie de leur
crédit & de leur autorité : le dernier coup enfin, & le plus ſûr qu'on leur ait porté depuis,
a été d'en augmenter le nombre juſqu'à la
dériſion.

La quantité des grades qu'on a inventés,
n'eſt qu'un échelon pour faire parvenir un
ignorant, & une barrière propre à faire perdre
ſon temps à un homme de mérite (1); c'eſt
auſſi la manière la plus ſûre d'éteindre toute
conſidération pour le métier que l'on avilit
ainſi.

Le fameux Bayard ne fût capitaine d'hommes d'armes, qu'après les ſervices les plus
importans, les plus longs & les plus ſignalés.
Simple ſoldat, il étoit plus conſidéré que ne
le ſeroit aujourd'hui le connétable.

On a donné un uniforme aux officiers généraux, ſans penſer qu'on avouoit par cette
bizarre prérogative que les officiers-généraux

---

(1) Dans la marine de France, par exemple, nous
n'avons eu de grands hommes que ceux qu'elle a reçus
tout formés. Ces échelons immenſes la dégradent.

font des êtres inconnus aux foldats ; il eft aifé de juger quelle eft la confiance qu'un foldat peut avoir dans des chefs qu'on eft obligé de lui défigner par une marque diftinctive, fans laquelle il ne les eût pas connus.

Mais qu'importe un tel aviliffement au défpote & à fes exacteurs ? Il leur faut une milice pour foutenir leurs *douanes*, pour infpirer la terreur, & faire refpecter leurs fpoliations. Il leur faut des hommes, diroit d'Aubigné, *plus curieux de refcriptions pendant leur vie que d'infcription après leur mort* (1). Ils n'ont pas befoin de légions de citoyens redoutables aux feuls ennemis de l'état, & commandés par des chefs confidérés & dignes de l'être ; on ne veut qu'écarter du métier des armes tous les notables intéreffés à la chofe publique, & fes défenfeurs nés ; les uns feront chaffés, les autres dégoûtés, ceux-ci pervertis, ceux-là gagnés, & tous fi dénués de confidération & d'autorité réelle, qu'ils ne pourront rien qu'en faveur du defpotifme qui les foudoie.

(1) Appendix, aux deux premiers volumes de fon hiftoire.

Ainfi,

Ainsi, par les progrès & les suites de l'ambition des ministres, il ne nous est resté que des titres, & le cadavre de toutes les anciennes dignités de notre monarchie : l'intrigue de cour, la faveur, (c'est-à-dire à-peu-près les vices) ont reçues les récompenses dues à la vertu : des hommes vils, mais adroits dans l'infamie métier de flatter, ne se sont pas élevés aux dignités, ils les ont fait descendre jusqu'à eux : dès-lors l'estime & le respect réel s'en sont éloignés ; cette marche étoit inévitable, *car jamais personne n'a exercé avec gloire un pouvoir acquis par des moyens infames* (1).

Un des plus grands délires, en fait de gouvernement, c'est de vouloir séparer l'autorité de la force & de la grandeur (2); si l'on sépare l'autorité de la force, celle-ci s'énerve; & si elle vient jamais à se réveiller, c'est pour tout rompre.

Toutes les entreprises des ministres ont donc

_____

(1) *Nemo enim unquàm imperium flagitio quæsitum bonis artibus exercuit.* (Tacit. hist.)

(2) Je crois que la plus ridicule & la plus frappante preuve que nous en fournisse l'histoire, est l'exemple du parlement de Paris, rendant des arrêts contre des armées, comme on le vit du temps de la fronde.

M

concouru à diminuer les ressorts de la véritable autorité, en dépouillant & avilissant les
particuliers sur lesquels elle étoit départie.

L'amour - propre, moins flatté d'avoir de
grandes places absolument dénuées de crédit, & qui n'étoient plus, dans le fait, qu'un
sujet de tracasseries inquiétantes & dangereuses, s'est replié vers d'autres ressources &
d'autres objets. *La cupidité* a pris la place de
l'émulation : il a fallu de l'or pour conten-
ter les cupides. Tous se sont approchés du
séjour des graces, plus aisées à obtenir par
l'habitation des capitales que par des services
réels.

Ce nouveau piége vers lequel on s'est précipité, est bientôt devenu par cette raison le
ressort favori des ministres. Si l'œil du maître
fait valoir la terre, on peut juger quel est
l'effet du gouvernement qui transporte tous
les propriétaires hors de chez eux (1). Une
pareille manœuvre doit également détruire

_____

(1) L'éloignement de la capitale, l'habitation des
campagnes étoit autrefois le goût dominant des seigneurs anglois, & le plus sûr garant de leur indépendance. Ils se précipitent aujourd'hui vers Londres ; on
sait aussi combien la liberté britannique s'altère.

les richeſſes territoriales & les mœurs (1).

Auſſi les reſtes d'émulation & de véritable nobleſſe qui exiſtoient encore en France y furent-ils bientôt détruits.

Une foule de valets décorés par des titres qu'ils ont avilis, veillent autour de la fortune , & en interdiſent les avenues : la gravité, la dignité de mœurs, la force militaire, la ſévère & délicate intégrité, les ſeules vertus qui rendent un homme digne du commandement, ne mènent plus aux gouvernemens des provinces ; de vils adulateurs qui entourent le trône les ont uſupé : ils prodiguent les baſſeſſes & les importunités, & les font accorder à ce prix à leurs enfans encore jeunes, ſans mérite, ſans ſervice, ſans expérience : ainſi les *dignités* ſont devenus *héréditaires*, quoique relatives à l'état, (invention, pour le

___

(1) C'eſt en 1549 qu'on vit le premier édit qui fixe les bornes de Paris. En 1672, Louis XIV les fixa de nouveau. La ruine du reſte du royaume les établira mieux encore.

Les progrès de la population de Paris, dans les deux derniers ſiècles, au nord & à l'oueſt, ſont à proportion de cinq à un, dit M. le Bœuf. (*Hiſt. du dioc. de Paris.*)

dire en paſſant, la plus abſurde & la plus ridicule qui ait été faite). L'habitude d'une
longue ſervitude à la cour, aſſure les récompenſes les plus flatteuſes qui ſeroient dues aux
ſervices réels, à un certain nombre de familles plus diſtinguées dans l'ordre de la nobleſſe par la profeſſion de *courtiſan*, que par
leurs titres perſonnelles & preſque également
avilies par leurs profuſions inſenſées & leur
ſordide & ambitieuſe cupidité (1).

Un ancien (2) diſoit que l'homme *s'éprouve
par l'or*; & c'eſt une vérité de tous les âges
& de tous les pays. On peut tout attendre,
excepté la vertu, des hommes que l'on tient
dans la dépendance de l'intérêt.

Les miniſtres, pour mieux régner, ont donné
les grandes places à des *mercenaires* (3) incon-

---

(1) On peut bien appliquer aux courtiſans ces traits
expreſſifs dont Salluſte peignoit Catilina : *alieni ap-
petens ſui profuſus.*

(2) Chilon, l'un des ſept ſages de la Grèce, qui
diſoit : *Que l'or s'éprouve par le feu, & l'homme
par l'or.*

(3) Et pour mieux aſſervir les peuples ſous ſes lois,
Souvent dans la pouſſière il leur cherche des rois.
(Racine.)

Ce trait ſublime qui peint ſi bien Alexandre, Indi-

nius (1), qu'ils étoient bien fûrs d'infpirer &
de conduire à leur gré, & qui ont mieux
aimé s'affurer une exiftence pécuniaire & vendre leurs droits que les foutenir. Le gouvernement, déjà abforbé par une infinité de détails, furchargea encore toutes les parties de
l'adminiftration, de *régles*, *de réglemens*,
d'inftruction, *d'ordonnances*, pour ne rien laiffer à perfonne ; auffi le prince *Eugène* difoit
avec beaucoup de génie à Malborough, « vous
» aurez pris la moitié de la France avant que
» les commandans des frontières & des pro-
» vinces aient eu des nouvelles de la cour ;
» ainfi allez en avant ». Eugène fentoit que
les hommes qu'un defpote met en place font
des automates, & qu'il n'eft rien de plus
foible qu'une cour qui veut tout ordonner
& tout régler. Un bon roi réprime l'abus
qu'on fait de l'autorité qu'il confie ; mais
quel titre donner à celui qui préfuppofe toujours l'abus ?

---

que la marche de tous les defpotes, rois ou miniftres.
Obfervez l'adminiftration de Louis XI, &c. Je ne cite
que des temps reculés, je ne fais pas l'hiftoire moderne.

(1) Il faut diftinguer les idées ; car tel cordon bleu,
tel duc & pair, tel .... eft un mercenaire *très-connu*,
mais cependant un *mercenaire*.

Des miniftres auxquels tout refortiffoit, ont été obligés de s'entourrer *de fcribes*; & cette nouvelle manière de gouverner a troublé toute la fociété, en élevant de toute part des parvenus; en donnant des exemples fréquens de fortunes injuftes & rapides; en multipliant les moyens de corruption, les objets de l'adulation; en offrant de nouvelles voies aux intrigues, à la cabale; en femant de nouveaux obftacles, les avenues de la juftice; en étouffant la voix de la liberté; en introduifant dans l'ordre civil l'efpionage & la délation, qui ont répandu par-tout la méfiance, l'hypocrifie, la flatterie fervile (1); en livrant les finances à un nouveau gafpillage, voilé fous une infinité de formes & de papiers; & enfin en fubvertiffant le militaire; ce qui eft bien plus fingulier, à caufe de la différence des analogies.

Cette manie de la plume, qui date de Louis XI (2), mais à laquelle Colbert donna

_____

(1) La cour eft un pays où l'on ménage tout, parce qu'on y connoît les fortunes fubites.

(2) Seyffel, qui écrivoit fous François I, dit dans fa monarchie: *Que de fon temps il y avoit plus*

des forces nouvelles, eft parvenue à un point
prefque inconcevable ; bien loin que l'adminiftration ait changé à cet égard, elle s'eft
appéfantie : *les papiers & les détails* ont tout
abforbé ; l'on ne fauroit faire fergent le plus
brave & le plus expérimenté foldat, s'il ne
peut écrire ; le *major*, homme *de détails*,
autrefois fans commandement, & ne portant
pas même *le hauffe-col*, marque diftinctive de l'officier, eft actuellemnt *officier-fu-
périeur.*

Le fecrétaire d'un de ces efpions décorés,
que l'on appele *infpecteurs*, & qui ont introduit dans le militaire le defpotifme le plus
minutieux & le plus aviliffant, a plus de papiers que n'en avoit autrefois le miniftre de
la guerre. Avec la plume on gouverne abfolument & fans appel (1) le militaire comme

d'offices en France, *que dans tout le rémanent de
la chrétienté.*

« Pour cent qu'il y en avoit du temps de Seyffel
» ajoute Loyfeau, qui vivoit fous Louis XIII, il y en a
» mille à préfent, au pardeffus defquels on en a créé
» depuis cinquante ans plus de cinquante mille ».

(1) L'on peut remarquer à ce fujet dans les gazettes
récentes, qui détaillent la pofition des quartiers d'hiver

M 4

toutes les autres parties de l'administration.

Quand le premier pas est fait dans ce genre, les *détails* vont toujours en croissant. Chacun de ces détails demande *un homme*, parce que chaque homme demande une *place*; les papiers se multiplient; il faut *des aides aux détailleurs*, & cela se subdivise à l'infini, parce que les *détailleurs* font les *détails*, les *affaires* font les *affaires*, & les *écrivains* font les *écritures*.

« Si, sous l'empire romain, composé de pro-
» vinces qui forment aujourd'hui des royau-
» mes; les affaires se fussent traitées avec le
» même appareil & la même prolixité qu'elles
» se traitent aujourd'hui. . . . Il est très-dou-
» teux que la ville de Rome & ses fauxbourgs
» eussent pu suffire à contenir & à loger les
» bureaux (1) ».

Le marquis de Louvois avoit deux premiers commis : on a vu dix-sept chefs au bureau

---

des différentes troupes en Corse, que le nom du commandant ne s'y trouve jamais; mais qu'on y lit exactement que *telle* ou *telle troupe* est sous la police de M. le commissaire un *tel*.

: (1). M. Grosley dans son excellent ouvrage intitulé *Londres*.

de la guerre , chacun defquels avoit au moins
dix ou douze commis , & je ne doute pas que
le nombre n'en foit augmenté ; mais cette
multitude de papiers donne-t-elle & peut-
elle donner à ces *miniſtres ſcribes* la connoiſſance de la guerre , & cet *inſtinct*, pour m'exprimer ainſi , qui fait qu'en regardant un jeune
ſoldat , le *vétéran* voit de quoi il eſt capable ?
Ces cartons immenſes dévoilent-ils l'efprit des
militaires , les mouvemens de leur cœur, leurs
mœurs , leur manière de penſer , leurs idées ,
leurs préjugés , leur forte de gloire , & enfin
les divers replis de leur ame ? C'eſt ce qu'un
vieux militaire fait & découvre ſans s'en douter , & ces *menus reſſorts* font ceux qui donnent le branle à la machine. Toute l'inſtruction poſſible acquiſe par les *notes*, équivaut-
elle à cette forte d'expérience ?

Mais qu'importe encore une fois , pourvu
que *ces notes & ces écritures* foient le prétexte d'un gaſpillage déméſuré d'argent, & le
voile des friponneries des *miniſtres* & des *fous-
miniſtres* ? car enfin ; on n'emploie pas les
hommes fans les payer , & fur-tout, on ne
leur donne pas impunément l'exemple du pillage.

Ainſi, l'on a tout fait PAR L'OR ET POUR

L'Or : *par des richéffes*, dit Montaigne, *on satisfait les services d'un valet, la diligence d'un courrier, le danfer, le voltiger, le parler, & les plus vils offices qu'on reçoive ; voire & le vice s'en paye, la flatterie, le maquerellage, la trahifon....* par des richeffés, on a fatisfait depuis des magiftrats, des maréchaux de France, des princes du fang. Au prix de l'honneur on a fubftitué *l'or* ; il a fallu qu'il fuppléât à l'autorité, à l'émulation, à la vertu, à tout enfin : il en a beaucoup fallu pour remplacer toutes ces richeffes morales ; les hommes qui ont fu l'arracher par parcelles, & à leur profit, des mains des fujets, afin de le revendre en groffes maffes & bien chérement au fouverain (funefte fcience, trop facile à acquérir lorfqu'elle eft encouragée), ces hommes, s'il eft permis de leur donner ce nom, ont prévalu : ce befoin qu'on avoit d'eux, & *leurs tréfors*, *qui n'étoient pas leurs tréfors*, & qui avoient détruits cent fois plus de richeffes qu'ils n'en recéloient, leur donnèrent bientôt une exiftence : le luxe a volé fur leurs pas.

L'exiftence d'un homme de mérite eft la critique la plus févère de tout homme qui n'en a pas ; & voilà pourquoi les fots & les

fripons perfécutent fans cefse. *L'éclat même
dela vertu*, dit Tacite, *irrite* (1) *les méchans ;
parce qu'elle les démafque & les condamne* (2).
Auffi fut il bientôt dangereux de paroître par
les chofes qui devoient donner une diftinction réelle. L'envie de fe diftinguer , paffion
inextinguible dans le cœur des hommes , les
a bientôt décidés à chercher les diftinctions
frivoles, plutôt que de n'en avoir point (3).

_____

(1) *Etiam gloria ac virtus infenfos habent , ut
nimis ex propinquo diverfa arguens.* (Annal. traduit
de M. d'Alembert.)

(2) Un grand poëte ne croyoit pas pouvoir défirer
un fupplice plus cruel aux tyrans, que le fpectacle de
la vertu & le remords de l'avoir abandonnée.

> *Magne pater divum , fævos punire tyrannos.*
> *Haud alia ratione velis, cum dira libido.*
> *Moverit ingenium , ferventi tincta veneno*
> *Virtutem vindicant , intabefcantque relicta.*
> [Pars. fat. 3.]

(3) Celle d'être un honnête, riche & heureux pro-
priétaire en vaudroit bien une autre , mais tout à l'heure
on ne pourra plus être cela ; & les fpoliations du fife
chafferont de leurs terres ceux qui ont eu le bon fens
de s'y retirer , car tous les capitaux du royaume feront
bientôt abforbés ; & conféquemment les récoltes détruites ; & conféquemment la fubfiftance arrachée. Bien
fage cependant fera celui qui s'efforcera d'être plus ha-

Lorsque les richesses acquièrent dans l'opinion
& dans le fait la prééminence ; lorsqu'elles font
le chemin de la considération, des honneurs (1)
du crédit, de l'autorité, *la pauvreté* devient
un opprobre, *l'intégrité & le désintéressement*

___

bile que le fisc n'est avide, & qui s'en tiendra à la
considération rurale, la seule qu'un honnête homme
puisse désirer & acquérir aujourd'hui. Il se trouve qu'au
moyen de la tournure qu'à pris le service militaire en
France, la haute noblesse féodale a échangé une considération solide, &, pour ainsi dire, héréditaire, quand
les races se conduisent décemment, contre la considération de quelques lignes de gazettes, que tous les
êtres inutiles lisent dans les cafés. Je crois que s'il re-
venoit des temps, où une famille noble eût besoin de
l'estime du peuple pour la soutenir, des vassaux, qui
ne savent pas lire, la serviroient mieux que tous les
lecteurs de gazettes de l'Europe.

Une anecdote très-remarquable, vu la rage militaire
de nos aïeux, c'est qu'à une convocation du ban & arrière-
ban du bailliage de Troies en Champagne [1407], plusieurs gentilshommes comparurent pour déclarer, suivant le procès verbal de cette convocation, *qu'ils*
vivoient noblement du labour de leurs terres.

(1) On connoît le jeu de mots d'Owen, assez mauvais, mais qui renferme un grand sens.

Divitias & opes hon lingu hebræa vocavit :
Gallica gens, aurum, ot, indeque venit honor.

*font regardés comme les vertus des fots , & de-
viennent le jufte objet d'averfion des habiles* (1).
Nous craignons, on l'a dit fouvent, nous craignons plus les ridicules que les vices ; auffi
trouve-t-on rarement des gens d'honneur ,
dans un pays où l'intérêt perfonnel lève affez
le mafque, pour qu'on qualifie de *fol* l'homme
défintéreffé.

« Tel homme a un grand train, dit Mon-
» taigne , un beau palais, tant de crédit, tant
» de rentes ; tout cela eft autour de lui, non
» en lui » ; fans doute , mais les hommes
ont, dans tous les pays & dans tous les âges,
jugé les hommes par *leur autour* ; & ceux-
là même qui fe récrient fur cette folie, fe
prennent à cette illufion que fes propres fuccès prolongent.

Telle eft depuis long-temps notre manière
d'être. Fouquet difoit : *j'ai tout l'argent du*
royaume , & le tarif de toutes les vertus.

Les grands propriétaires, *notables & ma-*

---

(1) C'eft la marche conftante de la cupidité.

Poftquam divitiæ honori effe cœperunt , & eas
gloria, imperium, potentia fequabatur, hebefcere
virtus , paupertas probro haberi , innocentia pro
malevolentiâ duci cœpit. (Salluft. Catilin.)

gnats dans leurs provinces, excités ou par
oftentation ou par des projets de cupidité,
ont apporté dans la capitale des ronces dorées.
Le befoin & la foif de l'or ont corrompu tous
les rangs & tous les états : le luxe a caufé le
dérangement & la ruine générale ; le dépla-
cement de tous les citoyens, a donné l'exiftence à une foule de parvenus.

Cette forte d'hommes étoit bien la plus propre aux vues du gouvernement ; auffi ont-ils
occupé prefque toutes les places : l'autorité
entre les mains d'un parvenu le rend infolent,
& s'il ne l'étoit pas il paroîtroit encore tel. Un
infolent prend aifément de l'humeur, & fur-
tout le ton & le vouloir abfolu ; ces hommes
nouveaux, à qui l'autorité échappoit fans ceffe,
ont voulu gouverner fans aucune règle, par
la terreur, par *les lettres de cachet*, par *les
ordres arbitraires* ; & *les formes* ont été un
foible & dernier retranchement contre les coups
d'autorité : retranchement toujours forcé fans
peine, & néanmoins toujours odieux aux *vifirs* comme aux *demi-vifirs*.

L'ébranlement général a multiplié les fe-
couffes : tout s'en eft reffenti : juges aveugles
que nous fommes ! nous les avons attribués à

quelques fripons subalternes entre les mains desquels flottoit le timon (1).

Une taupe perce la chauffée qui retenoit un grand lac, l'étang déborde, les pays voisins sont inondés & ravagés; la taupe est-elle donc la cause de tous ces dégats?

Les véritables taupes sont ceux qui voient ainsi; vous prenez les effets pour les causes. Tout vient du gaspillage d'argent, de l'introduction de la cupidité, du ferment de la corruption fomentée par le gouvernement, qui n'a plus ni la force ni le talent nécessaire pour remédier aux maux qu'il a faits, quand il en auroit la volonté.

Obligé de tout acheter, de tout gager, ses soins ne roulent plus que sur les moyens de se procurer le métal que sa profusion épuise.

Mais l'ignorance des administrateurs ne leur permet pas de saisir ceux qui leur en procureroient; leurs manœuvres, loin de verser réellement de l'argent dans le tréfor, l'empêchent chaque jour de plus en plus d'y arriver: il n'est resté de ressources que de vendre tout ce qu'on a pu du capital de la nation, & l'on n'a trouvé d'acheteurs que ceux qui s'étoient

_____

(1) Les Terray, les Maupeou, &c. &c.

déjà enrichis des dépouilles publiques (1) ;
c'est avec eux qu'on a traité : on les a mis à
portée *de voler* la moitié du royaume, & l'on
s'est trouvé ensuite trop heureux qu'ils voulus-
sent bien *acheter* l'autre, aux conditions qu'il
leur a plu de fixer. Il n'est pas étonnant qu'ils
soient à-peu-près demeurés les maîtres de tout.
Il l'est encore moins que le gouvernement se
trouve forcé de friponner & de dépouiller ceux
qui l'avoient pillé si long-temps.

Tel est le fisc : *lion dévorant & insatiable ;*
point de modification avec lui, sa destruction
ou celle de l'état : cela est inévitable. Tous
les temps, tous les pays, tous les climats ont
vu les mêmes maux, ouvrages des *publicains ;*
ils ont toujours commencé par être vils ; ils
sont toujours devenus juges dans leur propre

---

(1) L'empereur Claude se plaignoit que son trésor
étoit épuisé : on dit alors « qu'on l'auroit prodigieu-
» sement rempli, si *Narcisse* & *Pallas* (deux affran-
» chis qui gouvernoient alors l'état) l'avoient admis
» au partage de leurs richesses ».

Sous le ministère du cardinal Mazarin, le surinten-
dant disoit, lorsqu'on manquoit d'argent, *qu'il n'y
en avoit pas dans le trésor, mais que le cardinal
en prêteroit au roi.*

cause

cause (1) ; enfin, oppresseurs à découvert de l'humanité, destructeurs des mœurs (2), déprédateurs de l'état par métier. Les introduire chez soi, comme a fait il y a peu de temps le roi de Prusse, c'est élever le louveteau dans la bergerie ; ou plutôt, c'est effectuer, sur tout un peuple infortuné, cette imprécation terrible que Junon irritée lançoit contre les Troyens : *Acheronta movebo.*

———————————————

(1) *Le fisc n'a jamais tort que sous un bon prince. Nunquam fisci causa mala, nisi sub bono principe.* (Plin. paneg. Traj.)

En 1773, un arrêt du conseil déboutant les officiers municipaux des villes de la généralité de Metz, des oppositions faites à l'arrêt du 13 septembre 1772, qui ordonnoit les 8 sous pour livre, (nouveau nom donné à une de ces taxes, qui, comme Protée, reparoissent sans cesse & en même temps sous mille formes diverses) ; un arrêt du conseil, dis-je, supprime un imprimé ayant pour titre : *Mémoire des maires, échevins & notables* de la ville de *Verdun, contre l'adjudicataire des fermes générales,* COMME TENDANT A RENDRE LA RÉGIE ODIEUSE, &c. Ainsi nous devons respecter les avides *sangsues*, qu'une autorité arbitraire & spoliatrice déchaîne contre nous.

(2) Tacite en parlant d'une tribu des Germains, peuple qui auroit cru attenter à sa liberté, s'il se fût soumis à payer un impôt, s'exprime ainsi : *Nam nec*

N

Telle est aussi l'autorité avide & insensée, qui creuse de ses propres mains son tombeau (1), qui offre sa nation au bec dévorant du vautour, dont elle-même est bientôt la proie ; car enfin les souverains, comme les autres hommes, & bien plus que les autres hommes, n'ont d'existence relative que celle qu'ils reçoivent de leurs semblables. *Rien n'est plus grand & n'est plus petit qu'un roi.* Je ne sais qui a dit cette vérité ; mais tous les princes devroient la comprendre, la méditer & la retenir ; un roi qui se compte pour tout, & ses sujets pour rien, désintéresse bientôt sa nation. Or, dans un état il y a remède à tout, excepté au changement dans la façon de penser des sujets, qui sont bien plus réellement

---

tributis contemnuntur nec publicanus atterit, (de mor. Germ. cap. 9) & dans un autre endroit (ibid.) *Gothinos gallica osos Pannonica lingua coarguit non esse Germanos, & quòd tributa patiuntur.*

(1) La fiscalité est à peu près telle que nous venons de la peindre au Mexique, la possession Espagnole la mieux administrée, dit-on ; aussi l'on y ressent les mêmes effets ; & l'on assure que le roi d'Espagne, qui a acheté, & qui paie par tant de compensations & de sacrifices cette immense possession, ne retire du Mexique que 1,200,000 piastres, ou 6,300,000 liv.

foumis à l'empire de l'opinion, qu'à tout autre auquel il n'est point d'homme qui ne fache fe fouftraire quand il veut.

Les François, ce peuple généreux, fidèle & guerrier, fecouèrent fous Charles VII le joug des Anglois, parce qu'alors les François avoient honte d'être foumis à tout autre qu'à celui à qui la loi qu'ils s'étoient fait eux-mêmes les foumettoit; alors ils juroient à leur roi une fidélité inébranlable fur leur épée (1), gage redoutable du ferment le plus refpecté. Si quelque génie prophétique eût dévoilé l'avenir, il auroit pu dire au roi :

« L'épée de vos fujets vous a remis fur le
» trône, elle faura vous y affermir; elle fau-
» ra vous y défendre envers & contre tous.
» Mais fi jamais on nous accoutume à obéir
» d'une façon purement paffive, il nous fera
» fort égal de rendre cette obéiffance à qui

_____

(1) *Et fi gens armata per arma jurat jure fuo, fe quoque jure ligat.* (Venantius Fortunatus, lib. 6. poëm. 11.)

Les hommes libres chez les Germains & les Francs, étoient les feuls qu'on pût appeler pour fervir à la guerre, & l'efclave ne pouvoit prétendre à un pareil honneur. (*Voy. Mur. Antiq.*)

» que ce soit. L'état penchera vers sa ruine,
» sans que nous daignions nous en occuper:
» l'esprit de mécontentement & de dégoût ef-
» facera bientôt jusques au souvenir des hu-
» miliations étrangères; on en viendra jusqu'à
» s'en vanter, pour se faire, indirectement
» du moins, justice de l'administration, en
» dévoilant ses fautes; & bientôt enfin on verra
» les Anglois, tant de fois repoussés & con-
» tenus, donner des ordres dans les ports d'une
» nation, dont ils n'auroient jamais dû pou-
» voir être les rivaux....».

Pardonnez, ô mes compatriotes, si je n'ai
pu contenir ma juste indignation sur l'impunité d'un pareil affront (1); son souvenir est
trop récent; le poids de notre avilissement
m'écrase. Pourquoi l'impérieux & despotique
Louis XIV ne peut-il sortir de sa tombe, &
contempler l'étonnant parallèle des François
expulsans les Anglois du royaume sous Charles VII, rachetans à ce prince la couronne au

---

(1) Pourra-t-on effacer jamais des fastes de la France,
qu'en 1773, trois vaisseaux de guerre sont partis dé-
sarmés de Toulon pour aller à Brest successivement,
& à quinze jours de distance, avec la défense la plus
expresse de relâcher en Espagne. On fait, &c. &c.

prix du fang de fes fujets, & de ces mêmes
François, également avilis dans leurs porrs,
par leur propre adminiftration, & par les
ordres d'une puiffance rivale ; le remords d'a-
voir préparé une pareille révolution feroit
pour lui l'implacable furie que je voudrois
déchaîner contre les tyrans.

J'ai dit que les formes étoient un foible retranchement contre les coups d'autorité ; &
la rapidité de la gradation que j'effayois de
tracer, m'a empêché d'appuyer fur ce principe ; mais il eft aifé de fentir que la réfiftance,
& même la volonté de réfifter aux coups du
defpotifme, s'affoibliffent dans un état, en
raifon de ce que l'autorité arbitraire y fait
plus de progrès. Tout eft corrompu ; la fermeté s'eft évanouie ; le courage n'exifte plus,
& l'induftrie ne roule que fur les moyens de
s'arroger la plus grande partie du defpotifme
que l'on puiffe atteindre. Sénèque a dit : *in-
juriam fortis non facit ; ingenuus non fert ;*
& cette maxime eft belle & vraie. Le fatrape
Otanès, qui renonçoit à l'empire, fous la condition d'être indépendant, penfoit véritablement en homme. Il ne vouloit ni commander
ni être commandé dans un état defpotique. Un
homme d'honneur eft auffi incapable d'atten-

N 3

ter à la liberté du tiers, que de laisser tranquillement asservir la sienne ; mais un homme d'honneur est presque un être de raison dans un gouvernement despotique, ou du moins un être inutile & ridicule, s'il n'est pas dangereux. C'est une plante *exotique* que l'on auroit bientôt arrachée, si l'on pouvoit redouter sa fécondité.

Dans le despotisme, il n'est point d'autres moyens d'échapper à la servitude, que d'être le satellite de la tyrannie (1). D'ailleurs le désir de l'autorité, cette épidémie la plus générale de l'humanité, gagne tous les rangs & toutes les places. Les corps intermédiaires opposés au régime arbitraire, énorgueillis d'être les dépositaires de la liberté publique (2),

(1) Bien entendu que l'homme le plus décoré, le plus élevé, le plus puissant n'est encore dans ce gouvernement, que le premier & le plus exposé des esclaves.

(2) Il n'est pas inutile d'observer ici, qu'anciennement en France, tous juges, de quelque qualité qu'ils fussent, étoient responsables de leur jugement. Depuis, cette coutume fut restrainte & limitée aux juges subalternes, qui n'étoient pas juges royaux. (*Voyez Etienne Pasquier*, recherc. *sur la France*, lib. 2 , cap. 4.) « Jusqu'à ce que finalement, ajoute-t-il

deviennent avec de bonnes intentions même, deviennent, dis-je, tôt ou tard, mais toujours esclaves ou despotiques; ils servent au despote ou le renversent, ou sont renversés par lui. Cette marche est à-peu-près inévitable.

Ainsi, tout devient dangereux quand le pouvoir arbitraire a jetté des racines.

Ainsi, pour citer un exemple plus frappant & plus rapproché, les loix civiles & les loix politiques ont en France un esprit contradictoire. La loi civile est pleine de formalités prescrites pour la sûreté des biens & des personnes des citoyens. La loi politique n'a en vue que l'exécution prompte & une obéissance aveugle, sans égard aux droits, aux privilèges, & même à la vie des sujets. Quand

---

» cette manière s'est du tout annihilée entre nous, ne
» nous étant pas demeuré pour remarque de toute
» cette ancienneté, que les paroles sans effet ; car en-
» core que nous fassions adjourner les juges comme
» vraies parties, si est que cela se fait à présent tant
» seulement pour la forme, demeurant dans la per-
» sonne de l'intimité les frais & hasard des dépens ;
» & à la mienne volonté que cette ancienne cou-
» tume eût repris sa racine en *nous, pour bannir les*
» *ambitions effrénées* qui voguent aujourd'hui par la
» France, en matière de judicature ».

N 4

la balance pourroit rester égale , ce qui n'est
pas dans la nature , cette opposition entre ces
deux portions de la loi , rend l'état du François pire que celui du Turc , puisqu'il craint
d'un côté tous les maux du despotisme , &
de l'autre les lenteurs républicaines; les Turcs
courent en foule demander la tête du visir
qui les opprime , & ils l'obtiennent.

Tout homme éclairé m'arrête ici sans doute,
m'accuse d'erreur ou de foiblesse , & s'écrie :
« Cette opposition existe , & nous en sommes
» la proie; mais elle n'est que le combat de
» l'usurpation contre la loi , & non la con-
» tradiction des deux portions de la loi mal
» combinées ».

Sans doute , & le torrent de la servitude
m'entraîne : cette crainte de la tyrannie, qui,
dès les premiers âges, emprunta le voile de
l'apologue , pour rendre supportable l'austère
vérité, altère aussi mon langage.

La plus belle contrée de l'Europe , la France,
notre patrie, cette fille chérie de la nature,
dont les richesses sont inconcevables , & les
ressources sans nombre , nous offre les tristes
effets de l'autorité absolue; l'air qu'on y res-
pire n'est plus celui de la liberté. On ne peut

ni décrire ses maux ; ni déplorer sa situation ;
les plaintes mêmes y sont interdite ; quand
l'autorité tutélaire est despotique & menaçante,
la *liberté* devient *licence : la vérité est un crime,
& le courage un danger*, il n'est plus permis
ni de *parler* ni *d'écouter* (1). *Les délations
nous entourent ; & nous eussions perdu la mémoire avec la voix, s'il étoit aussi-bien au
pouvoir de l'homme d'oublier que de se taire.*

Je ne prétends point développer ici les ma-
ladies intérieures dont la France est rongée ;
je n'essayerai pas de peindre ses angoises do-
mestiques. Je m'en abstiendrai, par la raison
qui empêchoit un grand historien de l'antiquité de raconter les succès d'un tyran ; & je
dirai avec lui : « Je m'arrête, & je ne sais si
» je suis plus retenu par la honte ou par le
» chagrin que m'inspireroit une telle occu-
» pation (2) ».

Mais qui peut oublier le dégré de considération & de puissance que nous avons acquis

_____

(1) Voyez l'épigraphe.

(2) Salluste dit, à propos de Sylla : *Nam postea
quæ secerit incertum habeo, pudeat magis an pigeat
disserere.* (Hist. de Jurgurth.)

ou perdu, tandis que les événemens publics nous le rappellent fans ceffe.

Avant que de fixer nos regards fur ce trifte parallèle, arrêtons-nous un moment fur un reproche peut-être injufte, tant de fois répété à la nation, fans qu'on ait entrepris d'y répondre, & d'où l'on femble induire qu'elle devroit imputer à elle-même la plus grande partie de fes malheurs & des vices de fa conftitution.

On a fouvent dit que les François étoient légers, inconféquens, inconftans (1); tous nos livres font remplis de déclamations contre notre frivolité ; l'on pourroit fans doute répondre beaucoup de chofes à cette inculpation.

On pourroit dire, par exemple, que l'on ne fait peut-être pas affez que la frivolité eft fouvent l'annonce de l'efprit naturel; on ajouteroit encore, que la frivolité des François a pour caufe principale l'ignorance fi longue & fi profonde dans laquelle ils ont été plon-

_____

(1) « Quelquefois dans Céfar, qui eft un de nos premiers parrains, pour ce regard, il eft advenu de nous baptifer de ce nom, dit Etienne Pafquier ».

gés (1). Une imagination vive, & qu'aucune occupation ne fixe , doit nécessairement ôter à l'esprit la confistance dont il feroit susceptible. Le gouvernement a toujours travaillé à augmenter cette frivolité qu'on prend pour le caractère distinctif de notre nation. Or les *types* nationaux disparoissent toujours sous les efforts du gouvernement. Les habitans de *Lutèce* étoient, sous *Julien*, penseurs, tristes & sombres comme des habitans de marais. *Je les aime*, disoit-il , *parce que leur caractère , comme le mien, est austère & sérieux.* Paris est devenu une capitale immense , le gouvernement y a concentré la France presqu'entière ; les François font devenus & ont dû devenir frivoles : de même à la gravité romaine, l'agrandissement de la métropole & les efforts du despotisme firent succéder la légèreté & la frivolité que Juvenal reproche à ses compatriotes (2).

Qu'on me permette encore une seule observation : les peuples qui habitent les régions

_____

(1) *Les seigneurs temporels ne savoient vivre,* dit Froissart, *& n'étoient que comme bêtes, si le clergé n'eût été.* (2ᵉ vol. p. 173.)

(2) 10ᵉ satyre.

mitoyennes, doivent certainement avoir quelque reſſemblance avec les peuples des climats extrêmes ; l'influence du climat, qui n'eſt pas ſans doute auſſi puiſſant que l'imaginoit M. de Monteſquieu, mais qui cependant imprime des traces profondes ſur les hommes ; l'influence du climat doit donc multiplier les nuances, loin de donner un caractère diſtinct à ces peuples ; mais s'il ſe trouve encore que la fertilité de la terre, l'ambition des voiſins, ou d'autres cauſes aient dirigé dans ces contrées pluſieurs invaſions, tantôt des peuples du nord, tantôt de ceux du midi, chacun de ces peuples conquérans y aura laiſſé néceſſairement des enfans & une partie quelconque de ſes uſages.

De tout ce mélange de *ſang & d'uſages*, il doit naturellement réſulter une inconſtance très-mobile dans le corps de la nation, & dans chacun des particuliers qui la compoſent ; car chacun de ces particuliers a peut être, dans la compoſition de ſon individu, du ſang de dix nations différentes, de climats & de mœurs.

Voilà préciſément ce que ſont les François ; ils ont un ſang très-mêlé, très-heureuſement

modifié par le meilleur des climats, mais
absolument bouleversé & presque dénaturé
par une administration inouie dans toute l'Europe.

Quoiqu'il en soit de notre frivolité, passons
condamnation, si l'on veut, peu nous importe : en quoi cette frivolité peut elle avoir
influé sur l'administration publique ?

Les François, légers, inconséquens, inconstans, n'ont jamais ébranlé leur constitution. Cette *inconséquente légèreté* a toujours
été compensée par leur industrie, leur activité,
leur esprit, je dirois leur *bonhommie*, si l'on
pouvoit s'exprimer ainsi ; les guerres civiles,
le soulevement du corps entier de la nation,
fruit de l'ambition effrénée ou de l'implacable
fanatisme, n'ont jamais autant nui à la puissance de la France, que les règnes des princes ou des ministres qui ont visé au despotisme : rappelons-nous que le fier S. Grégoire écrivoit dans le VIe. siècle à Childebert
II, roi d'Austrasie : « autant que la dignité
» de roi élève au-dessus des autres hommes
» celui qui la possède, autant la qualité de
» roi de France élève au-dessus des autres
» rois ceux qui en sont honorés ».

Suivons ensuite les continuels vestiges de cette immense considération, & ne perdons pas de vue que cinq cens ans de trouble avoient laissé cet état si redoutable à l'Europe, qu'elle se ligua presque entière contre Louis XIV.

Le calme le plus profond dans l'intérieur pendant cent ans, fruit de l'engourdissement de la nation, minée par les manœuvres du ministre qui tenoit les rênes du gouvernement, administrateur foible & arbitraire, hypocrite & intriguant comme un prêtre ambitieux; cent ans de calme, dis-je, ou plutôt d'une perfide bonace, ont abattu la puissance & détruit la considération dont ce vaste & redoutable empire avoit joui si long-temps. Ses rois, autrefois suzerains d'une isle de l'Europe (1), qui fut la conquête d'un des vassaux de leur couronne, reçoivent sur leurs mers & presque dans leurs ports, la loi de ce pays, si long-temps notre tributaire, & sur lequel la nature nous a prodigué tant d'avantages.

Nous avons vu l'un des états de l'empire, dont le souverain fut à peine admis aux hon-

---

(1) Le territoire de l'Angleterre est à peine le tiers de celui de la France; & la population y est à peu prés la même.

neurs de la cour du redoutable ennemi de la
Hollande (1), affronter toutes les forces de la
France réunies à celles de ses plus puissans
voisins. « Que dites-vous, écrivoit ce prince
» habile, mais qui doit tant à nos fautes ; que
» dites-vous de cette ligue qui n'a pour objet
» que le marquis de Brandebourg ? Le grand
» électeur seroit étonné de voir son petit-fils
» aux prises avec les Russes, les Autrichiens,
» presque toute l'Allemagne , & cent mille
» François auxiliaires ; je ne sais s'il y aura
» de la honte à moi de succomber ; mais
» je sais qu'il y aura peu de gloire à me
» vaincre ».

Qu'est-ce donc qu'ont gagné nos maîtres,
en voulant nous asservir ? & combien ils ont
diminué de leur puissance réelle en avilissant
leur nation !

Il seroit facile de développer les causes
d'une révolution si rapide & si humiliante ; on
peut même les indiquer dans une ligne.

Le fisc & l'autorité arbitraire nous ont successivement assaillis.

_____

(1) On sent bien que je ne prétends parler ici que
de l'étiquette entre un roi & un électeur.

Tout est renfermé dans ce peu de mots.

La vexation des barrières, la tyrannie des lettres de cachet, l'illégalité de la levée des deniers, le scandale des prodigalités, la violation de toutes les propriétés remplacent la considération du gouvernement : les gouvernemens se mesurent comme les hommes : s'ils prennent & affectent un ton haut & dur, c'est qu'ils craignent qu'on ne le prenne avec eux : ainsi les Romains opprimés au dedans, furent vaincus au dehors, & bientôt les empereurs devinrent les brigands de Rome, & cessèrent d'être les maîtres du monde.

Mais le péril imminent de tracer ici des vérités affligeantes & dangereuses, peut-il être compensé par l'espoir d'opérer quelque bien ? Cette illusion chérie des ames sensibles, est presque enlevée à qui réfléchit sur notre situation.

Jamais, jamais mon cœur ne sera flétri par une honteuse déférence pour le despote. Jamais mes lèvres ne seront souillées par une infame hommage rendu au despotisme (1);

_____

(1) C'est un engagement que peu d'écrivains oseroient prendre sous un gouvernement arbitraire; l'éloge le

mais

mais que peuvent pour ma patrie des vœux
stériles & des reproches impuissans ? Quatre
siècles bientôt révolus ont vu commencer &
perfectionner l'ouvrage de son abaissement ;
& dans quelques instans sa servitude sera con-
sommée. Nous pouvons nous appliquer ce
que *Cicéron* disoit à *Atticus*, en lui parlant
des progrès de César : *Nous résisterons trop*
tard à l'ennemi que nous avons nourri si long-
temps dans notre sein (1). Notre enthousiasme
pour nos rois, notre présomption & sur-tout
l'ignorance si longue des droits de l'homme,
nous ont fait courir au devant de nos chaînes :
elles étoient déjà resserrées, que nous n'avions
point encore apperçu celui qui nous en
chargeoit.

Combien de fois n'a-t-on pas loué en France
le ministère du cardinal de Richelieu (2) ; ces
louanges lui seroient très-justement acquises,

----

plus flatteur que donne Tacite à Pison, chef des Pon-
tifes ; c'est de l'appeler : *Nullius servilis sententiæ*
sponte auctor. M. de Thou applique cet éloge au
chancelier François Olivier, pag. 23 de son histoire.

(1) *Serò resistemus ci quem per decem annos alui-*
mus contra nos.

(2) Il n'y a que deux ans que M. Gaillard, dans un

s'il avoit été chargé de détruire la nation; mais elles font la honte des François. Ce célèbre instrument du despotisme, ministre d'un roi foible, haineux & violent; ce politique audacieux & supérieurement intrigant, qu'on ne jugea de son temps qu'avec des yeux obscurcis par la terreur ou aveuglés par la haine, & que l'on n'aperçoit aujourd'hui que d'un regard fasciné par les préjugés; le fameux Richelieu, si souvent exalté, peint tant de fois, & presque toujours si mal jugé, sappa, par les fondemens, le gouvernement, qui fut trop long-temps entre ses mains pour le bonheur de son pays. Profondément occupé de sa gloire & sur-tout de son crédit, de sa puissance, de son despotisme, auquel il sacrifia toujours & sans cesse tous autres motifs, il a feint de croire que les François étoient incapables de rester attachés à des règles fixes, & qu'ils avoient besoin qu'un maître absolu fixât leur mobilité.

C'est au milieu de ce peuple cependant que

_____

discours de réception à l'académie, fort bien fait, a osé ne pas le louer indistinctement sur tout; il est le premier qui ait donné cet exemple de courage & de bonne foi.

le restaurateur de l'empire d'occident avoit jetté, huit cens ans auparavant, les fondemens les plus solides d'un empire, que des princes foibles, stupides, & des tyrans n'avoient pu renverser.

Ce n'est pas que Charlemagne, génie beaucoup plus élevé sans doute que l'homme d'état, rival & persécuteur de Corneille, n'eût d'autant plus désiré peut-être le pouvoir arbitraire, qu'il étoit plus en état d'en supporter tout le faix, & que l'ignorance de son peuple opposoit plus d'entraves à ses grandes vues; mais le conquérant & le législateur de l'Europe presque entière, le fondateur de tant d'états, qui fit trembler sur son trône le linge abject des anciens empereurs, comprit qu'il étoit impossible qu'un homme gouvernât seul un grand état; il sentit qu'il étoit également nécessaire pour les mœurs & pour l'autorité, d'établir une hiérarchie clairement indiquée par la nature (1). Charlemagne fut le premier institu-

_____

(1) C'est en effet un des maux du despotisme d'anéantir toute hiérarchie, & d'obscurcir toutes les nuances: tout le monde est également vil; il ne sauroit y avoir alors ni supérieur, ni subalterne. Il est devenu impossible, par exemple, au soldat d'estimer ses officiers dé-

teur de *l'ordre féodal*, qui n'étoit auparavant
lui qu'un chaos anarchique & contradictoire
à toute espèce d'ordre : il connoissoit bien sa
nation, il connoissoit bien les hommes ; il
sentit qu'on ne leur persuaderoit jamais qu'un
seul pût donner sa volonté pour loi, & que
le François ne méritoit pas que son maître
conçût un projet si barbare.

Cette idée, presque innée parmi les esclaves
de l'orient, n'étoit point venue dans la pensée des peuples libres du nord, de la Ger-
manie & des Gaules ; l'Europe, si l'on en
excepte l'Italie & l'Espagne où la servitude fut
introduite pas Auguste, qui eut des successeurs plus méchans que lui, parce qu'ils avoient
moins de talens ; l'Europe, dis-je, ne connoissoit pas cet esprit d'esclavage qui s'y est
depuis répandu ; esprit qui a créé la *certaine*
science, *pleine puissance*, & le *car tel est notre*
bon plaisir, sorte de protocole qui sera regarder notre style, par la postérité, comme celui

gradés & avilis ; & dès-lors il est au-dessus de l'humanité de respecter par devoir ce qui n'est pas en effet
respectable ; & il est au-dessous de la brute d'oser concevoir le projet de faire estimer ce qui n'est pas esti-
mable.

de la baſſeſſe & de la ſervitude, & dont Juvenal, au centre de la tyrannie, avoit laiſſé
le modèle dans ce vers fameux :

Sic volo : ſic jubeo : ſic pro ratione volontas.

Il arriva à l'ordre féodal la révolution ordinaire dans toutes les inſtitutions humaines,
c'eſt-à-dire, que la balance pencha. L'autorité royale fut trop affoiblie ; on ne doit point
attribuer cette faute à Charlemagne ; des têtes
foibles voulurent ſoulever l'énorme fardeau
dont il avoit ſagement déterminé le levier ;
le défaut général d'inſtruction & de principes
rendoit ſa légiſlation inſuffiſante, du moment
où elle n'étoit plus ſoutenue par le génie du
légiſlateur ; mais il avoit ſenti ſans doute que
le deſpotiſme eſt l'ennemi le plus cruel de
l'humanité, & même de l'autorité ſouveraine.
Tout autre inconvénient étoit moindre.

Peut-être Richelieu n'avoit il pas ſaiſi cette
belle idée ; peut-être n'avoit-il pas aſſez de
génie pour la concevoir : il en falloit beaucoup, ſans doute, pour modérer les écarts de
ſes paſſions & de ſon audace.

Le dernier effort de raiſon & d'humanité
auquel un ſouverain puiſſe atteindre ; tout ce

que peuvent la vertu la plus pure & les talens les plus supérieurs réunis , la conduite
du nouveau roi de Suède nous l'offre , & Trajan seul en avoit donné l'exemple (1). Gustave , assez hardi pour oser donner de justes
entraves à la licence effrénée du sénat de Suède,
assez habile pour y réussir & pour établir un
ordre fixe au sein de l'anarchie qui dévoroit
sa patrie, a été assez grand , assez humain ,
assez éclairé pour dédaigner le pouvoir arbitraire, lorsqu'il pouvoit le retenir , pour fou-
ler aux pieds la vengeance , & se dépouiller
du glaive militaire, lorsque rien ne pouvoit
l'arracher de ses mains , au moment même
qu'il venoit d'échapper aux trames des factieux
conjurés contre l'autorité tutélaire : oui , j'ose
le dire , & cet hommage est écrit d'une main
que ne souillèrent jamais l'imposture & la flatterie ; le nouveau Gustave est l'honneur du
trône , & sera le héros de ce siècle.

Richelieu visoit au despotisme personnel ,
bien plus qu'à augmenter l'autorité royale ; il

_____

(1) Trajan offrit aux romains de leur rendre leur
liberté ; il étoit revêtu du despotisme ; mais celui qu'il
s'acquéroit par cet acte de générosité, n'étoit-il pas
cent fois plus doux & plus sûr à exercer ?

parvint à son but par des moyens hardis &
sûrs. Il séduisit par la corruption, & effraya
par l'activité de sa violence ; son génie perçant,
opiniâtre, fécond en ressources, indifférent sur
la nature des moyens, ne se proposa jamais
d'autres objets que de rendre arbitraire l'autorité qu'il avoit absorbée toute entière. Tout
occupé de l'intérêt de sa puissance, il ne
voulut pas voir qu'il ne pouvoit pas remplacer
par la force & par des caprices des loix fondamentales, (en France, comme en tout autre
pays, parce qu'elles sont absolument nécessaires à toute société, & que le droit naturel
est par-tout la base (1) de ce qu'on appelle *les
codes* ou plutôt *les droits fondamentaux*) ; il
n'apperçut pas que l'édifice ébranlé dans toutes
ses parties s'écrouloit par une extrémité, tandis
qu'il cherchoit à l'étayer par l'autre ; il aima
mieux dire que le peuple, qu'il enchaînoit à
son char (car la nation rampoit déjà dans la

------

(1) Ce seul mot décide l'étonnante question sur l'existence des lois fondamentales ; car une des premières
exigeances de la loi naturelle, est que le législateur
puise sa législation au sein de cette loi même, & qu'il
ne substitue jamais ses caprices arbitraires aux principes
invariables de la nature.

O 4

servitude), n'étoit pas capable de suivre long-
temps le même système, que de prendre le
seul que toute société puisse adopter ; je veux
dire *un bon gouvernement.*

Mais comment espérer un bon gouvernement dans le pays où l'administration est dirigée par l'opinion arbitraire d'un seul, & où
elle n'est point fixée par des principes invariables, & contenue par l'instruction, qui rend
générale la connoissance des loix naturelles,
& leur infraction notoire ? Quelle sorte de
délire ne résultera pas de cette aveugle & avilissante subordination, que les langues esclaves
ont désignée par ces mots dénaturés, *obéissance, devoir ?*

Dans la nécessité de choisir, il faudroit
préférer, sans balancer, une autorité foible
& incomplète à un pouvoir illimité, dans
quelque main qu'il soit déposé. La licence des
éphores vaut mieux encore que l'insolence des
visirs. L'autorité foible ne sauroit procurer sans
doute un gouvernement heureux & prospère,
mais le despotisme est affreux & ne laisse d'autre réfuge que la mort, s'il parvient entre les
mains d'un prince féroce & stupide (1) ; il est

----

(1) Tacite dit, après la peinture énergique d'une

encore le régime politique le plus effrayant,
quand le prince ne feroit que peu éclairé ; il
eſt très-redoutable fous un défpote habile,
quoiqu'en ait écrit le Roi de Pruſſe, qui fans
doute avoit fes raifons pour établir les principes contraires (1) ; car alors le defpotifme
en devient plus abfolu, & fon fucceſſeur peut,
& doit être un mauvais prince. Ne doit-on pas
attribuer à Céfar tous les excès horribles de
fes fucceſſeurs ? N'eſt-ce pas le plus grand des
crimes que d'avoir frayé le chemin du trône
aux Caligula, & aux Domitiens ?

Dans cet ordre féodal, dont on a tant
médit, c'étoit du moins une maxime conf-

___

peſte qui avoit ravagé Rome fous l'empire de Néron :
« *Equitum ſenatorumque interitus*, quamvis promiſ-
» cui, *minùs flebiles erant*, *tanquam communi mor-*
« *talitate ſævitiam principis prævenirent* ». *Ainſi*
fous le règne d'un tyran, dit Gordon, *la peſte étoit*
un bonheur.

(1) « Rien de meilleur, dit-il, que le gouvernement
» arbitraire ; mais fous des princes humains, juſtes &
» vertueux : rien de pis fous le commun des Rois ».

Le plus grand des philofophes, Socrate, & fes dignes
élèves, Xénophon & Platon, ne penſoient pas ainſi
quand ils ont dit : *Que la monarchie modérée étoit le*
feul bon gouvernement.

tante, que *nul homme ne pouvoit être taxé que de son consentement*. Ce principe renferme le premier droit & le premier garant de la liberté; car les despotes corrompent & séduisent avec l'or ; ils gagent des satellites, des espions, des délateurs; & les vexations illégales se multiplient à mesure que la soif de l'or augmente, & que la facilité de s'en procurer diminue.

Charles VII., sous le règne duquel la féodalité reçut les premières atteintes, Charles VII fut le premier qui, par un simple édit, & sans le concours des états généraux, leva des subsides extraordinaires sur son peuple : acte de despotisme le plus formidable de tous, & dont Louis XI, digne d'en être l'inventeur, se garda bien de négliger l'exemple.

C'est à ce Charles VII cependant, que Jean Juvenel, archevêque de Rheims, disoit en plein conseil : « on m'a rapporté qu'il y avoit » en votre conseil un, qui, en votre pré- » sence, dit à propos de lever argent sur le » peuple, dont on alléguoit la pauvreté, que » ce peuple toujours crie & se plaint : qui » fut mal dit en votre présence ; car c'est plus » parole qui se doit dire en présence d'un ty- » ran inhumain, non ayant pitié & compas-

» fion du peuple, que de vous qui eftes roi
» très-chrétien. Quelque chofe qu'aufcuns
» dient de votre puiffance ordinaire, *vous ne*
» *pover pas prenre le mien : ce qui eft mien*
» *n'eft point voftre.* En la juftice, vous eftes
» fouverain, & va le reffort à vous; vous
» avez voftre domaine, & chafcun particulier
» a le fien (1) ».

Si les levées illégales commencèrent dès
Charles VII, on voit du moins qu'on ofoit
lui dire, même à la cour, qu'il entreprenoit
au-delà de fon droit. Eh ! quel progrès n'a
pas fait depuis la foif du defpotifme & le ferment de la cupidité ? mais auffi, quel progrès n'a pas fait la fervitude, puifqu'on con-
facre aujourd'hui, par d'infames apologies,
des excès de tyrannie, dont on repouffoit
alors avec tant de force les premiers effais ?

On feroit trop effrayé, trop dégoûté peut-
être de vivre en fociété, fi l'on obfervoit d'un
œil attentif avec quelle rapidité toutes nos
conftitutions européennes, fi l'on en excepte
une feule, s'accélèrent vers le *defpotifme*, &
entraînent ainfi dans la profcription la plus re-

---

(1) Joly dans fes notes fur les opufcules de Loyfel,
pag. 490.

doutable, la plus belle contrée de l'univers.

Quelle variation dans nos privilèges, dans nos coutumes, dans nos loix, à nous François, peuple doux & imprudent, qui du plus haut dégré d'une liberté, peut-être trop peu éclairée, s'est précipité vers l'esclavage le plus profond & le plus resserré !

Un écrivain (1), plus connu par son dévouement au ministère & par ses ménagemens adroits & lucratifs, que par ses talens littéraires, vient de promettre solemnellement d'attaquer l'authenticité de nos anciens privilèges, & s'est engagé à prouver, entre autres thèses tout-à-fait nouvelles, & sur-tout précieuses à la nation, que l'autorité législative *ne fut jamais placée dans les champs de Mars & les assemblées qui leur succéderent.*

Il prouvera sans doute aussi que le monarque possédoit seul cette autorité, car c'est une

_____

(1) M. Moreau (*Leçons de morale, de politique, & de droit public, puisées dans l'histoire de notre monarchie, ou nouveau plan, &c.*) Paris, chez Moutard, 1773.

C'est à cette époque que l'essai sur le despotisme devoit paroître. (*Note de l'Editeur.*)

conséquence nécessaire de sa première proposition.

Il nous promet encore d'établir que le chef suprême *appeloit & excluoit* qui il vouloit de ces assemblées ; & que chacun des membres qui y assistoient, *n'avoit que des conseils à donner & non des suffrages.*

Cet auteur, il faut en convenir, s'est imposé une belle tâche, & sur-tout, il s'est voué à une occupation vraiment patriotique, vu les circonstances & l'objet.

Il va détruire bien des préjugés & renverser un grand nombre de vieilles erreurs.

Il établira, par exemple, malgré tout ce qu'on croyoit savoir à cet égard, qu'il est faux que le premier acte de législation de nos rois date de la fin du XIIe siècle, & que l'ordonnance de Philippe-Auguste de 1190, que l'on regardoit comme le premier monument de leur pouvoir législatif, a été précédée de beaucoup d'autres édits.

Il nous expliquera les propres mots de Clotaire, qui dit, en parlant des assemblées du champ de Mars, *on les convoque parce que tout ce qui regarde la sûreté commune doit être examiné & réglé par une délibération com-*

mune ; & je me conformerai à tout ce qu'elles
ont résolu. Et ailleurs Clotaire répond aux ambaffadeurs de la reine Brunehault, « qu'il
» faut convoquer une affemblée de la no-
» bleffe, & délibérer en commun des affaires
» communes. (Clotarius refpondit conventum
» nobilium neberecam aggregare Francorum,
» ET COMMUNI TRACTATU DE COMMUNIBUS
» CONSULERE REBUS (1) ».

Il traduira, felon fon opinion, ces mots
qui fe trouvent dans une ordonnance de Childebert de 532 : « nous avons traité quelques
» affaires à l'affemblée de Mars avec nos ba-
» rons, & nous en publions aujourd'ui le ré-
» fultat, afin qu'il parvienne à la connoiffance
» de tous (2) ».

Il voudra bien renverfer le témoignage du
favant Bouquet, qui travaillant par ordre &
fous les yeux du gouvernement, s'explique
ainfi dans la préface des loix faliques (3) dic-

---

(1) *Aimoin , de geft. Franc. l. 4. c. 1. apud Bouquet , recueil III.*

(2) Bouquet (ibid. tom. 6 , p. 3.) ; & dans une autre
ordonnance : *Nous fommes convenus, avec le confentement de nos vaffaux*, &c. ibid. §. II.

(3) Ibid. p. 22 (& ailleurs, idem, p. 124) : « *Hoc*

taverunt salicam legem proceres ipsius gentis,
qui tunc temporis apud eam erant rectores :
sunt electi de pluribus viri quatuor, qui per
tres mallos, convenientes, omnes caussarum
origines sollicitè discurrendo tractantes de sin-
gulis, judicium decreverunt *hoc modo.*

Il nous mettra en garde contre cet autre
passage très-singulier, relatif aux champs de
Mars, & tiré des auteurs des annales des
Francs, *sedebat in sellâ regiâ, circumstante*
exercitu; præcipiebat is die illo quidquid à
Francis decretum erat.

Il nous expliquera pourquoi Pepin l'habile,
l'audacieux Pepin (qui une fois arrivé au
trône possédoit absolument l'autorité législative, puisqu'elle étoit l'apanage de la souve-
raineté), pourquoi Pepin, dis-je, quand il

» *decretum est apud regem & principes ejus, & apud*
» *cunctum populum christianum, qui infrà regnum*
Merwingorum consistunt ». Voyez dans M. de Mably
(*observ. sur l'hist. de Franc.*), dans des chartes accordées par des rois de la première race : « *Ego Childer-*
» *bertus rex und cum consensu & voluntate Franco-*
» *rum, &c.* (annal. 558, ibid. 621) *Clotharius III,*
» *und cum patribus nostris episcopis optimatibus,*
» *cæterisque palatii nostri ministris* (ann. 664);
» *de consensu fidelium nostrorum* ».

affocia Charles & Carloman fes deux fils à la couronne, fous le confentement de l'affemblée nationale, fe fervit de cette formule fi connue, *unà & cum confenfu* (1) &c. L'ufage le plus ordinaire des rois n'eft pas de céder dans la forme ce qui leur revient dans le droit.

M. Moreau joindra à toutes ces inftructions une réfutation d'Eginhart, fecrétaire, hifto-riographe & gendre de Charlemagne, & par conféquent fi à portée d'être bien inftruit de la conftitution. Cet Eginhart dit expreffé-ment : *que les Francs confirmèrent le choix de Pepin à fa mort*; & ce qui eft bien plus concluant & bien plus *attentatoire* à l'opinion de M. Moreau, *qu'ils limitèrent leurs états refpectifs* (2).

Plus ce nouvel antiquaire avancera dans fa carrière, plus fes travaux augmenteront, & plus fans doute nous lui devrons de recon-noiffance.

Ses recherches profondes nous apprendrons comment le plus grand & le plus puiffant prince, qui ait jamais exifté, comment Char-

---

(1) Voyez p. 85, note 1.
(2) 768.

lemagne

lemagne (1), s'il avoit cru toute l'autorité lé-
giflative concentrée dans fes mains, auroit dit
dans la charte qu'il donna pour le partage de
fes domaines, dans le cas où il y auroit incer-
titude fur le droit des différens compétiteurs
à la couronne : *celui d'entre eux que le peuple
choifira fuccédera à la couronne.* Car c'eſt une
anecdote bien fingulière pour l'hiſtoire philofophique de ce prince & de ce fiècle. M. Moreau nous dira pourquoi ce prince affembla fi
exactement une ou deux fois l'an les *conventus
malli* ou *placita* (2) qui fe tinrent réguliè-
rement fous cette dinaſtie, lui dont le génie
pouvoit fans doute fupporter feul tout le faix
de la légiſlation.

M. Moreau joindra à fes favantes leçons un
commentaire du traité d'Hincmar (3), *de or-
dine palatii* ; important & précieux monument de nos antiquités ; recueil de points
de fait, d'où l'on pourroit lui fufciter bon
nombre d'objections embarraffantes, & dont
la réfolution eſt digne de lui.

_____

(1) *Capitul. vol.* 1, *p.* 442.

(2) Noms des affemblées de la nation, fous la feconde race.

(3) Archevêque de Rheims.

P

C'eſt dans ce traité qu'il trouvera la preuve de l'exactitude avec laquelle Charlemagne convoqua toujours les aſſemblées de la nation deux fois par an. Dans l'une ſe régloit l'état de tout le royaume, dans l'autre on fixoit les dons généraux (1).

C'eſt dans ce même traité que M. Moreau notera ce paſſage ſi formel & ſi peu ſuſpect, puiſqu'aprés avoir établi l'uſage conſtant *de la diſcuſſion amiable* entre les ſujets & le ſouverain, Hincmar rend témoignage de la ſubordination conſtante de ceux-là, lorſque le prince les avoit entendus, *auſſi long-temps qu'ils vouloient lui parler*, lorſqu'il avoit admis leurs raiſons, leurs contradictions & leurs conſeils. « *Quanto ſpatio voluiſſent*, cum eis conſiſ- » teret, & *cum omni familiaritate*, qualiter » ſingula reperta habuiſſent referebant, quan- » tâcumque *mutuâ diſputatione*, ſeu amicâ » *contentione* decertaſſent apertius recitabant... » donec res ſingulæ ad effectum perductæ glo-

(1) *Conſuetudo autem tunc temporis talis erat ut* » *non ſexplùs ſeb bis in anno placita duo tenerentur* » *unum quandò ordinabatur ſtatus totius regni...,* » *Propter dona generaliter danda aliud placitum,* » *&c. &c.* » (De ordin. palat. c. 29.)

» rioſi principis auditui in ſacris que obtui-
» tibus exponerentur, & quidquid ſapientia
» ejus eligeret, omnes ſequerentur (1).

Le lecteur remarquera que c'eſt A LA SA-
GESSE DE CHARLEMAGNE qu'Hincmar
aſſure que les François s'en rapportoient toujours.

Il ne laiſſera pas que de rencontrer, dans
les capitulaires même, des difficultés que lui
ſeul peut lever. Il trouvera, par exemple, une
loi de l'an 803, qui ordonne que « lorſqu'il
» s'agira d'établir une nouvelle loi, la pro-
» poſition en ſoit ſoumiſe *à la délibération du*
» peuple, *& que s'il y a donné ſon conſentement,*
» *il la ratifiera par la ſignature de ſes re-*
» *préſentans* (2) ».

Il trouvera dans un édit de Philippe le Bel (3),
par lequel ce roi promet d'établir deux parlemens à Paris, ces propres mots qui méritent
quelques notes : « *prætereà, propter commo-*
» *dum ſubjectorum expeditionem cauſſarum ,*
» *proponimus ordinare quod duo parlamenta*
» *Pariſiis , & duo ſcataria Rothomagenſia ,*
» *& dies trecenſes bis tenebuntur in anno , &*

_____

(1) Ibid. anno 882, cap. 34 & 35.
(2) *Capitul. vol.* 1, *p.* 194.
(3) 1302.

P 2

» *quod parlamentum apud Tholofam tenebi-*
» *tur*, fi gentes prædictæ terræ fentiant, *quòd*
» *non appelletur à præfentibus in parlamento* »

Il trouvera dans le recueil des hiftoriens de
France (1) une lettre de Hugues Capet à l'archevêque de Sens, où l'on trouve ces propres
termes : « que *ne voulant point abufer de la*
» *puiffance royale*, il rè gle toutes les affaires
» de la chofe publique *par le confeil & l'avis*
» *de fes fidèles.* (Regali potentiâ *in nullo*
» *abuti volentes* omnia negotia reipublicæ *in*
» *cenfultatione & fententiâ* fidelium noftro-
» rum difponimus) ».

Il trouvera beaucoup d'ordonnance de la
troifième race (fous Louis VI, Louis VII,
Philippe-Augufte, Saint-Louis) qui fpécifient
très-clairement *le confeil, confentement, vo-*
lonté, concours des prélats & feigneurs, des
barons, des fidèles (2), comme néceffaires à
la fanction des actes légiflatifs.

Mais il trouvera fur-tout dans le code des
loix normandes (3), confervées pour la plu-

_____

(1) Tom. 10, p. 391.

(2) Ordonnances des années 1113, 1128, 1137,
1158, 1209, 1228, 1246, &c. &c.

(3) Codex legum Normanicarum edente Ludwig.

part dans la coutume de Normandie , & qu'on
peut regarder comme le recueil légiſlatif où
ſont conſignées les loix & coutumes anciennes
de l'Europe , il trouvera, dis-je , dans ce code
ce texte précis , & qui paroît n'admettre aucune réplique contradictoire.

« *Quoniam ergo leges & inſtituta, quæ*
» *Normanorum principes ,non ſine magnâ pro-*
» *viſionis induſtriâ prelatorum , comitum &*
» *baronum ; nec non & cæterorum virorum pru-*
·» *dentium conſilio & conſenſu ad ſalutem hu-*
» *manam fœderis ſtatuerunt , &c. &c. ».*

M. Moreau obſervera ſans doute, que Ludwig , éditeur de ce code, célèbre juriſcon-
ſulte , défenſeur de Frédéric premier (1) ,
qui ne déguiſoit pas ſon goût pour le deſpotiſme ; il obſervera , dis-je , que Ludwig établit , comme baſe du droit germanique , LA
NÉCESSITÉ DU CONSENTEMENT DES TROIS
ORDRES. Voici les propres termes de ſon commentaire : « *eſt hoc homini germano omninò*

---

cap. prim. §. 1 , tom. 5. De reliquiæ manu-ſcriptorum ,
&c. (in præfatione notat Ludwig. has leges ſeculi de-
cimi tertii coœvas.)

(1) Dans ſes diſcuſſions pour la principauté de Neu-
chatel.

P 3

» *difcendum & notandum quòd légiflatoriæ po-*
» *teftas uti in imperio non penès imperatorem*
» *folum ; verùm etiàm. ordines in comitiis : Itá*
» *in provinciis quoquè principi foli , non licuit*
» *'condere leges , nifi in conceffu , confenfuque*
» *procerum provincialium (der lanflaende) ut*
» *adeò provinciales, leges nomen fuftinerint*
» *provincialium neceffuum in vernacula : (der.*
» *lantags abfchiede) &c. &æ* ».

On pourroit conclure, ce me femble , fans
fortir des règles de l'analogie , pour la France
occidentale , d'après les loix de la France
orientale (1).

Il feroit trop long de parcourir la centième
partie des difficultés que M. Moreau s'engage
à réfoudre ; & je finirai par ces mots de Pafquier , qu'il foudroiera fans doute auffi facilement que tous les autres, mais qui font affez
finguliers pour être rapportés ici.

« Pourquoi *Capet*, plus fin que vaillant »

---

(1) L'Europe offre par-tout les mêmes lois. En Danemarck , où l'on a toujours af<i>f</i>ervi les hommes , je trouve
cette infcription des lois danoifes : « *Leges Danicæ*
» *à Wuldemno editæ anno* 1200, *in parlamento*
» *Danico* ex confenfu meliorum regni (Ludwig reliquiæ manu-fcriptorum. tom. 12.)

» & qui, par astuce seulement, étoit arrivé
» à la couronne, fit, au moins mal qu'il pût,
» une paix avec tous les grands, ducs &
» comtes, qui commencèrent dès-lors à le re-
» cognoître seulement pour souverain, ne
» s'estimant, au demeurant, guère moins en
» grandeur que lui; & certes quelques-uns,
» non sans grande apparence de raison, sont
» d'advis que la première institution des pairs
» commença adonc entre nous. (1) ».

Il sera beau voir M. Moreau discutant avec
une érudition profonde, & sur-tout, une sa-

_____

(1) Voici un passage de Montaigne, bien analogue
à celui de Pasquier. « César appelle roitelets tous les
» seigneurs ayant justice en France de son temps. De
» vrai, sauf le nom de sire, on va bien avant avec
» nos rois, & voyez aux provinces éloignées de la
» cour, nommons Brétaigne, par exemple, le train,
» les sujets, les officiers, les occupations, le service
» & cérémonie d'un seigneur retiré & casanier, nourri
» entre ses valets; & voyez aussi le vol de son ima-
» gination, il n'est rien plus royal. Il oit parler de son
» maître une fois l'an, comme du roi de Perse, &
» ne le recognoît que par quelque vieux cousinage,
» que son secretaire tient en registre. A la vérité,
» nos lois sont libres assez, & le poids de la souve-
» raineté ne touche un gentilhomme françois à peine
» deux fois en sa vie ».

gacité franche & impartiale, tous ces paſ-
ſages, accompagnés d'une foule d'autres, qu'il
rapportera fidellement, ſans en tronquer aucun , & qu'il choiſira ſans doute parmi ceux
qui ſemblent les plus défavorables à ſon
opinion.

Mais un écrivain, *auſſi philoſophe*, *& ſur-
tout auſſi honnête*, ne s'en tiendra pas à ces
recherches ; il ſait que les citations ſont toujours détruites par d'autres citations, les autorités oppoſées à d'autres autorités ; il ſait qu'on
ſuppoſe rarement de la bonne foi dans ces
ſortes de diſcuſſions, & que pluſieurs écrivains ont, à trop bon droit, donné de la méfiance pour ce genre polémique.

Il ſait que la plus vile des ſervitudes eſt
celle de l'eſclave qui vend ſa plume & ſes
principes , comme la plus odieuſe tyrannie
eſt celle qui s'exerce ſur les penſées (1) ; &
qu'un honnête homme ne ſauroit trop écarter
le plus léger ſoupçon d'un tel trafic.

Il n'ignore pas que le préſident Hénault,

_____

(1) *L'eſclavage*, dit Cicéron, *eſt l'aſſujettiſſement
d'un eſprit rampant & comprimé , qui n'eſt pas
maître de ſa propre volonté. Servitus obedientia eſt
fracti animi & abjecti, arbitrio carentis ſuo.*

(Cic. paradox V, c. 1.)

(ou celui que ce magiſtrat a copié,) vendu
à la cour, a traduit, au grand ſcandale de la
nation, ces mots : *ex conſenſu populi*, par
ceux-ci : dans l'aſſemblée du peuple ; traduc-
tion certainement intolérable, à ne conſidé-
rer que littérairement le ſeul mot *conſenſus* ;
mais dont le mot *ex* découvre bien évidemment la lâche intention (1) ; car les mots *ex*
& *in* n'eurent jamais la même ſignification, &
il eſt impoſſible de s'y tromper de bonne ſoi.

M. Moreau eſt trop inſtruit, pour ne pas
ſavoir que la cour, qui achète & corrompt
tout & tous, a porté la précaution juſqu'à
falſifier les capitulaires de Charlemagne ; dans
les nouvelles éditions des ordonnances, où
on les chercheroit en vain (ſur-tout dans ce
qui concerne les états-généraux), reſſemblant
au texte qu'on lit dans Baluſe.

D'ailleurs, M. Moreau, *homme d'état &
philoſophe*, a penſé plus d'une fois que rien
n'importe moins aux hommes que les chicanes
& les ſubtilités de la juriſprudence diploma-
tique. Il ne doute pas que leurs droits impreſ-

_____

(1) Il eſt une autre preuve bien plus formelle encore de cette *intention* ; c'eſt que les mots *ex conſenſu* ſont précédés de ceux-ci : *in parlamento.*

criptibles n'exiſtaſſent également, quand ils ne ſeroient pas écrits.

Après les ſavantes diſcuſſions, qui le feront triompher ſur les points de fait, il établira avec évidence qu'il eſt poſſible, vu les mœurs connues des premiers Francs, tous les monumens qui nous reſtent de leurs anciennes inſtitutions, de leurs uſages, de leurs maximes, des principes féodaux qui leur ſervirent ſi long-temps de code ; il établira, dis-je, qu'il eſt poſſible (1) que le pouvoir légiſlatif abſolu

---

(1) Tacite dit expreſſément : *Que le conſentement de tous les membres de la ſociété étoit néceſſaire dans les délibérations priſes par les Germains ; de minoribus rebus principes conſultant, de majoribus omnes :* & l'on trouve (mor. Germ.) ces propres mots, que je ſuis bien aiſe de citer, dans la crainte qu'ils n'échappent à M. Moreau, « *Mox rex,* vel *principus* prout *œtas cuique,* prout *nobilitas,* prout *decus belorum,* prout *facundia* eſt, *audiuntur, auctoritate ſuadendi magis quàm jubendi poteſtate* », que M. d'Alembert traduit ainſi, preſque littéralement : *Alors le roi, ou le chef, ou tout autre ſont écoutés, ſelon le rang que leur donne l'âge, la nobleſſe, la gloire des armes, l'éloquence. L'autorité de la perſuaſion eſt plus forte que celle du commendement.*

On lit dans ce même paſſage de Tacite ces propres

fe foit trouvé *uniquement placé* fur la tête du chef, fans nulle efpèce de modification, qu'une fimple *confulte d'apparat* & non de *réalité* ; puifqu'au droit de *confeil* ne fe réuniffoit jamais celui de *fuffrage* : telle eft donc le plan fimple & complet de M. Moreau.

Il nous montrera que malgré la préfomption qu'infpirent les coutumes des Germains, nos pères, malgré les textes des plus anciennes loix feptentrionales, (ripuaires, bourguignones, &c.) des capitulaires, des loix faxones & germaniques, (bafe des loix angloifes, françoifes, l'on peut dire même européennes ; car, felon l'obfervation de Ludwig, l'Europe n'avoit dans l'ancien temps QU'UNE LANGUE ET UNE LOI. *In Europeâ...fuiffe unum grammaticum, & legiflatorem*) (1) ; il nous montrera, dis-je, que, malgré la mention expreffe des ordonnances de la troifième race, la révolution, dont il annonce les preuves, s'eft légalement opérée.

Il nous démontrera fur-tout avec une évidence capable de nous infpirer une profonde

mots : *Nec regibus infinita aut libera poteftas, & duces exemplo potiùs quam imperio.*

(1) *Reliquiæ manu-fcriptorum, &c.* (præfatio.)

fécurité, que l'autorité légiſlative remiſe entre
les mains d'un chef indépendant des loix, puiſqu'il pourra toujours en ſubſtituer d'autres, &
ne ſera jamais arrêté par aucun tribunal com-
pétent, pas même par celui de la nation aſſemblée ; il nous démontrera, dis-je, que cette
autorité ne pourra jamais dégénérer en deſpotiſme ; car, ſi çela ſe peut, la queſtion eſt déci-
dée : je réclame pour les droits des hommes,
je proteſte pour moi, pour mes enfans, pour
tous mes ſemblables. Le deſpotiſme n'eſt pas
& ne ſauroit être une forme de gouvernement,
& l'adminiſtration qui pourroit y conduire
une nation, ſeroit un brigandage criminel, funeſte, & contre lequel tous les hommes doivent ſe liguer.

S'il s'agiſſoit d'être ſoumis au pouvoir arbitraire, pourquoi des recherches ? pourquoi
des réglemens civils ? pourquoi des loix cri-
minelles ? Offrons-nous au glaive, nos maux
ſeront plutôt terminés....

Mais dans quels piéges vais-je tomber ?..
Je parle à des philoſophes exempts de préjugés & de paſſions, & près de qui je paſſe-
rai pour un déclamateur forcéné !... Ils dé-
nonceront ſans doute cet ouvrage comme un
véritable ſignal de révolte. « La longue expé-

» rience des hommes & des chofes, leur a
» appris que le peuple heureux étoit infolent,
» qu'il étoit néceffaire de lui faire fentir fés
» chaînes, & que l'efprit de *liberté*, infépa-
» rable du *fanatifme*, étoit le père de la *re-*
» *bellion* & de la *licence*..., ».

Je connois depuis long-temps ces maximes
tant répétées par les efclaves des cours ; je fais
qu'à leur gré *les peuples font encore trop heu-*
reux de n'être pas réduits à brouter des terres
défertes & ftériles.... (1).

Oui fans doute, quelques êtres plus foibles
de corps & d'efprit que le refte des humains,
doivent commander defpotiquement à des millions d'efclaves ; & c'eft un effort de générofité que de leur laiffer de quoi fuftenter leur
miférable vie.... Ce principe eft humain,
il eft raifonnable ; & dans un fiècle où les arts,
la fcience & la philofophie fleuriffent à l'envi,
c'eft à bon droit qu'on ne s'étonne pas que

─────────────────

(1) Mot affreux, adreffé par l'atroce Bullion à
Louis XIII.

On peut dire des infames adulations des courtifans
fans celle occupés à animer & fervir les paffions du
maître : qu'ils les excitent : *Quaſi, jam non ſatis,*
ſud ſponte furient. (Terent. Adolph.)

la Pologne & le Danemark foient fécondés & nourris par des *ferfs*, & que l'Allemagne & la France elle-même en renferme.

Ceux dont le cœur ne s'eft pas brifé en entendant que les quatre cinquièmes de l'humanité devoient être malheureux, pour affurer la tranquillité de quelques hommes (eh ! quelle tranquillité !), pour leur procurer des plaifirs & des jouiffances, croiront aifément tout le refte.

Ceux qui ont ofé nous vanter *le defpotifme oriental*, & auxquels l'indignation publique n'a pas interdit le *feu & l'eau*, doivent attaquer la liberté dont ils ne font pas dignes. Mais il eft encore des hommes honnêtes, qui déploreront le ftupide aveuglement des uns & frémiront en entendant les autres.

Les apologiftes du defpotifme devroient être déclarés *exleges* (1), c'eft-à-dire, deftitués de toute protection de la part du roi & de la loi, infames, indignes de toute créance, déchus de tous droits, & inhabiles à tous devoirs de citoyen ; car ils outragent également les rois, dont ils profanent l'autorité, la loi

----

(1) Punition impofée en Angleterre aux jurés qui ont prévariqué fciemment dans un jugement.

qu'ils foulent aux pieds, & les hommes dont
ils cherchent à anéantir les premiers & les plus
facrés des droits.

On éleva une colonne de bronze dans la
citadelle d'Athènes avec cette infcription :
« Qu'Arthemius de Zélie, fils de Pythonax,
» foit tenu pour infame & pour ennemi des
» Athéniens & de leurs alliés, lui & les fiens,
» parce qu'il a fait paffer de l'or des Mèdes
» dans le Péloponèfe ». C'étoit, fuivant les
loix d'Athènes, mettre fa tête à prix que de
le flétrir ainfi.

Mais celui qui nous apporte les principes
orientaux, celui qui foufle le venin du fanatifme (1), celui qui, par fes écrits, fomente
la corruption & l'efclavage, n'eft-il pas plus
coupable encore, que celui qui nous apporte
l'or de nos ennemis ? les crimes littéraires ne
font-ils pas les plus grands des crimes ? il m'importe peu que mon voifin ait des principes
abominables, fi je n'ai point affaire à lui ;
mais divulguer & rendre public des principes
horribles ou même dangereux, c'eft un délit
focial qui intéreffe tous les citoyens ; élevons-

_____

(1) L'abbé de Cavelrac, fi tendrement défendu par
M. Linguet, avocat des Néron, des fultans & des vifirs.

nous fans ceffe contre les monftres qui blaf-
phèment la liberté.

Elle eft l'ame de l'ame, la vie morale de
l'homme, la fource de toutes les vertus, la
bouffole de toute adminiftration profpère, depuis les plus petits détails jufqu'aux plus
grandes fpéculations politiques ; la richeffe,
la gloire, le foutien des empires & des princes
qui les gouvernent. Quel homme inftruit,
quel fujet fidèle, pourroit donc ne point l'aimer, quand l'inftinct de l'humanité ne la ré-
clameroit pas fans ceffe ? Et dans quelle autre
caufe l'enthoufiafme feroit-il plus permis ?

Nous abandonnerions, difent les Aragonois
dans le préambule d'une de leurs loix, notre
fol ingrat & ftérile, pour habiter des régions
plus favorifées de la nature, fi notre liberté,
défendue & garantie par notre conftitution
politique, ne nous étoit pas plus chère que
toutes les jouiffances d'un pays plus fécond
& moins libre... (1).

_____

(1) On lit dans les anciens auteurs, des chofes très-
étonnante fur la puiffance de l'Efpagne, dans le temps
où, divifée en plufieurs états, elle jouiffoit d'une liberté depuis tout à fait inconnue.

Et

ET nous, dont l'heureuse patrie réuniſſoit tous ces avantages; nous, deſcendans de ces fiers gaulois, dont la valeur, nourrie au ſein de la liberté, & ſans ceſſe animée par elle, arrachoit aux hiſtoriens romains l'aveu de l'effroi qu'elle inſpiroit à Rome, ſi accoutumée à voir ſes conſuls & ſes légions humiliées par ce peuple belliqueux, que ce fier ſénat, juge & protecteur des rois, *ne penſoit qu'à ſa ſûreté & oublioit ſa gloire* (1), *alors qu'il avoit à combattre ces ennemis redoutables*; nous, ſous les coups deſquels s'abattit le farouche deſpotiſme, qui faiſoit ramper l'univers, nous laiſſons fuir de notre ſein cette liberté qui valut à nos pères leur glorieux renom & la longue durée d'un vaſte & floriſſant empire....

Hommes vertueux, luttez pour cette liberté

_____

(1) « *Quo metu Italia omnis contremuerat, illi-* » *que & indè uſque ad noſtram memoriam Romani* » *ſic habuere, alia omnia virtuti ſuæ prona eſſe;* » *cum Gallis pro ſalute, non pro gloriâ certare* ». (Salluſt. jurgurth.)

Cicéron appelle les Gaulois: *la ſeule nation qui ne manque pas de force pour faire la guerre au peuple romain. Gens.... quæ populo romano bellum facere & poſſe, & non nolle videatur.* (3e. Catilin.)

Q

sainte ; le défir d'être utile à son pays eſt le
beſoin d'une belle ame ; & s'il eſt vrai qu'il
vient un temps où il n'eſt plus poſſible d'arrêter le torrent ; s'il eſt vrai qu'un peuple,
plié à la ſervitude, enviſage un homme qui
veut le bien, comme un inſenſé ; & lui nuit
réellement quand il le peut, ſongez du moins
que l'exemple des vertus eſt la dette des
hommes vertueux ; que le courage & la juſtice
ſont les premières des vertus, dignes inſtru-
mens de *gloire* & *défenſeurs de la liberté* (1) ;
que le devoir & la conſcience ſont des juges
& des rémunérateurs incorruptibles, & qu'il
n'eſt aucun ſiècle qui n'ait honoré *Caton*, *Hel-*
vidius, *Priſcus*, *Thraſea*, *Duranty*, *Goë-*
briant, *Turenne*.

Alors que les grands hommes ſont deſcendus
dans la tombe ; alors que les paſſions & les
intérêts particuliers s'évanouiſſent ; alors que
l'envie ſe tait, la voix de la poſtérité ſe fait
entendre : les illuſions menſongères diſpa-
roiſſent ; les vaines clameurs ne ſont plus ; &

---

(1) « *Duabus his artibus, audacia in bello, ubi*
» *pax evenerat, æquitate, ſe remque publicam cu-*
» *rabant* », dit l'énergique Salluſte, dans le magnifique portrait qu'il a tracé des premiers romains.

si les grands talens & les vertus fortes, persé-
cutés & dédaignés, furent plus d'une fois le
tourment de celui que la nature éleva au-
dessus des autres hommes, il s'apprécia du
moins au fond de son cœur; il devina le jugement de la postérité; & le tribut tardif de
notre vénération & de nos éloges, apprend à
ceux qu'une noble émulation entraîne dans
la carrière épineuse de la véritable gloire,
qu'ils se trouveront un jour à la place qu'ils
auront méritée; & que les arrêts de l'opinion, les seuls durables, les seuls auxquels
n'échappe aucun mortel, sont tôt ou tard
équitables.

Les hommes aiment mieux attribuer leur
conduite à la corruption générale qu'à leurs
mauvaises inclinations; *il faut*, disent-ils,
telle ou telle chose pour réussir dans le monde :
quelle est donc la nécessité de réussir, au prix
d'une action mal-honnête?

J'ose dire qu'il faut, pour réussir, faire le bien
& le faire avec audace. Il en résulte au moins
le plus grand des avantages, une grande considération & une saine réputation.

Dans les cours, il n'y a que deux rôles à
jouer; celui d'un fripon qui sacrifie tout à

fa fortune ; ou celui d'un homme de la plus
exacte & de la plus rigide probité.

Il faut beaucoup plus de travail pour soutenir le premier rôle ; le second va tout seul ;
& l'on arrive, ou l'on reste également par l'un
& par l'autre. Tacite dit, en parlant d'un certain Lepidus , qu'il doute : *an* . . . .
liceat . . . . . . *inter abruptam contumaciam*
& deforme obsequium , pergere iter ambitione
& periculis vacuum. Pour moi , je n'en
doute pas. Le chemin le plus âpre , est
presque toujours le plus court.

Si tous les hommes étoient persuadés de
cette vé ité , les princes entendroient moins
de lâches adulateurs prostituer leur raison à
soutenir des principes insensés & inhumains.

Je ne saurois comprendre , par exemple ,
quelle sorte d'observation ou d'expérience peut
étayer ce raisonnement si commun & si ancien :
que les hommes , pour être tranquilles , ne doi-
vent pas être heureux.

S'il est une maxime impie, c'est assurément
celle là ; mais elle renferme aussi le délire le
plus inconséquent. Combien d'homme cependant ont cru qu'elle contenoit le grand secret
de la politique.

Licurgue, réformateur révéré, dont on a consacré toutes les violence & les visions ; Licurgue appeloit *la prospérité, la destructrice des mœurs, parricida morum.* Il parloit en déclamateur, qui ne connoissoit ni les hommes, ni le véritable bonheur. Non, sans doute, la prospérité n'a jamais rien détruit. C'est l'élément de l'humanité, ou du moins l'objet constant & nécessaire auquel elle doit tendre. Le despotisme & ses menées, le luxe & ses piéges détruisent les mœurs & les états; & l'un & l'autre détruisent aussi la véritable *prospérité*; celle qu'ils semblent procurer, n'est qu'une enflure trompeuse; & l'unique & stable félicité ne se trouve que dans la modération & la liberté. Ces vérités pratiques ne sont point des maximes morales; elles sont le résultat le plus simple, le plus réitéré, le seul évident, le seul incontestable du peu de lumières certaines que nous avons sur l'histoire de l'humanité.

Le faux principe de Licurgue & de tant d'autres philosophes, tient à une première erreur, qui auroit prescription, s'il en pouvoit exister en fait d'erreurs. Les législateurs qui n'ont pas puisé leurs législations dans la loi naturelle, simple & évidente, c'est-à-dire,

dans la connoissance & l'expérience de ce qui
est toujours bon & avantageux à l'humanité,
ont couvert d'un voile épais & mystérieux la
science de la politique, qui devoit être celle
de tous les hommes.

On s'est imaginé communément que les
opinions ordinaires & les vertus mêmes devoient changer de nature, & se plier au besoin de cette science factice, à l'abri de laquelle les ambitieux se sont rangés, & en ont
imposé au peuple par de grands mots.

On n'a pas douté, par exemple, & c'est une
maxime très-généralement reçue, que la politique doit *exclure la probité*.

Le juste Aristides se trompoit, & manquoit
de lumière, lorsqu'il assuroit que le projet de
Thémistocles, qu'on soumettoit à sa censure,
étoit très-utile à la république, mais très-in-
juste. En réfléchissant davantage, il auroit
trouvé ce projet aussi nuisible qu'injuste. Il n'y
a de politique sûre, que celle qui est fondée
sur la probité & la justice : l'infortuné *roi Jean*
disoit, que si la vérité étoit bannie de la terre,
elle devroit se retrouver dans le cœur des rois.
Ce noble sentiment, aussi conforme aux règles
de la politique la plus habile, qu'aux prin-

cipes de la vertu la plus pure , doit faire
oublier les fautes de ce monarque ; & les
hommes qui penfent, fe fouviendront plus
long-temps de ce mot que de la bataille de
Poitiers.

Le cardinal de Richelieu a recommandé aux
rois *leur réputation , comme leur bien le plus
folide* ; bel hommage, ce me femble, que
le vice rend à la vertu : c'eft une chofe bien
frappante que d'entendre proférer cette maxime
à un homme qui détruifoit par fa feule exiftence la gloire de fon maître.

Mais ce miniftre étoit habile : il favoit que
les chofes n'ont de valeur réelle que celle que
l'opinion leur donne ; & que les princes doivent par conféquent prendre le plus grand
foin de leur réputation.

C'eft donc un prin͡   ͡uffi faux que mal-
honnête , que celui qui fait prévaloir ce que
l'on appelle *maxime d'état , intérêt d'état* fur
la *probité : l'intérêt d'état & la probité* ne
peuvent jamais être féparés ; il feroit auffi
abfur e de le penfer , que criminel de fe conduire d'après ce principe ; & ce n'a pas été
pour moi un médiocre étonnement , que de
trouver dans l'ouvrage eftimé (& eftimable à

Q 4

beaucoup d'égards) d'un savant & célèbre philosophe ; *qu'il ne faut pas confondre le droit politique avec la politique, qui lui est souvent contraire* (1). La probité est la première *maxime* ; le *premier intérêt de l'état*, c'est d'être conduit avec *probité* ; & cette qualité, connue dans le prince & ses ministres, sera son plus ferme soutien intérieur & extérieur.

D'ailleurs, qui s'est jamais repenti d'être juste & bienfaisant ? Que les courtisans citent un seul exemple qui prouve que ces vertus ont nui aux princes (2).

L'homme, qu'on calomnie sans cesse auprès des rois, leur sait gré de tout le mal qu'ils ne lui font pas ; nous chérissons un bon prince ; nous lui rendons un hommage de gratitude, comme s'il n'étoit pas en notre pouvoir de déposer & de punir les tyrans.

Une règle générale & vraie, c'est que l'on

---

(1) Cette assertion est tout au moins ambigue ; & si l'auteur a cru que la *politique ne devoit pas être contraire au droit politique, quoiqu'elle le fût*, cela valoit la peine d'être dit dans les élémens de philosophie.

(2) On sait que les espagnols refusèrent des ôtages que leur offroit Henri IV, dont la parole passoit pour plus sûre que les traités les mieux cimentés.

ne fe plaint auprès du maître , que du bien
qu'il fait ; & l'on ne fe plaint jamais loin de
lui, que de fes injuſtices. Eh ! comment écou-
teroit-il la voix d'un peuple qu'il ne connoît
que comme l'aveugle inſtrument de fa grandeur (1)?

« Ce ne font jamais les bons fujets qui
» manquent aux rois ; c'eſt le roi qui manque
» aux bons fujets, dit le célèbre & digne ami
» d'un grand monarque ; la difficulté fera tou-
» jours, ajoute-t-il, de rencontrer un prince
» qui ne cherche point dans le miniſtre de
» fes affaires le miniſtre de fes goûts & de
» fes, paffions ; qui, uniſſant beaucoup de
» fageſſe à beaucoup de pénétration , prenne
» fur lui, de n'appeler à remplir les pre-
» mières places, que les perfonnes dans lef-
» quelles il aura connu un auffi grand *fonds*
» *de droiture & de raifon* , que de *capacité*;
» enfin, qui, ayant lui-même des talens, n'ait
» point le, foible de porter envie à ceux des
« autres ».

Tel étoit l'excellent Henri IV , que Sully

_____

(1) Et malheureufement , lui-même eſt un bien
aveugle appréciateur de fa grandeur.

s'efforçoit de peindre ; ce prince généreux avoit fait la guerre depuis fa plus tendre enfance ; il n'avoit jamais eu le temps ni l'occafion d'étudier les détails de l'adminiftration ; il ne devoit que connoître la fcience militaire qu'il poffédoit fupérieurement, quoiqu'on en ait pu dire.

Henri IV étoit bouillant & colère. Les traverfes & les malheurs, dont il avoit été la proie, devoient encore l'avoir aigri & faire prévaloir fa violence fur fa gaieté naturelle. Rofny contrariant, auftère, fier & abfolu, fut fon favori, par la feule raifon que fon maître devina fes talens & fes vertus.

Henri devoit fentir pour ce miniftre un véritable éloignement, d'autant mieux prétexté, que la religion du favori pouvoit femer fans ceffe d'obftacles les négociations néceffaires du prince avec le parti le plus puiffant du royaume.

L'intégrité d'un miniftre opiniâtre, hériffé de rudeffe, dut bientôt acharner à la perte de Sully tous ceux qui n'avoient point de fonds plus affuré de fortune, que les déprédations & le défordre des affaires.

Le penchant invincible d'Henri IV pour les

femmes & pour le jeu, devoit lui inspirer
un extrême dégoût pour l'économie de son
ministre, & sur-tout une aversion violente pour
ses remontrances très-fréquentes, très-libres,
& souvent remplies d'aigreur.

On devineroit bien, quand on ne le sauroit
pas, que les courtisans qui connoissent toujours parfaitement les foiblesses du maître, en-
venimoient sans cesse l'humeur du prince.

Quel courage! quel amour de la gloire!
quelle sagesse! quelle modération! que de
pénétration dans l'esprit! que de noblesse dans
l'ame! que de combats ce grand roi s'étoit
livrés, avant que d'avoir pris la résolution
ferme, constante & invariable de s'abandon-
ner sans réserve à un ministre qui ne brigua
jamais que par ses services la faveur de son
maître!

J'ai cru devoir entrer dans ces détails pour
répondre à ceux qui reprochent à Henri IV,
à cet homme adorable, dont le mot de *monsieur* prononcé par un de ses enfans, effarou-
choit la tendresse paternelle, qui lui reprochent, dis-je, son *humeur despotique*; & c'est
en effet les réfuter d'une manière satisfaisante,
que d'observer sa modération; car le prince

qui fait commander à lui-même , s'emporte rarement jufqu'à abufer de la fupériorité qu'il a fur fes fujets.

Un roi moins généreux & moins grand , fe feroit aifément perfuadé qu'il pouvoit exercer un pouvoir abfolu fur un peuple fi long-temps armé contre lui , & dans un pays qu'il avoit conquis.

Mais il favoit que le pauvre peuple, agité par les paffions des grands , n'eft que l'inftrument de leur ambition & de leurs haînes , & qu'on commet une injuftice cruelle & fans fruit, alors qu'on exerce fur lui fes vengeances. Henri IV fe livra donc fans réferve à toute fa magnanimité.

Quel defpote que le prince qui pardonne à tous fes ennemis, après les avoir m : dans l'impuiffance le réfifter ! qui paye les aettes de l'état obéré, & laiffe quarante-cinq millions dans fes coffres.

Que le ciel, dans fes jours de bienfaifance, accorde aux nations un grand nombre de tels defpotes !

Henri IV avoit contracté dans les camps un ton abfolu , une forte de violence même , dont la nature avoit mis le germe en lui ;

mais quel moment de fa vie ne décéloit pas
fa bonté paternelle, qui fembloit ne laiffer
d'autre différence entre lui & fes fujets, que
celle de la fupériorité de fon ame (1), que
nous adorons aujourd'hui, & que nous pleu-
rerons long-temps fur les ruines de la patrie ?

Aucune nation, aucun fiècle ne produiront
un autre prince capable des mêmes vertus,
fi le befoin de fes alentours, d'étroites, d'importantes liaifons avec les hommes, ne con-
tribuent pas à le former. Charles V & Henri
IV, les deux plus grands rois de la nation,
fi Charlemagne n'avoit pas exifté, furent tous
deux inftruits à l'école du malheur, & apprirent, long-temps avant que de tenir tranquillement le fceptre, que les princes qui font
les plus fubordonnés de tous les hommes,
doivent les refpecter.

Les rois qui ne s'élèvent que par les chofes,
& que les chofes inftruifent mal, parce qu'elles
fe plient prefque toujours à leurs volontés, à
leurs paffions, à leurs opinions, paroîtroient
peut-être les plus ftupides de tous les êtres,

_____

(1) *Par omnibus, & hoc tantum cæteris major
quò melior.*

ſi l'on ſavoit combien ils ont communément peu de lumières & d'idées. On retient les paroles raiſonnables qu'ils laiſſent échapper : c'eſt aſſurément la meilleur preuve qu'elles ſont en petit nombre.

Il faut qu'un roi ſoit très-ſtupide en effet, pour ne pas juger bientôt ſa propre adminiſtration ; (s'il autoriſe l'erreur & qu'il en ſoit lui-même le complice, il n'eſt plus ſtupide : il eſt un monſtre) tous ſes alentours le trompent à l'envi, je n'en doute pas ; mais l'embarras des miniſtres, la multiplicité de leurs expédiens, leur inſuffiſance, la pénurie des ſangſues publiques, qui tôt ou tard, comme nous l'avons montré plus haut, ſont enveloppées dans la ruine générale, dévoilent malgré les courtiſans la miſère publique, & préſagent la diſſolution de l'état.

La population & l'aiſance, ces thermomètres infaillibles de l'adminiſtration, publient la vérité en dépit des flatteurs ; car le prince le moins inſtruit, & le tyran le plus deſpote, ne ſauroient douter qu'ils ne ſont puiſſans qu'en raiſon des hommes qui vivent & fleuriſſent ſous leur empire.

Le dragon de *Cadmus* eſt l'emblême de la

liberté; les hommes naissent avec elle. Avant
le IXe. siècle, à peine existoit-il une seule
ville dans cet immense pays, qui s'étend depuis le Rhin, jusques aux bords de la mer bal-
tique. Charlemagne paroît, & l'Allemagne
change de face sous ce grand homme (1). L'ex-
cessive population des Chinois vient de l'attachement qu'ils ont pour leur constitution douce
& stable, qu'ils ne veulent échanger pour
nulle autre; aucun d'eux ne voudroit s'expa-
trier; aucun ne voudroit ni fonder ni suivre
une colonie.

Dans le despotisme, tout s'oppose aux
progrès de la population, parce qu'elle suit
toujours la gradation des richesses territoriales, que le despotisme détruit avec tout
le reste....

D'ailleurs, la dépopulation y devient la
suite d'un sentiment bien naturel. Les Romains, malgré les ordonnances rigoureuses
contre le célibat, se refusoient au mariage
sous les empereurs, & craignoient d'avoir des
enfans (2).

―――――――――――――――――――

(1) Il fonda les villes les plus considérables; deux
archevêchés & neuf évêchés.

(2) *Nec ideò conjugia & educationes liberam fre-*

C'est assez de traîner une existence malheureuse sans la doubler, & l'on ne vient pas chercher des chaînes ; il n'en est point de douces, pas même dans les despotismes tranquilles ; car il en peut exister de tels ; un cadavre n'éprouve plus de convulsions, ceux-là même sont les plus redoutables ; une telle paix est une longue servitude. C'étoit la législation des Romains dans leurs conquêtes (1). Le conquérant armé n'opprime que pour un temps ; mais le despote désarmé tire son droit de son forfait ; & les hommes apprennent dans les fers & sur l'échafaud, qu'ils ne sont sortis des mains de la nature, que pour être le jouet infortuné d'un petit nombre d'individus, revêtus du pouvoir suprême, pour s'arroger exclusivement tout le bien possible (2) ; car c'est-là le véritable signalement du pouvoir arbitraire ; & j'ose ici défier ses vils apologistes, ceux même qui ont le plus d'opi-

---

quentabantur, *prævalida orbitate*. (Tacit. annal. lib. 3.)

(1) *Ubi solitudinem faciunt pacem appellant.*
(Tacit. vit. Agricol.)

(2) Eh ! si c'étoit leur bien, nous serions trop heureux ; mais un tyran est toujours un insensé ; un despote est toujours un ignorant.

nion

nion de la subtilité de leur dialectique, d'en
donner une définition à laquelle je ne puisse,
en l'analysant à la rigueur, substituer celle-ci :
*le despotisme est la destination exclusive d'un
seul homme à employer tous les autres, même
à leurs dépens, à son seul profit*, ou plutôt
à ce qu'il croit son profit.

On ne cesse de faire craindre aux rois la
désobéissance & la rébellion de leurs sujets.
On devroit plutôt leur faire honte d'assommer
des esclaves rampans. *Machiavel*, dont le témoignage en faveur de la liberté ne sera pas
suspect ; Machiavel lui-même, voudroit *qu'un
prince ou un grand homme qui aspire à l'immortalité, choisît pour son gouvernement &
le théâtre de sa gloire un état corrompu &
en décadence, qu'il se proposeroit de rectifier
& d'établir.*

Quelle parallèle pour un prince vraiment
désireux d'acquérir de la gloire, que celui
de *Licurgue*, donnant des loix à des peuples
libres, & méritant ainsi l'hommage de la postérité ; & Sardanale (1), les sens défaillans de
volupté, l'ame énervée par son propre despotisme, commandant à un troupeau d'es-

_____

(1) Ils étoient contemporains.

R

claves, & transmettant à la postérité pour toute
célébrité un nom flétri par de crapuleuses dé-
bauches, le souvenir d'une autorité odieuse
& illimitée, presque aussi avilissante pour le
despote que pour l'esclave, & celui d'une stupidité féroce qui lui valut le sort ordinaire
des tyrans.

Je désirerois que ces prudens conseillers,
qui alarment les princes sur les entreprises des
sujets, & entretiennent sans cesse dans le cœur
du maître la méfiance, l'un des premiers motifs de la tyrannie, citassent un seul exemple
d'un peuple qui ait secoué le joug, sans avoir
enduré long-temps une cruelle oppression.
« Les plus grands maux, dit Comines, vien-
» nent volontiers des plus forts, car les plus
» foibles ne cherchent que paix ».

Je voudrois aussi que les courtisans mon-
trassent aux princes, quand & comment ils
ont retiré leurs maîtres de l'abyme, où cette
tyrannie qu'ils ont tant encensés, les a
plongés.

Quel peuple s'est élevé contre son souverain, avant d'en avoir été foulé ?

C'est l'excès de la tyrannie qui excita les

Efpagnols à fecouer le joug intolérable des Arabes.

Ce font les vexations odieufes de Philippe II, qui valurent à la Hollande fa liberté (1).

Les Suédois languiroient encore dans les fers ou dans les cavernes de la Dalécarlie, fi les rois de Danemarck euffent arboré moins imprudemment l'étendard du pouvoir arbitraire; fi le plus atroce des tyrans n'eût livré la Suède entière aux convulfions du défefpoir.

Si Charles XI n'eût pas tyranniquement foulé aux pieds les privilèges de la Livonie & de l'Eftonie (2), la Suède qui venoit de recouvrer fa liberté, n'auroit pas été déchirée par de longues guerres, qui la plongèrent dans un tel épuifement, qu'elle n'en eft pas encore relevée.

C'eft du fein de l'efclavage le plus terrible, que les fuiffes ont recouvré la qualité d'hommes; & je ne faurois m'empêcher de remarquer ici, à l'honneur de ce peuple ref-

_____

(1) Grotius dit: *Refpublica cafu facta quam metus Hifpanorum continet.*

(2) Qui lui avoient été cédés par le traité d'Oliva.

pectable, que, malgré les vexations & les brigandages atroces de ses tyrans, qui sembloient
lui permettre une vengeance sanguinaire, il
se contenta de chasser de son pays *Landenberg*
& ses complices, & de recouvrer sa liberté,
sans verser une goutte de sang.

On parle de la licence des Anglois & de
leur audace effrénée : sans les débats des *Yorck*
& des *Lancastre*, qui se disputoient le droit
d'opprimer les hommes, comme les tigres &
les lions s'arrachent leur proie, ce peuple n'auroit jamais pensé à se ressaisir de sa liberté ;
suivez les événemens qui lui valurent cette
liberté (1), qu'il a acheté si cher, vous vous
convaincrez qu'il n'y eut jamais de plan formé
de conduire cette révolution jusqu'au dernier
dégré auquel elle est parvenue ; & que les
Anglois ne doivent leurs loix & leur constitution qu'à l'excès de la tyrannie, qu'ils ren-
versèrent, parce qu'ils ne pouvoient plus la
supporter. Il ne sera pas inutile de remarquer,

_____

(1) Ce n'est point ici le lieu d'indiquer les atteintes
portées à cette constitution, ni de développer les causes
qui présagent infailliblement l'altération de la liberté
britannique.

que les habitans des isles britanniques (1)
obtinrent, ou plutôt arrachèrent au plus
valeureux & peut-être au plus habile monarque qui eût encore régné sur l'Angleterre, la
confirmation & la stabilité de leur grande charte, monument éternel de leur amour pour la
liberté, & rempart de leurs privilèges.

. « Paroissez, Sire, écrivoient à Henri d'Al-
» bret, roi de Navarre, ses sujets, paroissez
» seulement ; aussi tôt vous verrez jusqu'aux
» pierres, aux montagnes & aux arbres s'ar-
» mer pour votre service (2) ».

O princes, faites-vous aimer ; c'est autant
votre premier intérêt que votre premier devoir ; aucun peuple ne changera de maître
malgré lui.

Mais, qui voudroit ramper à jamais sous
une verge de fer ?

Sans doute il faudroit étouffer nos malheu-

_____

(1) Je les apelle ainsi, parce que les anglois se re-
nouvelèrent par le sang qu'ils puisèrent dans les veines
des conquérans septentrionaux, dont les descendans
devinrent presque les seuls habitans des isles britanniques.

(2) Aïeul maternel d'Henri IV. Ce sont les habitans
de la ville d'Estelle en Navarre, qui lui écrivoient ainsi.

reux enfans au berceau, ou plutôt dérober de
nouvelles victimes aux despotes, en nous re-
fusant, comme les Péruviens, au vœu de la pro-
pagation, si la liberté ne devoit pas prévaloir
tôt ou tard.

Sans doute, il est important que les tyrans
apprennent par l'expérience de tous les âges,
que jamais le despotisme ne fut tranquille,
stable & permanent.

Mais il faut aussi que les bons princes sachent & n'oublient jamais, que si la bienveillance des hommes est la chose la plus nécessaire pour conduire leurs affaires & y réussir,
elle est aussi toujours acquise à ceux qui leur
sont utiles. Qu'ils ouvrent les annales de tous
les peuples, ils verront que tout despote habile, qui a daigné du moins être juste, a ob-
tenu l'amour de son peuple, aussi bien que
sa docile obéissance.

Elizabeth, remplie de principes, dans un
siècle où on ne les connoissoit pas, fut très-
absolue par caractère; car il est difficile, avec
autant de talens qu'en développa cette grande
reine, de porter à un plus haut dégré tous
les défauts de son sexe; & l'on sait que le
désir de l'autorité n'est pas la plus foible de

fes paſſions ; mais elle ne voulut jamais que
la gloire de ſa nation ; elle voulut abſolument & ſans reſtriction l'obſervation des loix.
Bien loin d'accorder une autorité ſans bornes
à ceux qu'elle employoit dans l'adminiſtration, elle les ſurveilla toujours, les tint dans
la dépendance, dans l'abaiſſement même, &
ne leur accorda jamais inconſidérément les
graces ſur la diſtribution deſquelles elle fut
toujours très-réſervée pour les courtiſans &
les miniſtres ; elle ne ſe permit point ce gafpillage d'argent, cette prodigalité, qui ne peut
jamais être qu'un vice ; car la libéralité ne
coûte rien à un roi : ce qu'il donne n'eſt pas à
lui ; il ſe trouve prodigue avant que d'être libéral ; un prince eſt fait pour *récompenſer* & non
pour *donner*.

La vraie libéralité d'un prince, c'eſt *d'épargner* ſon peuple ; car alors, il fait du bien à
tous, puiſque c'eſt de tous qu'il eſt payé. Les
dons nuiſent aux *récompenſes*, & deviennent
ainſi des injuſtices. Cette profuſion meurtrière
excite les importuns demandeurs, eſpèces
d'hommes impoſſibles à aſſouvir (1), & ruine

_____

(1) *Car*, dit Montaigne, *qui a ſa penſée à prendre ne l'a plus à ce qu'il a pris.*

R 4

infailliblement une nation, en réduifant bientôt aux expédiens le chef, qui dès-lors foule
aux pieds juftice, privilèges ; qui livre fon
peuple à toutes les extorfions que peuvent in-
venter la maltôte & la cupidité. Elizabeth étoit
trop habile pour employer ces manœuvres
tyranniques & infenfées ; car elle favoit bien
qu'elle feroit une des premières à fe reffen-
tir de la ruine de fon pays (1). Mais quand elle
eût eu moins de talens & de lumières, l'heu-
reufe & fage conftitution, qui ne permet point
l'ufage des deniers aux rois d'Angleterre, ga-
rantiffoit la nation des guerres formidables
de la fifcalité. En un mot, fi Elizabeth laiffa
échapper quelques volontés arbitraires, elle fe
retint prefque toujours près de l'abus de fon
pouvoir, & jamais les loix n'eurent plus de
vigueur que fous fon règne ; auffi fut-elle
l'idole de fa nation, & elle le mérita à beaucoup d'égards.

Les princes apprendront donc, en réflé-

_____

(1) Selden rapporte qu'Elizabeth refufa un fubfide
qui lui fembla trop fort, n'en prit que la moitié, &
remercia la nation du refte ; *faveur*, ajoute l'hiftorien, *qui fit grand bruit dans les pays étrangers*,
à la honte des autres princes.

chiſſant ſur les hommes & ſur les événemens
qui les agitent, que le peuple ne veut jamais
qu'être heureux ; que c'eſt-là ſon unique ambition & ſon ſeul objet ; qu'il eſt impoſſible
qu'il préfère le trouble, la tyrannie & les factions à un gouvernement fixe & modéré,
quand le délire de ſes chefs ne le met pas en
combuſtion ; & qu'alors même il retombe tôt
ou tard, par l'impulſion du beſoin, dans ſon
état naturel, je veux dire, *le travail, la modération & la bonhomie.*

Ils en trouveront la preuve juſques dans
l'étonnante cataſtrophe de Charles Ier., ſur les
ruines duquel s'éleva l'habile & deſpotique
Cromwel : c'eſt ici le triomphe des déclamateurs royaliſtes ; il eſt bon de le rabattre à ſa
juſte valeur.

Charles Ier. avoit des intentions droites, un
caractère foible & l'humeur vindicative ; il
arriva ſur le trône dans le moment où la nation & le deſpotiſme luttoient enſemble ; il
voulut ſuivre le plan de ſes prédéceſſeurs, &
n'avoit pas les talens & le génie néceſſaires
pour ſubjuguer ſon peuple. Il fut détrôné,
& périt par les mains de ſes ſujets.

C'eſt un délire de la liberté, qui, long-temps.

menacée, s'opprima elle-même, & abufa de
la victoire qu'elle remporta fur le defpotifme ;
mais à peine l'ufurpateur eût-il fermé les yeux,
que tout fut rétabli dans l'ordre ; le gouvernement militaire qui, quoique femblable au
defpotifme, l'avoit terraffé, tomba lui-même
à fon tour ; & la liberté, à laquelle il fit
place, s'éleva fur les ruines du pouvoir arbitraire ; elle apprit même à fe méfier du militaire, qui l'avoit menacé, après avoir détruit
fon ennemi.

Un prince foible, excité par des confeillers
defpotes, arma contre fon peuple : fon peuple
fut contraint d'armer contre lui ; il fallut abattre le defpotifme par fes propres armes ; il
s'en éleva un fecond auffi dangereux ; les défenfeurs de la liberté, obligés de faire la guerre
pour fa caufe, furent au moment de devenir
eux-mêmes oppreffeurs. Le chef fut abfolu ;
mais ce moment d'ivreffe ceffa à la mort de
ce chef, & l'autorité royale ne dut, après
Cromwel, fon rétabliffement, qu'aux loix &
à leur influence fur la nation Angloife. Le
premier ouvrage de la liberté fut le rétabliffement de la puiffance tutélaire. Ce peuple *qui*
fut alors, dit Boffuet, *plus agité dans fa terre*

& dans *ses ports que l'océan qui l'environne* (1),
& qui, dans fon effervefcence, venoit de
commettre un attentat inoui dans l'Europe,
fut retenu par des règles d'hérédité, & n'ofa
faire aucune affemblée de parlement, qu'un
roi légitime ne pût l'approuver felon la teneur
des loix. La répugnance des Anglois à enfreindre de fang-froid des loix qu'ils venoient de
bouleverfer, donna au général Monck, l'un des
plus honnêtes & des plus habiles hommes de
fon temps, les moyens de faire prévaloir la
royauté, & de la remettre fur la tête qui devoit la porter.

Tout, dans un état, tout tient à la *liberté*.
L'inftruction (d'où dépendent *la modération*
& *l'équité*, ces premiers liens des fociétés),
les *mœurs*, *le génie*, *le courage*, *la confidé-*
ration, *la puiffance*, *la richeffe publique*,
L'HONNEUR, en un mot, & ce mot renferme
toutes les vertus ; car le célèbre & refpectable
Montefquieu s'eft effentiellement trompé, lorfqu'il a établi une différence entre *l'honneur* &
la vertu.

Le contrafte des mœurs peut mettre quel-

_____

(1) Oraifon funèbre de la reine d'Angleterre.

que différence dans la manière d'exercer ou de montrer la vertu. Ces différences font ce qu'on appelle *honneur* & *vertu*; mais le fonds en eft toujours le même : c'eft toujours la *vertu* qui refte. Le brave *la Noue*, furnommé *bras de fer*, reçut un foufflet d'un infolent défarmé, avec le même fang-froid, & peut-être plus de fang-froid qu'il n'eût reçu la piquure d'un infecte; c'étoit-là de la vertu; c'étoit affurément de *l'honneur*. Un efclave enorgueilli eft fufceptible d'être un fpadaffin, & ne l'eft pas de rendre le moindre fervice à fa patrie.

Si la liberté eft le premier des refforts pour l'homme, l'efclavage doit altérer tous les fentimens, émouffer toutes les fenfations & les dénaturer, étouffer tous les talens, confondre toutes les nuances, corrompre tous les ordres de l'état, & y femer la zizanie, germe de l'anarchie & des révolutions.

Dans un pays où le chef marche au pouvoir abfolu, vous verrez l'homme de robe defpote envers les citoyens, méprifé par les autres ordres; l'homme d'églife fera, pour ainfi dire, l'ennemi public; le militaire fucceffivement ignorant & mercenaire, deviendra à fon tour un fléau national. Tous les hommes, divifés d'intérêt & de partis, luttent les uns contre les autres, contrarient l'harmonie générale, & fervent ainfi, fans s'en douter, le defpote dont le peuple paye, au prix de fes fueurs & fouvent de fa fubfiftance, les plaifirs & les caprices.

Point de véritable courage, point de vertus publiques, point de vertus privées dans un tel pays ; car elles fuivent la marche des mœurs; & les mœurs y font infectées de tous les genres de corruption. On n'y connoît plus le refpect filial, (ce nœud facré qui, dans le plus vafte & le plus heureux empire de l'univers (1), unit le prince, le gouvernement & les fujets), l'amour de fa femme & de fes enfans. (*Hi quique fantiffimi tefles, hi maximi laudatores*); fource du bonheur domeflique, fans lequel l'homme ne peut rien ; car on eft & on ne peut être courageux fort au-dehors, qu'autant que l'on eft heureux & aimé chez foi.

Un efclave ne fait pas même obéir, il ne fait que ramper ; le favori eft auffi ferf que le dernier de la nation ; toute place y eft vile ; mais avidement acceptée, parce qu'il feroit

_____

(1) La Chine.

dangereux de la refuser. Le courtisan est toujours dans une situation pénible entre la crainte
& l'espérance ; son air est une transition subite
& continuelle de l'insolence à la bassesse : son
cœur est le réceptacle de tous les vices ; il a
si bien formé son ame, qu'on peut dire qu'il
n'en a point.

En un mot, un état despotique devient une
sorte de ménagerie, dont le chef est une bête
féroce, qui n'a guère que cette prééminence
sur ce qui l'entoure. Considérez l'Asie : ce
pays dont *il n'est jamais sorti un bon esclave* (1),
les despotes y deviennent eux-mêmes les plus
stupides automates, comme ils sont les maîtres les plus barbares ; tant il est vrai qu'un
engourdissement destructeur succède dans le
despotisme aux convulsions sanguinaires de la
tyrannie.

Nos Rois, premiers *gentils-hommes* & vraiment chefs de la nation (2), étoient les plus

_____

(1) Mot de Démosthènes. (*Philippiques.*)

(2) « Je vous supplie, Madame, disoit François Ier
» en informant sa mère de la levée du siége de Mezière :
» je vous supplie vouloir mander par-tout fere remer-
» syer Dieu ; car sans point de faute, il a montré ce
» coup qu'il est bon françois ».

abſolus des rois. Ce ſentiment d'attachement
& d'obéiſſance décerné à nos ſouverains, *premiers entre égaux* (1), qui priſoient notre
eſtime & recherchoient notre amour, ſe trouve
dans les traces les plus anciennes que notre
hiſtoire nous tranſmette. Chez les anciens
Germains, l'autorité civile étoit très-contenue
& très-limitée (2); mais l'attachement pour
les chefs étoit ſans bornes, ils étoient tout-
puiſſans, dit Tacite : *ſi conſpicui, ſi prompti ;*

---

(1) Les rois n'étoient ſi préciſément que cela chez
les nations ſeptentrionales, qui ſe reſſembloient toutes
par leurs mœurs, leurs coutumes, leurs traditions, &c.,
qu'il y avoit une amende légalement infligée & perçue
pour l'aſſaſſinat du prince, comme pour celui de tout
autre citoyen, avec cette différence qu'elle étoit plus
forte.

M. d'Alembert a très-bien prouvé que *princeps,*
relativement à *comites*, (*principes pro victoriâ pug-
nant, comites pro principe.* Tacit. mor. Germ.) ne
pouvoit ſignifier *que chef de ſes compagnons.* (Primus inter pares.)

Il eſt indubitable que le mot de *prince*, dans ſa vraie
ſignification, veut dire *une perſonne du premier ordre de l'état.* On ſait que nos premiers rois traitoient
les pairs de *principes & primates regni.*

(2) *Lib. 6. c. 23.*

fi antè aciem agant : alors c'étoit un déshon-
neur de leur furvivre dans un combat ; &
quand la nobleffe pouvoit dire qu'elle étoit
l'ornement du trône en temps de paix , & fon
rempart en temps de guerre (*in pace decus* ;
in bello præfidium) , fon chef étoit plus defpote que le célèbre Darius , que tant d'efclaves
ne purent défendre contre un petit nombre
d'hommes libres.

Dans un temps tout militaire , fous un jeune
conquérant , un foldat ofe dire à fon chef ,
à fon roi qui le prie : *nihil accipies* , *nifi quæ
tibi vera fors largitur.* Clovis obligé de diffi-
muler , ne peut & n'ofe fe venger ; il attend
un moment de revue (1) ; il châtie le farouche foldat , mais c'eft fous le prétexte d'une
faute de difcipline militaire ; il punit comme
général , & ne prétend rien comme roi ; encore , ajouterai-je qu'il fut juge & bourreau,

---

(1) Les plumes gagées par le gouvernement , ont
ofé avancer dans un livre nouvellement imprimé , &
dont le titre m'a échappé , que ce foldat fut puni au
même inftant , & ont démenti ainfi *Grégoire de Tours* ,
dans un des faits les plus connus & les mieux conftatés
de notre hiftoire : ce nouveau monument d'ignorance
& de lâcheté eft encore dû à M. Linguet , fi je ne me
trompe.

craignant

craignant fans doute que fa vengeance con‑
fiée à d'autres mains ne fût trompée.

La réponfe de ce foldat eft féroce fans
doute (1) ; mais quelle conftitution que celle
où l'on peut puifer une telle férocité ? Com‑
bien le droit de propriété y étoit refpecté !
quelle nation que ces Francs ! Obfervez
leur hiftoire : quels hommes ! quel nerf ! mais
auffi, quel attachement ! quelle générofité !

« Notre roi, dit Comines (2), eft le fei‑
» gneur du monde, qui le moins a caufe
» d'ufer de ces mots : *j'ai privilège de le‑*
» *ver fur mes fubjeᵭs ce qui me plaît ;* & ne
» lui font nul honneur ceux qui ainfi le difent
» pour le faire eftimer plus grand, mais le
» font haïr & craindre aux voifins, qui pour

_____

(1) L'exemple de Clotaire I eft bien plus étonnant
encore, & bien moins cité. En 553, ce prince vouloit
accorder la paix aux Saxons, qui lui offroient une
groffe fomme d'argent. L'armée vouloit livrer bataille.
Le roi renouvella fes inftances : les françois fe jettè‑
rent fur lui, déchirèrent fa tente, dont ils l'arrachèrent.
En un mot, il auroit couru le plus grand danger, s'il
n'eût conduit fes troupes à l'inftant à l'ennemi.

(*Grégoire de Tours*).

(2) Chap. 19, édit. Lond. 1747.

S

» rien ne voudroient être sous sa seigneurie;
» & même aucuns du royaume *s'en passeroient*
» *bien, qui en tiennent*; mais si notre roi ou
» ceux qui veulent l'élever ou aggrandir,
» disoient : *j'ai des sujets si bons & si loyaux*
» *qu'ils ne refusent chose que je leur demande,*
» *& je suis plus craint, obéi & servi de mes*
» *sujets, que nul autre prince qui vive sur la*
» *terre, & qui plus patiemment endurent tous*
» *maux & toutes rudesses, & à qui moins il*
» *souvient de leurs dommages passés*; il me
» semble que cela lui seroit grand los, & en
» dis la vérité, que non pas de dire : *je*
» *prends ce que je veux & en ai privilège :*
» *il le me faut bien garder.* Le roi Charles-
» Quint (1) ne le disoit pas : aussi, *ne l'ai-je*
» *point oui dire au roi ; mais je l'ai bien oui-*
» *dire à aucuns de leurs serviteurs, auxquels*
» *il sembloit qu'ils faisoient bien la besogne :*
» mais, selon mon avis, ils méprenoient
» envers leur seigneur, *& ne le disoient que*
» *pour faire les bons valets, & aussi qu'ils*
» *ne savoient ce qu'ils disoient.*

» Et pour parler de l'expérience de la
» bonté des François, ne faut alléguer de
» notre tems que les trois états tenus à Tours,

---

(2) Charles V.

» après le décès de notre bon maître le roi
» Louis XI , (à qui Dieu fasse pardon) qui
» fut l'an 1483. L'on pouvoit estimer lorsque
» cette bonne assemblée étoit dangereuse & di-
» soient quelques-uns de petite condition &
» de petite vertu, & ont dit plusieurs fois
» depuis, que c'est un crime de lèze-majesté
» que de parler d'assembler les états, & que
» c'est pour diminuer l'autorité du roi, & ce
» sont ceux qui commettent ce crime envers
» Dieu & le roi & la chose publique ; mais
» servoient ces paroles, & servent à ceux
» qui sont en autorité & crédit, sans en rien
» l'avoir mérité.

» Est-ce donc sur tels subjects que le roi doit
» alléguer privilège de vouloir prendre à son
» plaisir, qui si libéralement lui donnent ?
» Ne seroit il pas juste envers Dieu & le
» monde, de lever par cette forme que par
» volonté désordonnée ? car nul prince ne le
» peut autrement lever que par octroi, comme
» je l'ai dit, si ce n'est par tyrannie & qu'il
» ait excuse (1) ».

_____

(1) Louis IX disoit à son fils : « Sois dévot au
» service de Dieu : aie le cœur pieux & charitable
» aux pauvres, & les conforte de tes bienfaits : garde

S 2

Qu'on juge, par ce beau fragment, de l'a-
mour des françois pour leurs rois, dans les
temps où ils osoient parler avec autant de hardiesse.

Pourquoi redouter un peuple susceptible de
force? Ne seroit-il pas plus avantageux de mériter son affection ?

L'homme n'est pas méchant, quand une
institution superstitieuse, ou un gouvernement
tyrannique ne lui donnent pas l'exemple de
la férocité, & ne lui laissent pas pour mobile
la crainte, & pour toute passion la *cupidité*.

Lorsqu'une administration despotique a corrompu & dénaturé les hommes, ils peuvent
devenir les plus dangereux & les plus insatia-
bles animaux destructeurs. Tel qui rampa sous
l'inquisition, se signala par ses forfaits dans le
nouveau monde (1).

_____

« les bonnes lois de ton royaume ; ne prend tailles,
» ni aides de tes sujets, *si urgente nécessité & évi-*
» *dente utilité* ne te fait faire, & *pour juste cause,*
» & *non pas volontairement* ; si tu fais autrement, tu
» ne sera pas réputé *roi* ; *mais tyran* ». (*Testament
de S. Louis, Bodin, de la Rep. L. 6. c. 2.*)

Cette pièce se trouve dans le trésor de France, &
est enregistré à la chambre des comptes.

(1) Ces monstres féroces qui lançoient avec des

De même, dans les états où l'anarchie, fuite inévitable du defpotifme (1), s'eft introduite,

dogues, des hommes fimples, & fuyant des fupplices affreux; ces conquérans avides d'or, de fang & de carnage, qui virent fans étonnement les prodiges d'induftrie d'un peuple alors plus civilifé que notre Europe ne l'étoit dans ces temps fauvages, croyoient fans doute que les infortunés mexicains méritoient anathème, parce que leurs prêtres offroient à leurs dieux des facrifices de fang humain. Les inquifiteurs efpagnols n'étoient-ils pas plus criminels, quand ils joignoient aux pratiques d'une fuperftition auffi cruelle, l'intérêt de leur cupidité ; puifque le bien de leur victime étoit confifqué à leur profit, tandis que les prêtres mexicains n'étoient du moins que des fanatiques.

Il feroit difficile d'imaginer, fi cet ouvrage n'exiftoit pas, qu'un homme ait pu publier un livre tel que celui de Sepulveda, dont voici le titre : *Democrates fecundus : an licet bello Indos profequi, eos auferendo dominia poffeffiones que & bona temporalia, & occidendo eos, fi refiftentiam oppofuerint, ut fic fpoliati & fubjecti, facilius eis fuadeatur fides ?*

(1) L'exiftence des hommes opprimés par le defpotifme feroit trop affreufe, fi l'anarchie ne lui fuccèdoit pas; car c'eft elle qui le renverfe, & c'eft dans fon fein que germent les révolutions qui régénèrent la fociété, & vengent les hommes.

Ainfi tout femble fuivre dans l'ordre des chofes hu-

S 3

les hommes deviennent des bêtes furieuses,
après avoir été des esclaves. C'est alors l'époque
*des Saint-Barthelemi, des Poltrot de Méré,
des Jacques Clément, des Ravaillac.*

Mais il faut distinguer chez les hommes le
caractère acquis, des penchans naturels; nous
sommes de tous les êtres les plus susceptibles de
modifications, & sur-tout de passions extrêmes.
Un peuple esclave est toujours vil; il peut
être méchant & cruel, car il est aigri, sombre
& ignorant; & quand l'instruction ne seroit
pas le seul rempart de la liberté contre la tyrannie, elle seroit toujours la première sauve-
garde de l'homme contre l'homme (1); mais

---

maines une révolution constante, & nous retraçons sans
cesse la circonférence du cercle dans lequel nous sommes circonscrits. L'on *pourroit approprier aux hommes*, dit Etienne Pasquier, *ce que le commun peuple dit des maisons nobles; qu'elles sont cent ans
bannières & cent ans civières.*

La *prospérité* naît sous les pas de la *liberté*. On abuse
de cette *prospérité*, & la servitude lui succède bientôt;
la *servitude* parvenue au dernier période, amène une
révolution qui redonne la *liberté*, &c. Le branle du
poussin est une idée sublime; elle peut s'étendre à tout.

(1) Et c'est précisément la même raison qui fait que
l'instruction est le seul frein des tyrans.

l'efclave eft un homme mutilé. L'homme eft fait pour la liberté, comme pour l'air qu'il refpire. Un maillot trop refferré eftropie l'enfant auquel la nature deftinoit peut-être les plus belles proportions. De même, un gouvernement arbitraire altère toutes les facultés morales.

Laiffez l'homme libre, rendez-le heureux, & fiez-vous à lui pour vous récompenfer du mérite d'être jufte.

O combien eft *méprifable* un grand *méprifé!* puifque tant d'illufions concourent à nous mafquer fes vices; puifque les hommes font naturellement portés à favoir gré des actions honnêtes les plus fimples, à ceux qui font revêtus du pouvoir de faire le bien & le mal.

Quand le peuple eft libre, il eft moins mauvais juge qu'on ne croit communément. Quand il eft efclave, il juge comme on le fait juger.

Les hommes ne fe font-ils pas faits, dans tous les temps, des divinités de ce qui leur fut utile?

Moritafgus, *Verjugodomnus*, *Beladucra-dus*, *Hogotius*, *Endovellicus* furent déifiés par

S 4

les agreftes gaulois ; c'étoient des fondateurs
de fociétés, & la bienveillance des hommes a
donné, dans tous les temps, l'immortalité à
leurs bienfaiteurs. (1)

Un *Flaccus*, un *Verrès* fe firent décerner
les honneurs divins en Grèce, en Afie ; mais
ils furent la terreur de leurs contemporains,
comme ils font l'exécration de la poftérité.

Les méchans calomnient le plus fouvent
les hommes, quand ils déclament contre leur
injuftice. Nous fommes tous, ou prefque tous
équitables, lorfque nous apprécions les actions de nos femblables. Nous allons naturellement au-devant de ceux qui nous font du
bien ; & fi les hommes ont quelquefois perfécuté ceux qui cherchoient à les éclairer, c'eft
depuis que les fanatiques, les envieux, les
méchans, c'eft-à-dire, tous les inftrumens,
ou les complices, ou les protégés du defpotifme, fe font fait des partis, & ont ameuté
leur cabale contre le mérite qui bleffoit leur
amour-propre, ou confondoit leurs projets.

Laiffez un libre cours à l'inftruction ; elle

––––––––––––––

(1) Cicéron dit au peuple romain, en parlant de
Romulus : *Ad deos immortales benevolentiâ famâ
que fuftulimus.* (3ᵉ Catil.)

fera accueillie par tous, & fera le bien de tous.

Les defpotes, & les defpotes mal-habiles, font les feuls qui puiffent redouter le jugement d'un peuple éclairé & libre ; car *rien*, dit un ancien, *n'eft auffi fufpeēt & ne fait tant d'ombrage aux méchans que la vertu* (1). L'excellent & refpeētable Alfred, dont le génie, refferré par fon fiècle & les mœurs féroces de fon peuple, ne pouvoit fe livrer à fes grandes & nobles vues, gémiffoit du peu d'inftruēion de fes fujets, & s'écrioit : *Pourquoi les anglois ne peuvent-ils pas, comme il feroit fi jufte, être auffi libres que leurs propres penfées* (2)?

_____

(1) *Nam regibus boni quàm mali fufpeēiores funt, femperque his aliena virtus formidolofa eft.* (Salluft. Catilina).

(2) C'eft du teftament d'Alfred que M. Hume a tiré ces belles paroles. M. Grosley, dans fon très-bon ouvrage intitulé *Londres*, a combattu cette interprétation du paffage cité. Littérairement parlant, elle peut en effet paroître équivoque ; mais je m'étonne que M. Grosley, qui défend fi bien la caufe des hommes & de la liberté, ait pu fe refufer à entendre ces mots : (*Quod me oportet eos demittere ita liberros ficut in homine cogitatio ipfius confiftit*), dans le fens qui offre une maxime fi belle, & fi rarement fortie de la bouche d'un roi.

Un tel homme fentoit qu'il auroit été bien plus réellement maître d'une nation éclairée & qu'il y auroit eu une toute autre influence.

Charlemagne, Charles V, & tous les grands rois ont excité & encouragé l'inftruction, & regardé l'ignorance comme le plus grand des malheurs pour les princes, auffi-bien que pour les fujets.

Les obftacles apportés à l'inftruction, les prohibitions qui gênent les preffes, & la publication des écrits publics, font les premières armes du defpote, & celles dont l'effet eft le plus cruel à la liberté. Tibère fut le premier defpote romain qui ofa hafarder cet acte de tyrannie (1). Critias, avant lui, avoit promulgué à Athènes une loi, par laquelle il étoit défendu d'enfeigner dans cette ville l'*art de*

_____

(1) « *Cornelio Coffo*, *Afinio Agrippâ Coff. Cremu-*
» *tius Cordus poftulatur, novo ac tùm primùm audito*
» *crimine quod editis annalibus, laudatoque M. Bru-*
» *to, C. Caffium Romanorum ultimum dixiffet* ». Cre-
mutius, dans le difcours de défenfe qu'il tint en plein
fénat, & que Tacite nous a confervé, dit : « *Marci*
» *Ciceronis libro, qui Catonem cœlo æquavit, quid*
» *aliud dictator Cæfar, quam refcriptâ oratione,*
» *velut, apud judices refpondit ?* »

raifonner (1). On fait qu'Edouard Ier fit con-
damner & exécuter tous les poëtes gaulois, après
la conquête du pays de Galles, de peur que la
tradition poëtique de fon ancienne indépendance n'enflammât ce pauvre peuple du défir
de la recouvrer.

Cette politique, qui interdit la liberté d'é-
crire & de publier fes penfées, eft auffi mauvaife comme *politique*, qu'elle eft barbare
comme *loi*.

Elle eft *mauvaife*, parce qu'elle doit infpirer
la plus grande méfiance contre les intentions du
gouvernement.

Parce qu'elle doit établir entre le peuple &
fes chefs la confufion de la tour de Babel.

Parce qu'elle rend inévitable les fautes *des
miniftres*, qui ne font ni éclairés ni confeillés,
ni redreffés, & qui ne craignent ni la critique, ni les plaintes, ni le jugement févère
de l'opinion publique, qui ne peut plus fe ma-
nifefter.

Les lois des douze Tables furent expofées
un an entier aux yeux de tous avant d'être pro-

_____

(1) L'un des trente tyrans que Lyfandre établit à
Athènes.

mulguées : tous les accueillirent & les refpec-
tèrent.

Cette politique eſt barbare ; car comment
qualifier autrement la conſtitution d'un état où
le roi peut toujours faire la guerre à la nation,
fans que la nation puiſſe jamais être inſtruite
de ſes droits, des injuſtices qu'elle endure, des
vexations dont elle eſt la proie, fans qu'il foit
poſſible de ſe plaindre des miniſtres, de détromper le maître, de lui lier les mains, s'il
devient un tyran ?

Qu'eſt-ce qu'une conſtitution, où les ſatellites du deſpote peuvent toujours ſéduire &
tromper une partie des citoyens, tandis qu'il
n'eſt jamais permis à leurs compatriotes éclairés
de les détromper ?

Qu'eſt-ce qu'un gouvernement où l'on tient
pour maxime, & pour ainſi dire pour *loi, que
toute règle, toute forme, toute repréſentation,
tous droits s'anéantiſſent à l'arrivée du prince* ?
(adveniente principe ceſſat magiſtratus) (1),
& où perſonne n'a le courage & le pouvoir de
dévoiler & de renverſer cette maxime, auſſi
dangereuſe & effrayante qu'elle eſt abſurde &

_____

(1) Encyclop. art. Lit de Juſtice.

ridicule ? Il feroit incroyable qu'elle fût admife
dans un pays forti de la barbarie, fi les rois de
France n'avoient pas ufé, en mille occafions,
de cette étrange prérogative. Il ne leur reftoit
plus à faire que ce qu'ils ont fait ; c'étoit d'a-
néantir la magiftrature, ou, ce qui eft plus
tyrannique & plus dangereux encore, s'il eft
poffible, c'étoit de l'*avilir*. C'eft affurément ici
la place de dire un mot de cet acte d'autorité
formidable.

A l'époque de la deftruction des parlemens,
de cette fingulière révolution qui s'eft faite,
pour ainfi dire, d'elle-même, & qui n'a coûté
à celui qui en a paru l'auteur, que la peine
de recueillir le fruit du long efclavage des françois ; à cette époque, dis-je, beaucoup d'é-
trangers (1) ont applaudi à ce que l'on appeloit
improprement *le nouveau fyftéme* ; & cela n'eft
pas étonnant.

Il n'ont vu dans ce changement que l'abolition de la vénalité des charges (abus prefque

---

(1) Je ne parle que des étrangers ; car les partifans
françois de ces nouveaux établiffemens ne l'étoient que
par ignorance, fanatifme, efprit d'intérêt ou de vengeance, & ils ne font pas dignes qu'on faffe mention
d'eux.

intolérable aux yeux de la raison, dont l'exemple unique se trouvoit en France), & l'établissement de la justice *prétendue gratuite;* illusion grossière, dont le méprisable *Maupeou* a voulu leurer la nation, quoique le manque de moyens & sa sordide cupidité ne lui aient pas permis de la tromper long-temps (1).

Peu d'étrangers connoissent à fond la constitution françoise, parfaitement ignorée de presque tous les françois (2); peu d'étrangers

---

(1) C'est bien de lui qu'on a pu dire : *Non tam commutandarum quàm evertendarum rerum cupidus.* (Cicer. de off. L. II. c. 1.)

(2) Pas un seul historien françois n'est satisfaisant à cet égard, & n'a, pour ainsi dire, effleuré cette matière. *Tite-Live*, *Salluste*, *Tacite*, *César* lui-même, encadroient sans cesse dans l'histoire des faits celle des lois & des usages; & nos annalistes craindroient d'afficher le pédantisme de la jurisprudence, s'ils prenoient la même peine; mais cela même tient encore à la liberté. Tout citoyen à Rome, tant qu'elle fut libre, avoit droit d'être instruit de ce qui l'intéressoit; nul n'étoit taxé sans savoir sous quelle forme, d'après quel calcul, & pour quel emploi. Nul ne subissoit un jugement sans connoître les lois d'après lesquelles il seroit rendu. Des hommes puissans pouvoient & devoient sans cesse réclamer pour le peuple; & cette réclamation ne pou-

favoient qu'au premier foupçon que la néceffité de la diftribution de la *juftice gratuite*
ferviroit de prétexte au chancelier, les parlemens l'avoient offerte ; perfonne n'a penfé que
l'abolition de la vénalité des charges n'avoit pas
même été mife en délibération.

Mais ce que tout homme éclairé devoit fentir, c'étoit la violation manifefte & authentique d'un fi grand nombre de propriétés. Or,
toutes les propriétés fe tiennent inféparablement
comme les chaînons d'une même chaîne, &
font également facrées : celui qui en attaque
une eft l'ennemi public ; car, par cela même,
il les attaque toutes.

Il ne naît pas, en quatre fiècles, quatre
hommes capables de prévoir jufqu'où peuvent aller les innovations ; d'où l'on doit conclure que les changemens ou les nouveaux
établiffemens conftitutifs font rarement fans
danger.

Mais il n'étoit pas difficile de prévoir que des

---

voit jamais être éludée. Nulle partie de l'adminiftration
n'étoit voilée. L'autorité qui s'avance au defpotifme
cherche à tout dérober, & fon premier foin eft de
tout défunir.

hommes, prefque tous défintéreffés de la chofe
publique, affez vils pour dépouiller leurs
compatriotes (1), & pour s'impofer le devoir
effrayant de décider fur les propriétés & la
vie des citoyens, fans avoir jamais étudié les
lois (2), pourvus d'une exiftence fragile, précaire, avilie ; que des hommes gagés par la
cour, efclaves très-rampans du roi, ou, ce
qui eft pis encore, de fon chancelier, n'auroient pas le courage de lutter contre les coups
d'autorité, & d'inftruire la nation par leur réfiftance ; que quand ils auroient ce courage,
ils n'en auroient, ni le droit, ni le pouvoir, par
la raifon que je renvoie mon valet lorfqu'il me
défobéit.

Oh ! que le judicieux & pénétrant Philippe
de Comines femble bien avoir lu dans l'avenir,
quand il a dit (3) :

---

(1) *Quis autem amicitior quam frater fratri, aut
quem alienum fidum invenies, fi tuis hoftis fueris.*
(Salluft. jugurt.)

(2) C'eft à l'érection de ces nouveaux juges qu'on
a pu dire avec Tacite : *que la république étoit auffi
tourmentée par les loix mêmes, qu'elle l'étoit auparavant par les vices. Utque antehàc flagitiis, tunc
legibus laborabatur* (Ann. lib. 3.)

(1) (*Mem. lib. V. cap.* 19. *edit.* 1747.) On trou-

« Le prince tombe en telle indignation en-
» vers notre Seigneur, qu'il fuit les compa-
» gnies & conseils des sages, & en élève de
» *tout neufs, mal sages, mal raisonnables,*
» *violens, flatteurs,* qui lui complaisent, à ce
» qu'il dit ; *s'il veut imposer un denier, ils*
» *disent deux ; s'il menace un homme, ils di-*
» *sent qu'il faut le pendre,* & de toute autre
» chose le semblable, & *que sur-tout il se fasse*
» *craindre* . . . Ceux que tels princes au-
» ront ainsi avec ce conseil, chassé & débouté,
« & qui, par longues années, auront servi, &
» ont accointance & amitié en sa terre, sont
» mal contens, & à leur occasion quelques
» autres de leurs amis & bienveillans ; & par
» aventure, on les voudra tant presser, qu'ils
» seront contraints à se défendre, ou de fuir
» vers quelques petits voisins.

---

vera quelque chose de plus frappant encore, par l'application qu'on en peut faire aux soi-disant nouveaux
parlemens, dans un manifeste de Charles VII, encore
Dauphin, alors à Poitiers, avec le reste du vrai parlement ; il y exhale les vérités les plus dures contre le
nouveau parlement, érigé par Habeau de Bavière.

(*Voyez Froissart.*)

T

» Et ainſi par diviſion de ceux de dedans le
» pays , y entreront ceux du dehors ».

La première de ces prophéties ſe vérifie depuis long-temps : la ſeconde aura ſon tour.

La plus grande partie des françois gémiroit
encore de ce prétendu malheur, tant la nation
eſt fidèle & conſtante, & tant les liens de l'opinion ſont difficiles à diſſoudre.

Pour moi, citoyen du monde, frère de tous
les hommes, fidèle ſujet des bons rois (1),
ennemi de tous les tyrans, j'enviſagerai ce ſpectacle avec indifférence , ſi les françois ne ſont
que changer de maître : j'en ſerai témoin avec
joie , ſi leur ſort doit être meilleur ; *or, après
un règne deſpotique , le meilleur jour eſt le premier* (2).

Je n'ai d'autre intérêt que celui de la vérité ;
je n'ai d'autre occupation que celle de la publier.

---

(1) *Neque enim ſatis amarint bonos principes qui
malos ſatis non oderint* , diſoit Pline à Trajan ; &
dans un autre endroit : *ſcis ut ſunt diverſâ naturâ
dominatio & principatus, ita non aliis eſſe principem gratiorem , quàm qui maximi dominum graventur.*

(2 · *Optimus eſt poſt malum principem dies primus.*
(Tacit. hiſt.)

La perfécution ne m'effraie pas ; car la fortune & la faveur ne fauroient me féduire ; je ne voudrois pas que ma nation méritât le reproche que Tibère faifoit aux romains (1), & que nos princes euffent plus à fe plaindre de la baffeffe de leurs fujets, que les fujets de la répugnance que leurs princes ont à entendre la vérité.

Je l'ai dite telle que je la favois, telle que je la voyois. Puiffé-je infpirer à des citoyens plus habiles & plus éloquens que moi, le courage néceffaire pour apprendre à leurs compatriotes que chacun d'eux n'eft en fociété que pour retirer de cette affociation fon plus grand avantage.

Qu'un roi, chef de la fociété, n'eft inftitué que par elle & pour elle.

Que tout fouverain qui fe dit tel, *par la grace de Dieu* (2), reffemble à Xerxès, enchaînant les mers (3), ou frappant de verges

_____

(1) *O homines ad fervitutem paratos !* (Tacit.)

(2) Charlemagne fut le premier qui employa ces mots : *gratiâ Dei rex* ; il eût été noble, jufte & digne de ce grand homme d'ajouter, *& confenfu populorum.*

(3) Le célèbre *Canut*, le plus puiffant prince de

T 2

le mont Athos, s'il opprime son peuple, &
que ce peuple se soulève ; car Dieu ne sauroit
être que le juge inexorable & terrible des tyrans.

Que si l'*Hercule* de la fable, ou le *Samson*
de l'histoire sacrée existoient, & qu'un pouvoir surnaturel les rendît invulnérables, la
force suffiroit peut-être aux tyrans ; mais que
la force la plus prodigieuse, succombant sous
l'effort d'un très-petit nombre d'hommes, chacun de nous, depuis le plus superbe potentat
jusqu'au dernier individu de la société, a besoin du laboureur, qui sème & recueille, &
de tous les hommes ses semblables, qui l'aide-
ront, s'ils en sont aidés.

Qu'aucun homme n'a droit d'opprimer un
autre homme ; car aucun ne voudroit être opprimé ; & si l'on tire un droit de la force, un
autre plus fort pourra toujours revendiquer le
même droit.

Que le citoyen peut & doit défendre sa
liberté avec courage & opiniâtreté ; que celui

---

son temps, se laissa mouiller par les vagues de la mer,
aux yeux des flatteurs qui vantoient sa puissance illimitée : belle leçon pour l'orgueil des humains !

même qui la défendroit avec frénésie, ne seroit pas plus coupable que celui qui se précipiteroit avec rage sur le ravisseur de sa femme & de ses enfans, sur l'assassin qui en voudroit à sa vie; car l'une & l'autre défense sont pour lui les plus sacrés des devoirs.

Que l'homme n'a pas le droit d'apprécier pour un autre homme le prix de la liberté, ou le poids de la servitude (1).

Mais qu'il doit toujours assistance à son semblable, pour recouvrer celle-là, & briser celle-ci; car son intérêt & la nature lui en imposent également le devoir.

Que celui qui regarde avec indifférence l'intérêt général de la société, renonce à la protection de la société.

Que celui qui n'aide pas ses semblables renonce à en être aidé; qu'il s'isole au milieu du monde.

Que *les hommes ne doivent plus reconnoî-*

---

(1) *Nous craignons la mort & l'exil,* disoit Cicéron; *& combien donc devons-nous redouter la servitude; le pire de tous les maux qui affligent l'humanité. Mortem & ejectionem quasi majora timemus quæ multò sunt minora.*

T 3

tre (1) *une puissance qui ne les nourrit pas*,
& qu'ils doivent par conséquent renverser la
puissance qui les pille & les opprime. Dans
les contrées infortunées, où s'exerce une telle
autorité, on défend, sous des peines afflic-
tives, la poursuite des sangliers qui ravagent
les moissons. Le gouvernement est en effet
trop ressemblant à ces animaux voraces & destructeurs, pour ne pas les prendre sous sa sauve-
garde (2).

Que le despotisme qui s'est introduit généralement dans presque toutes nos constitu-
tions européennes, a dénaturé toutes les langues, toutes les idées, tous les sentimens
même.

---

(1) *Les Chinois*, dit l'auteur de l'histoire politique
& philosophique du commerce des deux Indes, *ne re-
connoissent plus une puissance qui ne les nourrit pas.*

(2) Sous Guillaume le Conquérant, qui dépeuploit
de vastes territoires pour planter des forêts, on crevoit
les yeux à quiconque tuoit un sanglier, un cerf, ou
même un lièvre, dans le même temps où l'on payoit
une amende modérée pour le meurtre d'un homme.
(*Voyez M. Hume.*) Louis XI aimoit passionnément
la chasse, il la défendit.

Tous nos réglemens barbares de chasse ont été faits
par des tyrans.

Que l'intérêt perſonnel, devenu le mobile & le juge de toutes les actions humaines, a reculé ſans ceſſe les bornes de l'autorité, pour recevoir le prix de ſes ménagemens.

Que pour pallier à leurs propres yeux leur foibleſſe & leur lâcheté, les eſclaves ont multiplié continuellement les acceptions, & augmenté la force des mots, *devoir, obéiſſance, ſoumiſſion*; mais que ces mots ſont abuſifs, & ne renferment aucun ſens, lorſqu'ils ne ſont pas le réſultat des principes dont la connoiſſance des droits de l'homme eſt la baſe.

Que les prêtres, dans tous les âges du monde, partiſans & fauteurs du deſpotiſme, caractère diſtinctif de leurs prétentions & de leur eſprit, ſoutiennent en vain *le dogme de l'obéiſſance paſſive*; menſonge ſtupide, fauſſeté monſtrueuſe, imputée à Dieu, attribuée à l'écriture.

Que de tels principes ſont une injure faite à la Divinité, & qu'un tyran ne ſauroit être l'*oint du Seigneur*.

Que la religion chrétienne enſeigne une morale abſolument contraire (1). « Les grands,

---

(1) M. Maſſillon, petit carême ſur l'humanité des grands.

T 4

difoit un de fes plus refpectables miniftres à un redoutable defpote ; qui avoit tant facrifié d'hommes & de récoltes à fa gloire : « les » grands ne doivent leur élévation qu'aux be- » foins publics ; & loin que les peuples foient » faits pour eux, ils ne font eux-mêmes tout » ce qu'ils font que pour les peuples. Quelle » affreufe Providence, fi toute la multitude des » hommes n'étoit placée fur la terre que pour » fervir aux plaifirs d'un petit nombre d'heu- » reux qui l'habitent .... Ils perdent, ajoute » t-il, fplendeur & luftre qui les fait grands, » dès qu'ils ne veulent l'être que pour eux ».

Que toute autre morale eft impie ; car elle eft inhumaine ; que tout autre langage part d'un lâche adulateur, ou d'un fanatique for- cené.

Juges de la terre, dit le prophète, *vous êtes des dieux & les enfans du Très-Haut* (fans doute ; car vous exercez le pouvoir de faire du bien & du mal aux hommes ; mais écoutez ce qui fuit): *Je vous ai dit que vous êtes des dieux ; mais vous mourrez comme les autres hommes* (1).

_____

(1) Pfeaume 81.

Celui qui juge les justices, *qui du haut de son trône, interroge les rois* (1), ne sauroit consacrer l'oppression, ni pardonner à l'oppresseur; & si l'empire des tyrans est redoutable pour leurs foibles esclaves, le pouvoir du ciel s'appésantira sur les tyrans (2).

L'inspiré de Dieu a dit : *Quiconque résiste aux puissances, résiste à l'ordre de Dieu même.* Mais il n'a pas dit : *Obéissez aux puissances contre l'ordre de Dieu même.* Or la loi naturelle, la loi du bonheur & de la liberté des hommes, *est l'ordre de Dieu même.*

Que les hommes sachent donc que la loi divine n'est & ne sauroit être que la plus avantageuse pour l'humanité.

Qu'elle nous ordonne de regarder *les états d'où la justice est bannie, comme de purs brigandages.* (3).

Qu'elle ordonne aussi de *dire* & de publier la vérité : « On est son défenseur, dit Saint-

_____

(1) Esther, acte 3, scen. 4.

(2) *Regum timendorum in proprios greges,*
    Reges in ipsos imperium est Jovis. [Horat.]

(3) *Remota justitia, quid sunt regna nisi magna latrocinia ?* (Saint-Augustin.)

» Ambroife, fi, du moment qu'on la voit, on
» la dit fans honte & fans crainte (1) ».

Qu'il faut fe méfier de tous les piéges qu'on
offre à la crédulité du peuple, qui doit croire
que toute maxime contraire à fon bonheur ou
à fa liberté, eft auffi criminelle aux yeux de
l'Etre fuprême, qu'à ceux de notre raifon,
que nous tenons tous de fa bienfaifance toute-
puiffante.

Qu'il faut donc méprifer les fuperftitieux &
abhorrer les fanatiques.

Qu'il faut repouffer auffi cette urbanité fi
vantée, dont les defpotes tâchent de bigarrer
nos mœurs, & qui fuit conftamment la marche
de la corruption.

Qu'il faut craindre de reffembler à ces *bretons*, chez lefquels Agricola introduifit le
luxe & l'élégance romaine, qui y firent de
tels progrès, que les peuples conquis imi-
toient jufqu'aux vices de leurs maîtres, &
décorèrent du nom de *politeffe* la partie la
plus réelle & la plus durable de leur fervitude (2).

----

(1) *Ille veritatis defenfor effe debet qui cum rectè
fentit, loqui non metuit nec erubefcit.*

(2) *Paulatimque difceffum ad delinimenta vitio-*

Que, dans les fiecles polis, où les mœurs
font revêtues d'un vernis fi uniforme & fi
agréable, cette écorce féduifante couvre tous
les vices, *je veux dire la cupidité*, *l'orgueil &*
la lâcheté.

Que la douceur, l'indolence, l'inertie pré-
fagent la décadence, & mafquent la fervitude.

Que la molleffe eft plus dangereufe en France
qu'en tout autre pays, parce qu'ailleurs elle
abrutit, & qu'en France *elle rend l'efprit faux*
& délicat (1): de forte qu'elle a plutôt altéré
les mœurs.

Que ce fauvage athénien, qui répondit aux
offres de fervice du defpote macédonien, *fait*
pendre Philippe (2), n'étoit pas propre fans
doute à être courtifan ; mais qu'il étoit bien

_____

» *rum porticus, & balnea, & conviviorum elegan-*
» *tiam ; idque apud imperitos humanitas vocaba-*
» *tur, cum pars fervitutis effet* ».

(Tacit. vit. Agricol.)

(1) Ami des hommes.

(2) Démocharès, envoyé d'Athènes, à qui Philippe demandoit *ce qu'il pouvoit faire pour le fer-*
vice de la république.

moins susceptible encore d'être un vil esclave,
& que nous aurions besoin aujourd'hui de
tels hommes, plutôt que de diserts orateurs (1).

Que la présomption a perdu l'Europe (2)
& notre patrie ; qu'on ne loue guère les petits
talens que quand on n'a point de grandes
vertus ; nous n'en avons plus assez pour rougir
de celles de nos pères, en laissant retomber
les yeux sur notre siécle : & grace *au bon ton*
introduit dans la société, nous *persiflerions* au-

---

(1) Qu'on ne prenne point ceci comme une satyre
contre les gens de lettres : si l'on peut appeller ainsi
les *Moreau* & les *Linguet*, j'ose assurer que ceux de
cette espéce sont rares. Ce ne sont point les écrivains
à réputation, du moins aujourd'hui, qui fomentent
l'esclavage. En cultivant la raison, & répandant les
lumières, ils font connoître les *droits* & les *devoirs*.
S'il en est quelques-uns qui laissent échapper des principes trop peu réfléchis, ou qui sacrifient à l'harmonie des mots la justesse d'une pensée ; il en est
beaucoup qui parlent avec une hardiesse très-noble
de la liberté ; & j'ai vu ces morceaux applaudis avec
enthousiasme au théâtre & aux séances publiques des
académies. J'ose le dire en général, les ames se re-
lèvent tellement qu'il faudra bientôt du courage pour
être lâche ; & la nation reprendroit bientôt son énergie, sans les tyraniques vexations du gouvernement.

(2) Voyez les anglois, &c. &c. &c.

jourd'ui les *Bayard* & les *du Guesclin*, parce
que nous ne pouvons plus les imiter (1).

Que nos pères, dont une triple enveloppe
d'airain défendoit l'honneur & la liberté,
n'eussent pas été impunément le jouet d'une
cohorte de publicains & de ministres plus avides
encore ; que ces dignes guerriers n'eussent pas
plus souffert l'oppression intérieure que les in-
sultes du dehors.

Qu'il seroit temps d'essayer si leur mâle &
généreuse rudesse ne vaudroit pas notre iné-
puisable patience (2) ; & qu'alors la France ne
seroit plus l'objet du mépris des étrangers, &
la victime de l'oppression la plus absolue & la
plus multipliée.

Puissé-je entendre dire enfin aux princes,
avec non moins de hardiesse & de vérité !

Il faudroit bien de l'audace aux despotes,
s'ils réfléchissoient sur les suites du despotisme.

---

(1) « Peu souvent, dit Plutarque, advient que les
» natures graves de ces hommes peu communs, plai-
» sent à la multitude, & soient agréables à une com-
» mune ». (*Trad. d'Amiot.*)

(2) *Patientia servilis*, dit Tacite.

De tous les empereurs qui succédèrent à Jules-César, jusqu'à Vespasien (1), aucun ne mourut que de mort violente. Depuis la ruine de la liberté romaine jusqu'à Charlemagne, trente empereurs furent massacrés.

L'Asie, en proie au fléau destructeur, nommé *despotisme*, dont elle fut le berceau, nous offre le théâtre des révolutions les plus fréquentes & les plus sanglantes.

On compte les tyrans qui sont morts dans leur lit d'une mort naturelle.

L'INJUSTICE, *en un mot, a bien souvent détrôné des souverains, mais elle n'a jamais affermi les trônes* (2).

O rois, qui vieillissez dans une longue enfance; vous, que la facilité, plus que l'intérêt,

---

(1) Auguste fut empoisonné par *Livie* son épouse; *Tibère* fut étouffé par *Macron* son favori, pour frayer le chemin du trône à *Caligula*, qui périt par la main des officiers de sa propre garde. *Agrippine* empoisonna *Claude* son mari, *Néron* termina lui-même sa vie. *Galba* périt aussi bien que *Vitellius* par la main des soldats. *Othon* enfin se poignarda lui-même.

(2) Massillon, sur les obstacles que la vérité trouve dans le cœur des grands. (Petit carême.)

mène à la tyrannie, tremblez que votre propre intérêt, votre plus cher idole, deſſille vos yeux, & réveille en vous la crainte prudente & les remords effrayans. Les mains du fanatiſme attentèrent ſur les princes les plus chéris & les plus dignes de l'être. Quel deſpote oſera dévaſter ſes états ſans crainte ! Quel tyran peut eſpérer d'opprimer impunément vingt millions d'hommes !

Le citoyen honnête, à qui l'amour de la liberté donne le courage d'écrire & de publier cet ouvrage, auſſi eſtimable pour les principes, que foible par ſon exécution ; le citoyen honnête, qui oſe ſe plaindre à vous de vous, abhorre les aſſaſſins, & ſe précipiteroit audevant de l'eſclave forcené, qui leveroit une main criminelle ſur votre ſein.

Mais ce même citoyen ſeroit auſſi le premier à repouſſer vos cohortes mercenaires, & crieroit à ſes compatriotes :

Le monarque n'eſt reſpectable qu'alors qu'il eſt le père, le défenſeur, l'organe de la patrie, pour l'avantage de laquelle il fut élevé.

Le devoir, l'intérêt (1) & l'honneur ordon-

_____

(1) Il exiſte en Angleterre une loi obtenue par la

ment de réfister à fes ordres arbitraires, & de
lui arracher même le pouvoir, dont l'abus peut
entraîner la fubverfion de la liberté, s'il n'eſt
point d'autres reſſources pour la fauver.

Vous devez tout à l'obfervation des lois, &

─────────────────────

chambre des communes fous le règne de l'ufurpateur
Henri IV, par laquelle il eſt porté qu'aucun juge, con-
vaincu d'avoir prévariqué dans fes fonctions, ne pourroit être excufé fur l'allégation juſtificative d'un ordre
& même d'une menace du roi, quand il auroit rifqué
fa vie en y réſiſtant. [*Voyez M. Hume, hiſt. de Plan-
tagenet.*]

Cette loi, belle & fage dans fes difpofitions, eſt, dans
tous les fens & tous les cas poffibles, conforme à l'exacte
équité ; car celui qui ne fe fent pas la force de remplir
un devoir, quelque rifque qu'il court en s'en acquittant,
ne doit pas fe l'impoſer. *Les juges*, dit l'écriture,
*n'exercent pas la juſtice de la part d'un homme,
mais de la part de l'Eternel.* Leur confcience eſt donc
leur premier fouverain, & la juſtice leur unique devoir.

On connoît la vile fubtilité du cardinal de Birague,
chancelier fous Henri III, qui s'excufoit de fes lâches
déférences, *fur ce qu'il n'étoit pas chancelier de France,
mais chancelier du roi de France.* Ainfi il préféroit être
le valet ou le fatellite d'un mauvais prince, à remplir
le devoir d'officier public, & de défenfeur des droits
des hommes & de la nation.

vous

vous n'êtes tenu à l'*obéissance* & au *respect* que relativement à elles (1).

Oui, prince, vous êtes assez malheureux pour ne l'avoir jamais entendu ; mais il est temps de l'apprendre.

« Où la liberté perd ses droits, là se trouve » la frontière de votre empire ».

Puissiez-vous, en entendant ces vérités nou-

_____

(1) Ce principe est évident & doit servir de base à toute la science de la morale. *La majesté du souverain, dit la loi positive, ne s'explique jamais plus dignement que lorsqu'il reconnoît hautement que son pouvoir est borné par les loix. Se soumettre à leur empire, c'est quelque chose de plus grand que l'empire même. Digna vox est majestate regnantis, legibus alligatum se profiteri : adeo de auctoritate juris nostra pendet auctoritas & revera majus imperio & submittere legibus principatum, & quod licere nobis non patimur, aliis indicare*, disoient les empereurs Valentinien & Théodore II dans leurs loix.

Pline disoit à Trajan : « Tu nous gouverne, & nous » t'obéissons, mais comme nous obéissons aux lois ». *Regimur quidem à te & subjecti tibi, sed quemadmodum legibus sumus.*

Trajan recevoit ces principes comme l'éloge le plus flatteur ; nos ministres d'aujourd'hui font brûler les livres qui les contiennent, & enfermer les auteurs, quand ils les connoissent.

V.

velles, vous réveiller du profond affoupiffe-
ment dans lequel vous êtes plongé, ranimer
votre ame à la véritable gloire, je veux dire à
celle de réparer fes fautes, & vous écrier :
« Soulageons mon peuple; relevons ma nation;
» il en eft temps encore : car j'aperçois quel-
» ques traces de la liberté mourante (1)».

---

(1) *Manebant etiam tum veftigia morientis liber-*
tàtis.

[Tacit, annal.]

A V I S.

Nous avons cru faire plaisir à nos Lecteurs
en joignant ici l'*Avis aux Hessois*, & la *Réponse aux Conseils de la Raison*, qui en est
une suite. Ces deux ouvrages de la même
main, & où se trouve la même force de style
& de raisonnement, étoient devenus rares;
ils furent tous deux imprimés en 1777, le
premier à Clèves, & le second à Amsterdam.
Sur l'exemplaire d'après lequel ces ouvrages
ont été imprimés, l'auteur avoit fait quelques changemens à la main, qui se trouvent
rétablis dans cette édition.

Quis furor iſte novus? quo nunc, quo tenditis? —
Heu! miſeri cives! non hoſtem, inimica que caſtra;
— Veſtras ſpes uritis. Virg.

AVIS AUX HESSOIS,

Et autres peuples de l'Allemagne, vendus par leurs princes à l'Angleterre.

INTRÉPIDES allemands ! quelle flétriſſure laiſſez-vous imprimer ſur vos fronts généreux ! Quoi ! c'eſt à la fin du dix - huitième ſiècle que les peuples du centre de l'Europe ſont les ſatellites mercenaires d'un odieux deſpotiſme ! Quoi ! ce ſont ces valeureux allemands, qui défendirent avec tant d'acharnement leur liberté contre les vainqueurs du monde, & bravèrent les armées romaines ; qui, ſemblables aux vils africains, ſont vendus & courent verſer leur ſang dans la cauſe des tyrans ! Ils ſouffrent qu'on faſſe chez eux LE COMMERCE DES HOMMES ! qu'on dépeuple leurs villes, qu'on épuiſe leurs campagnes, pour aider d'inſolens dominateurs à ravager un autre hémiſphère . . . Partagerez-vous long - temps encore le ſtupide aveuglement de vos maîtres ? . . . Vous, reſpectable ſoldats ! fidèles & redoutables ſoutiens de leur pouvoir ! de ce pouvoir qui ne leur fut confié que pour

protéger leurs fujets !... vous êtes vendus !...;
Eh! pour quel ufage ! juftes dieux ! . . . .
Amoncelés comme des troupeaux dans des
navires étrangers, vous parcourez les mers;
vous volez à travers les écueils & les tem-
pêtes, pour attaquer des peuples qui ne vous
ont fait aucun mal; qui défendent la plus
jufte des caufes; qui vous donnent le plus
noble des exemples . . . . Eh! que ne les
imitez-vous, ces peuples courageux, au lieu
de vous efforcer de les détruire ! Ils brifent
leurs fers ; ils combattent pour maintenir leurs
droits naturels, & garantir leur liberté; ils
vous tendent les bras ; ils font vos frères ; ils
le font doublement : la nature les fit tels, &
des liens fociaux ont confirmé ces titres facrés;
plus de la moitié de ce peuple eft compofée
de vos compatriotes, de vos amis, de vos
parens. Ils ont fui la tyrannie aux extrémités
du monde, & la tyrannie les y a pourfuivis ;
des oppreffeurs, également avides & ingrats,
leur ont forgé des fers, & les refpectables américains ont aiguifé ces fers, pour repouffer
leurs oppreffeurs . . . . La nouveau monde
va donc vous compter au nombre des monftres
affamés d'or & de fang, qui l'ont ravagé !...
Allemands, dont la loyauté fut toujours le

caractère diftinctif, ne frémiffez-vous pas d'un
tel reproche? . . .

A ces motifs, faits pour toucher des hommes, faut-il joindre ceux d'un intérêt également preffant pour des efclaves & des citoyens
libres?

Savez - vous quelle nation vous allez attaquer? Savez-vous ce que peut le fanatifme
de la liberté? C'eft le feul qui ne foit pas
odieux; c'eft le feul refpectable : mais c'eft
auffi le plus puiffant de tous . . . Vous ne le
favez pas, ô peuples aveugles! qui vous
croyez libres, en rampant fous le plus odieux
des defpotifmes; celui qui force au crime!
Vous ne le favez pas, vous que le caprice ou
la cupidité d'un defpote peuvent armer contre
des hommes qui méritent de l'humanité entière, puifqu'ils défendent fa caufe, & lui
préparent un afile! . . . O guerriers mercenaires! ô fatellites des tyrans! ô européens
énervés! vous allez combattre des hommes
plus forts, plus induftrieux, plus courageux,
plus actifs que vous ne pouvez l'être : un
grand intérêt les anime; un vil lucre vous
conduit; ils défendent leur propriété, & combattent pour leurs foyers; vous quittez les
vôtres, & ne combattez pas pour vous; c'eft

V 4

au fein de leur pays ; c'eſt dans leur climat
natal ; c'eſt aidé de toutes les reſſources domeſtiques, qui font la guerre contre des bandes
que l'Océan a vomies, après avoir préparé
leur défaite : les motifs les plus puiſſans &
les plus ſaints excitent leur valeur, & appellent la victoire ſur leurs pas. Des chefs qui
vous mépriſent en ſe ſervant de vous, oppo-
ſeront de vaines harangues à l'éloquence irré-
ſiſtible de la liberté, du beſoin, de la néceſſité. Enfin, & pour tout dire en un mot,
la cauſe des américains eſt juſte : le ciel &
la terre réprouvent celle que vous ne rougiſſez
pas de ſoutenir . . .

O allemands ! qui donc a ſoufflé parmi
vous cette ſoif de combattre, cette frénéſie barbare, cet odieux dévoûment à la tyrannie ?...
Non, je ne vous comparerai pas à ces fanatiques eſpagnols, qui détruiſoient pour détruire ; qui ſe baignoient dans le ſang, quand la
nature épuiſée forçoit leur inſatiable cupidité
à faire place à une paſſion plus atroce ; des
ſentimens plus nobles, des erreurs plus ex-
cuſables vous égarent. Cette fidélité pour vos
chefs, qui diſtingua les germains vos ancêtres ; cette habitude d'obéir, ſans calculer
qu'il eſt des devoirs plus ſacrés que l'obéiſ-

fance, & antérieurs à tous les fermens ; cette
crédulité qui fait fuivre l'impulfion d'un petit
nombre d'infenfés ou d'ambitieux : voilà vos
torts : mais ils feront des crimes, fi vous ne
vous arrêtez au bord de l'abîme . . . . Déjà
ceux de vos compatriotes, qui vous ont précédés, reconnoiffent leur aveuglement ; ils
défertent, & les bienfaits de ces peuples qu'ils
égorgeoient naguères, & qui les traitent en
frères, aujourd'hui qu'ils ne leur voient plus
en main le glaive des bourreaux, aggravent
leurs remords, & doublent leur repentir.

Profitez de leur exemple, ô foldats ! penfez
à votre honneur ; penfez à vos droits . . . .
N'en avez-vous donc pas comme vos chefs ?...
Oui fans doute : on ne le dit point affez ;
les hommes paffent avant les princes, qui,
pour la plupart, ne font pas dignes d'un tel
nom ; laiffez à d'infames courtifans, à d'im-
pies blafphémateurs le foin de vanter la prérogative royale, & fes droits illimités ; mais
n'oubliez point que TOUS ne furent pas faits
pour UN ; qu'il eft une autorité fupérieure à
toutes les autorités ; que celui qui commande
un crime ne doit point être obéi, & qu'ainfi
votre confcience eft le premier de vos chefs ...

Interrogez-la cette confcience ; elle vous

dira que votre fang ne doit couler que pour votre patrie ; qu'il eft atroce de recevoir de l'argent pour aller égorger , à plufieurs milliers de lieues , des hommes qui n'ont d'autres relations avec vous que celles qui doivent leur concilier votre bienveillance.

Elle prétend faire une guerre légitime, cette métropole qui s'épuife pour ruiner fes enfans ! Elle réclame fes droits , & ne veut les difcuter qu'avec la foudre des combats ! Mais fuffent-ils réels ces droits, les avez - vous examinés? Eft-ce à vous à juger ce procès? Eftce à vous à prononcer l'arrêt? Eft-ce à vous à l'exécuter ? . . . Eh ! qu'importent après tout ces vains titres , fi problématiques & fi conteftés? L'homme , dans tous les pays du monde , a le droit d'être heureux. Voilà la première des lois ; voilà le premier des titres : des colonies ne vont point fertilifer des terres nouvelles , augmenter la gloire & la puiffance de la mère patrie , pour en être opprimées.... Le font elles ? elles ont le droit de fecouer le joug, parce que le JOUG n'eft pas fait pour l'homme.

Mais qui vous a dit que les anglois avoient figné l'arrêt de profcription lancé contre les

américains ? . . . . Braves allemands ! on vous
a trompés ; n'aviliſſez pas par un tel ſoupçon
une nation qui a produit de grands hommes
& de belles lois, qui nourrit long-temps dans
ſon ſein le feu ſacré de la liberté, & mérite,
à ces titres, des égards & du reſpect . . . .
Hélas ! dans les îles britanniques, comme
dans le reſte de l'univers, un petit nombre
d'ambitieux agite le peuple, & produit les
calamités publiques. Le moment de criſe eſt
arrivé : l'Angleterre n'eſt diviſée, malheu-
reuſe, en guerre contre ſes frères, que parce
que le deſpotiſme y lutte, depuis quelques
années, avec avantage contre la liberté. Ne
croyez donc pas défendre la cauſe des anglois ; vous combattez pour l'accroiſſement de
l'autorité de quelques miniſtres qu'ils abhor-
rent & mépriſent.

Les voulez-vous connoître les véritables motifs qui vous mettent les armes à la main ?

Un vain luxe, des dépenſes mépriſables
ont ruiné les finances des princes qui vous
gouvernent ; leurs ſpoliations ont tari leurs
reſſources ; ils ont trop ſouvent trompé la
confiance de leurs voiſins, pour y recourir
encore. Il faudroit donc renoncer à ce faſte

excessif, à ces fantaisies sans cesse renaissantes, qui font leur occupation la plus importante ; ils ne peuvent s'y résoudre, ils ne le feront pas : l'Angleterre, épuisée d'hommes & d'argent, achète à grands frais de l'argent & des hommes. Vos princes saisissent avidement cette ressource momentanée & ruineuse ; ils lèvent des soldats, ils les vendent, ils les livrent : voilà l'emploi de vos bras ; voilà à quoi vous étiez destinés. Votre sang sera le prix de la corruption & le jouet de l'ambition. Cet argent qu'on vient d'acquérir en commerçant de vos vies, payera des dettes honteuses, ou aidera à en contracter de nouvelles. Un avide usurier, une méprisable courtisanne, un vil histrion, vont recevoir ces guinées données en échange de votre existence.

O dissipateurs aveugles ! qui vous jouez de la vie des hommes, & prodiguez les fruits de leurs travaux, de leurs sueurs, de leur substance, un repentir tardif, des remords déchirans seront vos bourreaux, mais ne soulageront pas ces peuples que vous foulez ; vous regretterez vos laboureurs & leurs moissons, vos soldats, vos sujets ; vous pleurerez sur les malheurs dont vous-mêmes aurez été

es artifans, & qui vous envelopperont avec
tout votre peuple. Un voifin formidable fourit
de votre aveuglement, & s'apprête à en profiter ; il forge déjà les fers dont il médite de
vous charger ; vous gémirez fous le poids de
vos chaînes, fuffent-elles d'or ; & votre confcience, alors plus jufte que votre cœur ne
fut fenfible, fera la furie vengereffe des maux
que vous aurez faits.

Et vous peuples trahis, vexés, vendus,
rougiffez de votre erreur ; que vos yeux fe
deffillent ; quittez cette terre fouilée du defpotifme ; traverfez les mers, courez en Amérique ; mais embraffez-y vos frères ; défendez
ces peuples généreux contre l'orgueilleufe
rapacité de leurs perfécuteurs ; partagez leur
bonheur ; doublez leurs forces ; aidez-les de
votre induftrie ; appropriez - vous leurs
richeffes, en les augmentant. Tel eft le but de
la fociété ; tel eft le devoir de l'homme, que
la nature a fait pour aimer fes femblables, &
non pas pour les égorger ; apprenez des américains l'art d'être libre, d'être heureux, de
tourner les inftitutions fociales au profit de
chacun des individus qui compofent la fociété ;
oubliez, dans le refpectable afile qu'ils offrent
à l'humanité fouffrante, les délires dont vous

fûtes les complices & les victimes; connoissez
la vraie grandeur, la vraie gloire, la vraie
félicité; que les nations européennes vous
envient & bénissent la modération des habitans du nouveau monde, qui dédaigneront
de venir les punir de leurs forfaits, & de conquérir les terres dépeuplées que foulent des
tyrans oppresseurs, & qu'arrosent de leurs larmes des esclaves opprimés.

RÉPONSE

AUX CONSEILS

DE LA RAISON.

Par l'Auteur de l'Avis aux Hessois.

On m'a apporté, il y a quelques heures, une brochure attribuée à la RAISON (1), & je l'ai parcourue avec empressement. J'avoue que j'ai été d'abord un peu humilié de voir qu'elle ne parlât pas françois, quoique le jargon dont elle se servoit renfermât quelques mots de notre idiome; mais j'ai bientôt remarqué que si la raison avoit écrit ce pamflet, c'étoit la raison en masque, & tellement déguisée, qu'on ne la reconnoît pas lors même qu'elle se nomme. Je la croyois douce, indulgente, simple, conséquente & lumineuse; mais j'aperçois que chacun a sa RAISON. Je vais donc bien mo-

---

(1) Peut-être & presque sûrement, ne sauroit-on pas à quoi je réponds, si je n'avertissois ici qu'on vend à Amsterdam, chez *F. I. Sundorff*, une brochure intitulée: *Conseils de la Raison contre l'Avis aux Hessois.*

dellement conter la mienne; & c'est à vous,
qui que vous soyez, qui m'invectivez, au lieu
de me répondre, que j'adresse ces courtes observations.

Peu importe au public que vous me disiez
des injures, monsieur; cela m'est à moi-même
assez indifférent : peut-être ne devroit - il pas
me l'être autant que vous invoquiez contre
moi l'autorité (1); mais je sais que dans ce
pays elle est douce & éclairée. D'ailleurs je
conçois qu'elle n'attendoit pas vos avis pour
me punir d'avoir dit la vérité, si elle eût voulu
m'en faire un crime. Passe donc encore pour
ce procédé peu délicat : le temps s'envole : la
vie est courte, il ne faut pas la consumer en de
vaines clameurs.

Je ne m'occuperai pas non plus à relever les
fautes sans nombre de votre style grotesque;
car quand je vous couvrirois de ridicule, je
n'en serois guère plus avancé; & toutes les
épigrammes du monde ne rendront point votre

---

(1) Voyez toute la première page; & si par hazard
vous n'entendez pas cette expression, *lénité*, rappelez
vous le mot anglois *lénity* que l'avocat de la raison a
jugé à propos de franciser.

écrit

écrit plus mauvais ou meilleur. Vous avouez que vous êtes batave ; & quoiqu'un batave, quand il compose en françois, doive écrire intelligiblement, vous m'ôtez, par cet aveu, au moins en partie, le droit d'être sévère. Cependant comme vous me provoquez très-formellement (1), & me prêtez des principes très-odieux ; comme vous me déférez aux magistrats, & me dénoncez comme un perturbateur du repos public (2), il faut bien vous répondre quelque chose, au risque de tirer votre diatribe de l'obscurité où elle est plongée ; mais je ne sais pas le hollandois, & l'écrirois presque aussi mal que vous écrivez ma langue ; il me faut donc vous répondre en françois ; & comme on ne peut apprécier les pensées qu'en évaluant les mots qui les expriment, il faut encore définir ceux dont vous vous servez, pour vous convaincre d'erreur.

Je commencerai par vous expliquer, monsieur, ce que c'est qu'un LIBELLE, & vous verrez que vous appelez très - improprement

_____

(1) P. 7. *Répondez moi ; je vous en somme.*

(2) P. 4. *Il rompt tout lien de société ; & p. 6 : Etes vous tyran, qui que vous soyez, qui faites effort pour introduire cet état affreux de licence despotique ?*

X

l'*Avis aux Heſſois* un LIBELLE (1). Quant à
l'épithète de licencieux, je vous avertis qu'elle
ne fera pas fortune. Tous les deſpotes appellent
liberté, LICENCE; tous les ſatellites traitent les
écrivains courageux d'AUTEURS LICENCIEUX :
mais les hommes ſages & de bonne foi, qui
ſavent que la *licence* eſt preſque auſſi ennemie
de la *liberté* que le *deſpotiſme*, n'ignorent pas
qu'un écrivain eſt rarement l'apôtre de la licence, aujourd'hui que le fanatiſme eſt expi-
rant, & qu'on trouve plus d'infames apolo-
giſtes de l'autorité arbitraire, que d'enthou-
ſiaſtes de la liberté. Au reſte, ils me liront; ils
examineront mes principes, & je ſerai abſous...
Mais revenons à ce titre de *libelle* que vous
donnez poliment à mon ouvrage.

Le mot LIBELLE ſignifie, en françois, différentes choſes. On dit *libelle de divorce* (& c'eſt
ce qui annonce la répudiation); on dit *libelle
d'un exploit ou d'une demande* (& c'eſt ce qui
explique l'objet de l'ajournement). Ce n'eſt
ſans doute dans aucun de ces ſens que vous
avez entendu ce mot. Reſtent les *libelles diffa-
matoires* : &, pour cette fois, je vous ai de-
vinez, n'eſt-il pas vrai, monſieur? Apprenez

_____

(1) Premiere ligne.

d'un homme que vous accusez d'*ignorance
crasse* (1) (ce qui peut être vrai, mais ne fera
jamais élégant), qu'un libelle diffamatoire est
un écrit satirique, injurieux contre la probité,
l'honneur & la réputation de quelqu'un. En
vérité, vous pouviez m'épargner la peine d'é-
crire ces trivialités ; vous les eussiez trouvées
dans tous les dictionnaires.

D'après cette définition, monsieur, il me
semble que je suis très-loin d'avoir fait un *libelle*. Je n'ai nommé aucun individu ; je n'ai
attaqué aucun individu ; j'ai dit quelques vérités fortes aux princes. Or ce n'est pas ordinairement contre eux qu'on écrit des libelles ;
& je crois que, dans tous les temps & tous les
pays, la flatterie a fait plus de mal que la fatire.

Mais je n'ai pas plus fait une *fatire* qu'un
libelle ; j'ai parlé avec véhémence contre un
très-odieux acte de despotisme, parce que les
circonstances nécessitoient la forme de mon
écrit, & que toute apostrophe exige de la véhémence. J'ai dit des vérités incontestables ;

_____

(1) Pag. 7 : *Admirez la mauvaise foi ou la crasse
ignorance de l'auteur de l'avis* : & p. 13 : *l'ignorance
ou la mauvaise foi peuvent seules soutenir le contraire.*

je les ai dites avec chaleur : parce qu'on ne
persuade qu'avec de la chaleur : mais j'en ai
médité la force & déterminé la mesure avant
que d'écrire ; j'ai avancé que les souverains
n'avoient point le droit de vendre leurs sujets.
J'avoue que je ne croyois pas le plus effronté
des apologistes du despotisme capable de soutenir le contraire. Aussi ne l'avez-vous point
fait ; car dans les quinze pages qui composent
votre brochure, vous n'avez pas touché un mot
de la question, qui seule est l'objet de l'*Avis
aux Hessois*.

Il est évident, par ce titre même, *Avis aux
Hessois*, qu'il ne s'agissoit pas des américains ;
que je n'en parlois que parce qu'il falloit montrer aux allemands qu'ils n'avoient aucun intérêt à les combattre. Je l'avoue , en soutenant
la cause de la liberté , j'ai rappelé avec complaisance ses respectables défenseurs. Je les crois
tels, monsieur ; je trouve leur cause juste, &
je n'ai jamais été capable, même sous les gouvernemens les plus arbitraires, de déguiser ma
pensée. Mais encore une fois , je n'en ai parlé
que par occasion. Quand les américains auroient tort, ce seroit à leurs souverains à les
en punir ; ce seroit à eux à les soumettre. Les
princes de l'Allemagne n'en seroient pas moins

un *acte de despotisme très - odieux* d'envoyer
leurs sujets, malgré eux, au-delà des mers,
pour combattre des hommes qui n'ont fait aucun
mal à ces princes, & sur lesquels ils n'ont aucun
droit. Voilà ce que j'ai dit : voilà ce qui n'est pas
disputable.

Je ne sais, monsieur, comment un *esprit
bien né* (1) peut trouver dans ces principes de
quoi m'accuser de TYRANNIE (2) ; moi qui,
simple particulier, très - inconnu, très - désireux de l'être toujours, ai trop été persécuté,
pour être jamais persécuteur, si la fortune vouloit, dans un moment de caprice, me donner
quelque influence ou quelque autorité. Moi,
tyran ! monsieur ! moi qui n'écrivis jamais que
pour plaider la cause de l'humanité, que pour
réclamer ses droits ! En vérité, vous m'éton-
nez, & vous m'affligeriez, si votre accusation
avoit le sens commun ; mais elle ne l'a pas, je
vous assure.

En effet, comment la prouvez-vous ? Vous

_____

(1). *Je crois qu'il est du devoir de tout esprit bien
né de sauver ses concitoyens des conséquences dangereuses où le prestige de l'éloquence & l'adresse d'un
esprit remuant, &c. p. 1.*

(2) *Doit lui-même être accusé de tyrannie, p. 4,
& p. 6 : êtes vous tyran ?*

X 3

me reprochez de prôner des principes qui tendent à *la diffolution* de la fociété. Pour preuve de cette affertion, vous m'imputez d'abord à crime d'avoir dit aux peuples que *leur con-fcience étoit le premier de léurs chefs* (1) ; mais, monfieur, rien n'eft plus évident, & c'eft pour l'intérêt même des princes que cela doit être ; car fi leurs ordres doivent guider notre confcience, ceux de leurs prépofés ont le même droit, puifqu'un fouverain ne peut pas commander lui-même à tous fes fujets. Alors un de ces prépofés, s'il eft ambitieux & habile, s'il a des complices, & ne trouve que des hommes qui aient pour toute confcience l'obéiffance paffive, détrônera fort aifément fon maître.

J'appelle les peuples à la révolte, dites-vous, parce que j'ai écrit *que les américains donnent aux hommes le plus noble des exem-ples* (2)? Oui, monfieur, j'ai dit qu'*ils bri-foient leurs fers*, & je prétends que c'eft *là le plus noble des exemples*. Si les illuftres bataves, dont vous affurez defcendre, & des

_____

(1) *Si ce n'eft point là appeler un peuple à la ré-volte, jamais on ne vit un libelle.* p. 4.

(2) P. 3.

opinions defquelles vous ne paroiffez point
avoir hérité, n'euffent pas penfé comme moi,
vous feriez efclave. Mais vous, monfieur, qui,
pour un républicain, me femblez fort appri-
voifé avec le defpotifme, favez-vous bien que
vous faites mal votre cour aux princes? Vous
fuppofez un peu légèrement qu'*ils chargent
de fers leurs fujets*, puifque vous prétendez
que *j'appelle ceux-ci à la révolte*, tandis qu'il
eft évident que je n'ai parlé qu'à des efclaves,
en les invitant à recouvrer leur liberté.

Voilà cependant, monfieur, prenez-y bien
garde, voilà les deux feules preuves dont vous
appuyez l'accufation odieufe que vous intentez
contre moi. Ce font-là les principes que vous
dénoncez à des magiftrats garans & défenfeurs
de la liberté. C'eft de-là que vous partez pour
m'accufer de tyrannie. Il faut vous fuivre encore, & obferver comment vous parvenez à
cette conféquence.

Vous vous efforcez de prouver (1) par des
argumens qui n'ont aucune fuite & qui ne font
pas de vous, que l'homme a eu raifon de fe
mettre en fociété, & que l'inftitution de la
fociété néceffite des loix, comme fi je l'avois

_____

(1) P. 4, 5, 6.

nié, moi qui ai soutenu cette opinion contre
le grand Rousseau ; & vous en concluez, que
comme j'appelle les sujets à la révolte, qui est
la dissolution de la société, je suis un tyran (1).
Voilà, monsieur, vos raisonnemens résumés
& mis en françois.

Mais remarquez d'abord que je n'invite que
les esclaves à ce que vous nommez *révolte*.
Observez ensuite que vous-même regardez *la
tyrannie comme la dissolution de la société*,
puisque vous m'appelez TYRAN pour avoir
*invité les hommes à la révolte ou à la disso-
lution de la société*. Maintenant mettez-vous
d'accord avec vous-même : j'invite les hommes à s'opposer à la *tyrannie*, que vous convenez être *la dissolution de la société*; & j'in-
voque en même temps la révolte que vous
appelez de même...... En vérité, ces deux
accusations me paroissent se détruire récipro-
quement.

Voulez-vous que je vous explique maintenant ce qui vous fait tomber en contradiction ?
La défectuosité de vos principes, & l'impro-
priété de vos expressions.

Vous paroissez n'avoir aucune idée des droits

_____

(1) P. 6.

facrés de l'homme ; & vous appelez généralement du mot *révolte* toute oppofition au gouvernement : ce font autant d'erreurs & d'erreurs
importantes.

Quand l'autorité devient arbitraire & oppreffive ; quand elle attente aux propriétés
pour la protection defquelles elle fut inftituée ;
quand elle rompt le contrat qui lui affura fes
droits & les limita, la réfiftance eft de devoir,
& ne peut s'appeler *révolte*. Si cela n'eft pas
vrai, les bataves, dont vous vous enorgueil-
liffez d'avoir reçu le jour, les bataves, dis-je,
font autant de criminels révoltés. Convenez-
en, monfieur, fous peine d'être honni & méprifé par tous les hommes honnêtes : celui
qui s'efforce de recouvrer fa liberté & combat pour elle, exerce un droit très-légitime ;
& la révolte, qui eft un acte très-illégitime,
diffère effentiellement d'une confédération
permife par la conftitution des peuples libres,
& fur-tout par la loi naturelle, ce code uni-
verfel d'où doivent dériver toutes les loix.

Je m'explique nettement : vous ne vous
plaindrez pas que je cherche à vous échapper
par des fubtilités. Eh bien, monfieur, tâtez
votre confcience, & d'après cette expofition
fommaire de mes principes, prononcez vous,

même : dites auquel de nous deux on peut
reprocher à plus juste titre de débiter des maximes de tyrannie? J'ai pensé, j'ai dit & je sens
que le JOUG *n'est pas fait pour l'homme*, &
vous soutenez précisément le contraire (1).
Je ne sais qui de nous deux aime mieux les
hommes ses frères; mais je sais, qu'encore
qu'il ne faille pas disputer des goûts, je ne
suis pas le seul auquel un joug déplairoit;
quoiqu'en ait dit Boileau (2) dans quatre
vers qui ne sont rien moins que philosophiques, & qui d'ailleurs ne renferment qu'un
lieu commun de morale. Quant aux philosophes anciens & modernes que vous attestez,
je n'en connois qu'un petit nombre, qui,
soit par envie de se singulariser, soit par des
motifs plus vils, aient avancé que l'homme
étoit né pour être esclave. De qui esclave?
d'un être qui n'a pas plus d'organes, de facultés, de forces que lui? d'un homme que
le dernier de ses valets terrasseroit? Non,
monsieur, non, la nature ne nous a pas fait

_____

(1) *L'auteur abuse des termes. L'homme ne peut
point être esclave, mais il ne peut être sans joug.* p. 5.

(2) Voyez cette heureuse citation au commencement
de la p. 5.

pour être fous le joug de notre femblable.
Que fi vous me parlez des paffions (1), vous
fortez de notre queftion, & je ne prétends
point écrire un traité de morale. Vous affurez
que nous fommes *gouvernés & tyrannifés* (2)
par nos paffions, comme fi gouvernement
n'excluoit pas tyrannie dans notre langue.
Mais réfléchiffez-y bien, & vous verrez que
c'eft ce defpotifme même des paffions, qui
prouve que nous fommes nés pour la liberté;
que c'eft pour l'intérêt même de nos paffions
qu'il ne faut pas que celles de *tous* foient fa-
crifiées à celles d'*un*; vous verrez que ces
paffions, que vous calomniez beaucoup trop,
condamnent les tyrans & luttent contre la tyrannie.

Je me garderai bien de vous fuivre dans
vos digreffions politiques; car je n'en ai ni
la force ni le temps. Vous avez ramaffé dans
la théorie des loix civiles quelques phrafes
que vous avez étrangement défigurées : à votre commodité, monfieur; mais quand vous
combattrez fous de tels aufpices, ne venez
pas dire que c'eft moi qui plaide en faveur
de la tyrannie.

(1) P. 5. l. 10. jufqu'à 15.
(2) P. 6. l. 7.

Vous n'êtes point *assez lâche*, dites-vous,
pour applaudir au commerce des hommes (1).
Expliquez-moi donc pourquoi vous vous
déchaînez contre celui qui a tâché d'infpirer
de l'horreur pour cet abominable trafic? Que
font encore ici les américains? Ils ont des
nègres? (2)..... Si cet ufage, auffi peu politique qu'inhumain, introduit par les européens dans un monde qu'ils ont dépeuplé,
fubfifte encore dans le nord de l'Amérique,
comme dans le refte de ce vafte hémifphère,
s'enfuit-il que j'aie tort de l'abhorrer? s'enfuit-
il que je fois *criminel*, *licencieux*, *tyran*,
pour avoir dit qu'il eft horrible d'exercer fur
des hommes blancs & libres, les vexations
qu'il eft horrible d'exercer fur des efclaves
noirs?

Non, monfieur, *l'efclavage domeftique* n'eft
pas auffi odieux que *la fervitude politique* (3).
La raifon s'en offre d'elle-même; c'eft que
le crime de *lèze-nation* eft le plus grand des
forfaits; c'eft qu'un peuple eft auffi fupérieur

---

(1) P. 6. les deux dernières lignes.

(2) Voyez toute la page 7.

(3) *Ou bien l'efclavage domeftique feroit-il moins
odieux, moins révoltant que la fervitude politique?*
p. 7. la fin.

à fon fouverain, que le fouverain l'eft à un
individu. Je pourrois alléguer mille autres
preuves de mon principe ; mais vous ne les
entendriez pas , & vous me difpenferez de
faire un livre pour vous.

Oui, monfieur, LES AFRICAINS SONT VILS;
non parce qu'ils font noirs (1), mais parce
que rien n'avilit comme l'efclavage fous lequel ils fuccombent : Oui, monfieur , *tout
efclave eft vil :* je le dis fans *hauteur* (2); je
le dis bien plutôt en gémiffant fur le fort de
tant d'hommes écrafés du poids de notre tyrannie.

J'éviterai toute difcuffion relative aux américains, parce que je n'ai parlé d'eux que par
occafion dans l'Avis aux Heffois. Des écrivains
fans nombre ont plaidé leur caufe, & l'épée,
qui vide aujourd'hui toutes les queftions de
droit public , va décider leur fort. Je ne re-

_____

(1) *Tandis qu'ils font nos pareils & ceux des
colons en tout, hormis l'injuftice & la couleur de
leur peau ; & feroient-ce là les fondemens qui éta-
bliffent leurs droits fur les perfonnes de ces vils
africains ?* p. 8.

(2) *Quelle hauteur de traiter fes femblables de
vils , fans pouvoir les accufer de vices, qui feuls font
les hommes tels :* ibid.

leverai point toutes les fauſſetés accumulées dans votre maladroite, inconſéquente & faſtidieuſe déclamation. Je doute que vous empêchiez l'Europe entière de s'intéreſſer aux ſuccès des américains, tant que vous ne leur reprocherez d'autres crimes que d'avoir *jeté quelques cargaiſons de thé à la mer.* (1) Vous les accuſez d'intolérance : un ſiècle plutôt, vous auriez eu raiſon, ſans doute. Perſonne n'ignore que les premiers habitans des colonies angloiſes, fuyant la perſécution & la tyrannie, furent long-temps fanatiques & perſécuteurs. Eh ! quelle nation n'a pas été frappée de ce vertige ! Mais on ſait auſſi qu'ils ſont aujourd'hui les plus tolérans des hommes.

Quoi qu'il en ſoit du ſort qui leur eſt réſervé, je ne puis croire que les américains calculent mal en luttant contre une oppreſſion préſente & certaine, ſans craindre une oppreſſion à venir & très-incertaine (2). Je veux le bien : je déſire le bien : j'aime à croire le bien : je me plais à penſer que des hommes

---

(1) *Quelle indigne n'a pas été leur conduite à Boſton lorſqu'ils ont jeté le thé dans la mer !* p. 11, l. 24 & ſuivantes.

(2) Liſez p. 13 & 14.

appelés au deftin, incomparable à tout autre,
d'être les libérateurs de leur nation, les protecteurs de leurs compatriotes, préféreront
cette gloire à l'odieufe & pénible ambition
d'être les oppreffeurs de ceux qui les puni-
roient fans doute d'avoir trahi leur confiance.
Je crois auffi que l'inftruction, qui me paroît
devenir générale chez les américains, eft le
rempart inexpugnable de la liberté, & qu'un
peuple éclairé deviendra difficilement le jouet
des tyrans.

Je puis me tromper dans mes opinions,
monfieur, comme vous dans vos prophéties (1); car tout ce qui eft opinion eft très-
problématique; mais ce qui n'égare point,
c'eft l'inftinct d'une ame honnête. C'eft dans
la mienne que j'ai trouvé cette profeffion de

_____

(1) *Et vous, puiffances Européennes! un mot me
refte à vous dire. Si l'Amérique triomphe, vous aurez
à vous reprocher d'avoir laiffé croître ce jeune lion,
dont il auroit fallu brifer les dents, lorfqu'il étoit
foible encore. Des effaims de conquérans fortiront du
nord de ce continent, & vous enleveront vos poffef-
fions, qui, dans la conftitution préfente de l'Europe,
vous font devenues néceffaires; & des émigrations
qui fe multiplieront, fapperont jufqu'aux fondemens
de vos états en les dépeuplant, p. 14, l. 22. jufqu'à
l. 6 de la p. 15.*

foi, que j'ai fait imprimer il y a plusieurs
années dans un âge où il y avoit quelque
mérite à l'écrire, & dans un pays où il falloit quelque courage pour l'oser publier. FI-
DELE SUJET DES BONS ROIS, IMPLACABLE
ENNEMI DES TYRANS : telle est ma devise.

Depuis ce moment, je ne me suis pas démenti ; je ne me démentirai jamais. Je désire,
monsieur, que vous en puissiez toujours dire
autant. Vous m'avez provoqué & outragé,
sans me connoître, sans avoir à vous plaindre de moi ; je rends compte de mes sentimens & de mes principes, sans m'abaisser
jusqu'à repousser vos invectives par d'autres
invectives, parce que je respecte le public
& moi - même. Voilà ma première & mon
unique réponse. Vous pourrez prouver que
je suis un IGNORANT, mais vous serez toujours injuste quand vous m'accuserez de faire
des LIBELLES LICENCIEUX, ou d'être un
TYRAN. L. C. D. M.

A Paris, de l'Imprimerie de DEMONVILLE, rue Christine